Título
Cómplices de una Historia

Autor
José Manuel Arias M.

Segunda Edición
Noviembre, 2016

Fotografías
Juan Ernesto Guerrero y Fidel Lavigne

Diseño y diagramación
Tauro Publicidad
Juan Ernesto Guerrero (*tauroconarte@gmail.com*)
1-829-892-4702

ISBN
978-9945-8627-0-6

Impresión:
Amigo del Hogar

Impreso en la República Dominicana
Printed in the Dominican Republic

José Manuel Arias M.

Cómplices de una Historia

José Manuel Arias M.

Cómplices
de una Historia

Pedro Mario Pujols Mejía * Eliseo Romeo Pérez Díaz * Leovigildo Pujols Sánchez * Antonio Sajiún Isa * Ramón Guerrero Féliz * Alfredo Guarionex Soto Castillo * Plinio Sánchez Pimentel * Pedro Vidal Saint-Hilarie Zapata * María Zoraida Díaz Pimentel * Marino Alberto González Pujols * Ana Roselia Concepción Guerrero * Homero Horacio Subero Cabral * Américo Martínez González * Juan Bautista Castillo Castillo * Luz Patria Rojas Matos * Plutarco Elías Sención Batista * William Odalís Tejeda Romero * César Augusto Subero Cabral * Luis José Quinn Cassidy * Carmen Isa Isa * Juan Ramón Báez Pimentel * Altagracia Thelma Sánchez Castillo * Tomás Antonio Isa Isa * Felipe Antonio Isa Pimentel * Cecilia Smith Larose * Luis Ney Subero Cabral * Rafael Ricardo Velázquez Linares * Mario Ernesto Lara Villalona * Onixia Daysy Rojas Matos * Ramona Liriano Hernández * Ángel Emilio Casado Castillo * Viriato Arturo Sención Rodríguez * Santa Bárbara Báez Tejeda * Fredy Ramón Andújar Ortiz * José Candelario Aguasvivas Olaverría * Rosa Erminda Martínez Pimentel * Luis Arcadio Báez Pimentel * Pedro Pascual Estrella Ovalles * William Darío Mejía

San José de Ocoa

Índice

Advertencia
Dedicatoria
Agradecimiento
Presentación
Prólogo
Nota del autor a la segunda edición

	Págs.
Pedro Mario Pujols Mejía	19
Eliseo Romeo Pérez Díaz	29
Leovigildo Pujols Sánchez	39
Antonio Sajiún Isa	49
Ramón Guerrero Féliz	57
Alfredo Guarionex Soto Castillo	67
Plinio Sánchez Pimentel	79
Pedro Vidal Saint-Hilarie Zapata	89
María Zoraida Díaz Pimentel	97
Marino Alberto González Pujols	105
Ana Roselia Concepción Guerrero	113
Homero Horacio Subero Cabral	119
Américo Martínez González	129
Juan Bautista Castillo Castillo	139
Luz Patria Rojas Matos	149

Plutarco Elías Sención Batista 155
William Odalís Tejeda Romero 167
César Augusto Subero Cabral 177
Luis José Quinn Cassidy 187
Carmen Isa Isa 207
Juan Ramón Báez Pimentel 217
Altagracia Thelma Sánchez Castillo 233
Tomás Antonio Isa Isa 241
Felipe Antonio Isa Pimentel 255
Cecilia Smith Larose 265
Luis Ney Subero Cabral 275
Rafael Ricardo Velázquez Linares 285
Mario Ernesto Lara Villalona 295
Onixia Daysy Rojas Matos 305
Ramona Liriano Hernández 311
Ángel Emilio Casado Castillo 319
Viriato Arturo Sención Rodríguez 329
Santa Bárbara Báez Tejeda 343
Fredy Ramón Andújar Ortiz 355
José Candelario Aguasvivas Olaverría 365
Rosa Erminda Martínez Pimentel 375
Luis Arcadio Báez Tejeda 381
Pedro Pascual Estrella Ovalles 391
William Darío Mejía Castillo 399

Advertencia

Este no pretende ser un libro de exagerados panegíricos, ni mucho menos pretende ser un puñado de elogios desmedidos y altisonantes apologías, presentando a las diferentes personalidades como héroes y dioses bajados del cielo; no, es sencillamente, la vida a grandes rasgos, de hombres y mujeres de nuestro pueblo que por su trayectoria, por sus aportes y por su honorabilidad emergen como ocoeños distinguidos. En cuanto a las distintas personalidades que por la gracia del Todopoderoso aún permanecen entre nosotros, no pretendo cual oráculo profetizar su santidad, puesto que la valoración que de ellas hacemos se remonta a nuestros días.

Dedicatoria

A mi esposa Malenny J. Ortiz Santana (Marlen), por ser un verdadero regalo de Dios en mi vida.

A mis niñas Shantal, Ashly y Aimar Arias Ortiz, por ser la razón de mi existencia y la inspiración para seguir adelante.

A mis padres Manuel Altagracia Arias Sánchez y Altagracia Miriam Martínez Castillo, por enseñarme con su accionar y entrega el camino correcto desde mi niñez.

A mis suegros Manuel de Regla Ortiz y Gladys Mercedes Santana, por ser más que suegros, dos verdaderos padres para mí.

A Wilkin de los Santos y José Arias, por demostrarme a diario que existe la verdadera amistad, siendo en esencia dos hermanos para mí en el sentido más amplio de la palabra.

A la juventud de San José de Ocoa sobre la que descansa el relevo generacional de nuestra sociedad, para que vea y tenga en estos munícipes distinguidos las huellas para caminar seguros por los senderos de la vida.

Agradecimiento

Al Todopoderoso, por darme el privilegio de existir y la dicha de haber nacido en uno de los pueblos más hermosos del país... San José de Ocoa.

A don Pedro Alegría, por darme el honor de contar con su sincera amistad, por apoyarme en todos mis proyectos y por estar siempre presente en todo cuanto lo he necesitado.

A mi esposa Marlen por ser parte importante para que esta obra sea una realidad.

A Miguelina Y. Sánchez Sánchez, Yenny Carolina Díaz Pujols, Emmy Lisbeth Martínez, Cristiana Yudelis Méndez Arias y Silvia Elizabeth Mejía Encarnación, compañeras de trabajo que colaboraron desinteresadamente en la digitación; ayuda muy valiosa y de mucha importancia.

A nuestra secretaria, la Licda. Elsa Rosanna González Lara, por su colaboración desinteresada.

A Juan Ernesto Guerrero, por su esmero, su paciencia y tolerancia para conmigo, complaciendo cada inquietud, y al joven Leandro Rincón Lachapel, por su colaboración en cuanta diligencia le encomendé.

A todos los que de una forma u otra hicieron posible que la publicación de esta segunda edición de Cómplices de una Historia sea una realidad.

Presentación

El libro **"Cómplices de una Historia"** es el producto del esfuerzo, de largas horas de trabajo y de intensas investigaciones realizadas con el interés de dar a conocer la vida y la obra de los grandes hijos de nuestra tierra, los que con su accionar y su destacada trayectoria, además de sus grandes y significativos aportes, han dejado su impronta en San José de Ocoa; pueblo cuya historia no se puede escribir sin hacer alusión, al menos, a estos insignes ocoeños que tanto han aportado a través de los años a nuestra comunidad.

Con este documento que pongo en tus manos lo único que persigo es que conozcamos y así podamos valorar en su justa dimensión a toda una constelación de verdaderos hijos de nuestro querido Maniel, los que por su trayectoria constituyen dignos paradigmas para las presentes y las futuras generaciones.

Memorables resultan las palabras de don Federico Henríquez y Carvajal, discípulo del maestro Eugenio María de Hostos, cuando en la tarde del 12 de agosto de 1903, un día después de la muerte de Hostos, al pronunciar el discurso panegírico, expresó: *"Esta América infeliz que sólo sabe de sus grandes vivos cuando pasan a ser sus grandes muertos"*. Esta lamentación no encontrará eco de manera total en nosotros; de ahí que nos encontremos con personas tanto fallecidas como vivas, ya que el único elemento que hemos privilegiado es que su vida haya sido y sea ejemplo a seguir, para que, conociendo su trayectoria, estemos en condiciones al igual que ellos de comportarnos a la altura de las circunstancias, respondiendo como lo hicieron y lo hacen estos ilustres manieleros, albergando la noble y dulce esperanza de que sepamos caminar sobre sus huellas; huellas que permanecen y permanecerán imborrables en el amplio horizonte ocoeño.

Somos particularmente de opinión de que los hombres y mujeres que luchan por el engrandecimiento de los pueblos son sus auténticos hijos, sin importar el hecho fortuito de haber nacido dentro o fuera de sus fronteras geográficas, por eso es normal que nos encontremos con personas que no nacieron propiamente en suelo ocoeño, pero que llegadas a Ocoa y a través de los años han asumido como su patria chica a esta cuna de la hospitalidad; por eso y muy a pesar de que varias de las figuras que aparecen en el presente libro no nacieron aquí, nadie podrá regatearle jamás su ocoeñidad puesto que sus aportes han sido notorios y su amor ha quedado evidenciado con creces, emergiendo como distinguidos hijos de nuestro pueblo.

En **"Cómplices de una Historia"** tratamos de aportar los más elementales datos sobre la vida y la obra de cada uno de sus protagonistas, a los fines de presentar a verdaderos hombres y mujeres dignos de emular, en una sociedad cada vez más necesitada de verdaderos paradigmas.

Las personalidades aparecen situadas obedeciendo a un orden cronológico determinado por la fecha de su nacimiento y nunca significando este orden jerarquía de unos sobre otros, pues no es ese nuestro propósito, sino el que, como hemos dicho, conozcamos sus huellas y empecemos a caminar sobre las mismas.

Detrás de la vida y de la obra de las personalidades que desfilan por este documento se encuentra oculta parte importante de nuestra historia y la explicación de significativos acontecimientos que nos ayudarán a encontrar respuestas a diferentes inquietudes. De manera que espero que este material que hoy coloco en tus manos sea de provecho y que nos encamine hacia la asunción de nuevos retos en aras de engrandecer a San José de Ocoa y a la República Dominicana, cual debe ser la sana aspiración de todo hombre y de toda mujer comprometido con su pueblo... con su país.

En cuanto a mí, no aspiro a obtener la aprobación unánime y ni siquiera mayoritaria por parte de los críticos de esta humilde obra que hoy traigo a la luz, debido a que de esperar el visto bueno de todos o de la mayoría estaría cayendo en el fango incierto de la utopía, *pero sí debo advertirles a esos posibles y legítimos críticos que si al juzgarme parten del criterio de que soy un buen escritor se encontrarán con múltiples fallas y profundas lagunas, puesto que no lo soy*, pero si por el contrario parten del criterio de juzgarme como hijo de este pueblo que ama con frenesí a San José de Ocoa, entonces estoy seguro de que encontrarán a un fiel enamorado de los mejores intereses de nuestro querido Maniel; por tanto, no presumo de escritor depurado ni mucho menos, pero de lo que sí me jacto y es de lo que quiero dejar constancia es de mi indescriptible admiración y respeto por estos honorables hombres y mujeres que durante toda su vida han puesto en alto el nombre de San José de Ocoa, y es a ellos a los que hoy quiero rendir honor y pleitesía.

El Autor

Prólogo

En varios actos celebrados en San José de Ocoa con el noble propósito de reconocer los méritos de distinguidos munícipes ocoeños, escuché al autor leer muy buenas semblanzas que reflejaban una gran dedicación y un gran esfuerzo para compilar los datos. Motivado por este hecho le sugerí que ampliara las biografías ya escritas por él y que incluyera a muchos otros personajes de nuestro pueblo que han descollado en las diferentes actividades del quehacer de nuestra provincia, sugiriéndole al mismo tiempo que se avocara a la preparación de un libro. José Manuel me expresó que iba a sopesar la idea porque la consideró interesante. Meses después me dijo: *"estoy trabajando en el libro y yo lo mantendré informado"*.

A finales del año 2006 fue a nuestra oficina en el Jardín Botánico Nacional, me entregó un sobre con el libro digitado y me dijo: *"aquí está la sugerencia suya convertida en realidad, es la primera parte de un libro que he titulado:* **"Cómplices de una Historia"** *y deseo que usted le escriba el prólogo"*.

Complacido acepté el reto, puesto que sin lugar a dudas, se trata de un interesante trabajo de investigación en el que el autor aporta importantes datos y por consiguiente, y cuál es su objetivo, mantiene viva la memoria histórica del pueblo de San José de Ocoa.

En la obra del novel escritor ocoeño podremos disponer de valiosas informaciones de vital significación histórica que nos ayudarán a conocer lo que ha sido San José de Ocoa a través de los años, haciendo énfasis en las figuras cimeras que ha parido y recibido esta tierra, invitándonos a dar un paseo por sus vidas.

En el presente libro nos encontramos con singulares figuras que han aportado de manera real y preponderante a nuestro desarrollo, incluyendo personalidades de las dimensiones de un Padre Luis, el que desde su arribo a nuestra comunidad se dedicó a luchar por el progreso y la felicidad de nuestra gente, y junto a él desfilan por este material destacados hombres y mujeres de este adorado Maniel que han puesto en alto el nombre bien ganado de esta tierra de libertad.

Con estilo sencillo el autor nos muestra los rasgos más sobresalientes de cada uno de los protagonistas de esta obra, invitándonos en todo momento a caminar sobre sus huellas, a imitar su abnegado ejemplo de solidaridad, entrega y sacrificio, y sin pretender ser un libro de historia, al leer las semblanzas de cada uno de ellos encontraremos datos y pinceladas que indudablemente forman parte de la rica historia de nuestro pueblo. Además, logra transportar al lector a visualizar la cotidianidad ocoeña de principio del siglo pasado, caracterizada por la sencillez, la laboriosidad y la honradez de nuestros compueblanos.

Con la publicación de este libro, su autor hace importantes aportes al conocimiento de la trayectoria de un puñado de hombres y mujeres nacidos en San José de Ocoa y de otros que sin haber nacido en nuestro querido terruño se han destacado como los que más.

Quizás sin proponérselo, José Manuel Arias M. se suma a la lista de privilegiados ocoeños autores de libros, entre los cuales se encuentran: Juan Bautista Castillo (Blanco, fallecido), Juan Ramón Báez Pimentel (Mon, fallecido), William Darío Mejía Castillo, Plutarco Elías Sención

Batista, José Francisco Mateo (fallecido), Jorge A. Subero Isa, Viriato Sención (fallecido), Manuel Alexis Ortiz Read, Ramón Tejeda Read, Pascual Casado Mejía (fallecido), Nelson Hilario Medina, Juan Antonio Cuello, entre no muchos otros. Estamos absolutamente convencidos de que con la publicación de *"**Cómplices de una Historia**"* se enriquece la bibliografía ocoeña en particular y de la República Dominicana en sentido general.

Lic. Milciades Mejía

Nota del Autor a la Segunda Edición

Cuando nos abocamos a la publicación de *Cómplices de una Historia*, en diciembre de 2007, la realidad es que no pudimos, por razones diversas, lograr tirar una cantidad apropiada de ejemplares, resultando agotada la primera edición de la obra a pocos días de su puesta en circulación.

Desde entonces, personas que quisieron tener el libro pero que por dicha razón no pudieron adquirirlo, me han venido insistiendo en la idea de que trabajemos en la segunda edición del mismo, lo que luego de varios años hemos decidido hacer para lograr que la obra llegue al mayor número posible de personas, no sólo en nuestro pueblo y los que viven en distintos puntos del país, sino además tomando en cuenta a la diáspora dominicana que reside en los Estados Unidos como en otros puntos del mundo; esto así porque precisamente lo que ha motivado dicha publicación ha sido dar a conocer la vida, la trayectoria y los aportes de estos hijos de San José de Ocoa, y en consecuencia, es lógico que tratemos de que la misma sea conocida por cuantos ocoeños como sea posible, donde quiera que se encuentren, así como por otras personas que de una forma u otra están relacionadas con nuestro pueblo, y para alcanzar dichos fines se hace necesario una segunda edición, esta vez enriquecida y actualizada.

Además es bien sabido que no se puede amar lo que no se conoce, de lo que se desprende que no podremos los ocoeños valorar en su justa dimensión la trayectoria de estos destacados hijos si no conocemos de las mismas, ligado al hecho de que sabemos que con el paso de los años las mismas se irán perdiendo en el olvido, y en ese sentido entendemos que se hace necesario salvar para la historia local este legado importante de tantos hombres y mujeres cuyas vidas han sido paradigmáticas.

Como se puede ver, **no se trata de un segundo tomo, sino de la segunda edición del Tomo I**, lo que implica que se trata de los mismos personajes, aunque obviamente, actualizadas sus semblanzas, puesto que tras la publicación hace ya varios años, algunos de nuestros personajes han muerto o han logrado otros peldaños que requieren ser tomados en cuenta por nosotros; conscientes, claro está, de que por la naturaleza de la obra la misma puede ser actualizada y mejorada permanentemente.

De manera que la segunda edición lo que persigue es que la obra de cada uno de los personajes que desfilan en ella sea conocida y apreciada por un mayor número de lectores, que puedan tener en sus manos la vida y la obra de estos destacados ocoeños, con el interés, ya descrito por nosotros, de que podamos caminar sobre sus huellas.

En una sociedad cada vez más necesitada de verdaderos paradigmas y de referentes éticos válidos que muestren el camino a seguir, consideramos importante poner a disposición el legado y la trayectoria de hombres y mujeres de verdadera solvencia moral del pueblo de San José de Ocoa, que constituyen sin duda faro de luz para las presentes y las futuras generaciones.

**Pedro Mario Pujols Mejía
(Mario Pujols)**

> *"Yo creo mucho en la suerte, y he constatado que, cuanto más duro trabajo, más suerte tengo".*
>
> ***Thomas Jefferson***
> (***Ex-presidente estadounidense***)

Pedro Mario Pujols Mejía
(Mario Pujols)

El domingo veintinueve (29) de abril del año mil novecientos (1900), fruto de la unión matrimonial formada por los señores Félix María Pujols Castillo y Juana María Mejía Pérez (QEPD) nació en la Ciudad de San José de Ocoa el niño Pedro Mario, el que con el paso de los años se habría de convertir en uno de los más destacados empresarios y en el primer ferretero de nuestro pueblo, y sobre todo, en un ciudadano ejemplar.

Don Mario Pujols fue el quinto vástago de una prole de catorce (14) hijos procreados por la unión matrimonial Pujols-Mejía, siendo sus hermanos: Domingo Antonio, María Dolores, Manuel de Regla (Titín), Vitalina María (Ninga), Valentín, Baldemiro (Baldín), Ignacio Loyola (Quico), Martha (Martina), María, Féliz María (Felito), Ramona Asia, América y Ozema.

Su niñez transcurrió en su pueblo natal entre las actividades y quehaceres propios del hogar y sus estudios, realizando hasta el cuarto grado de la educación básica, sin embargo y muy a pesar de no haber alcanzado ni siquiera la culminación de la educación básica, esto no fue óbice para que éste se destacara como un hombre de negocios, lo que quedó evidenciado en su vida, siendo durante su existencia terrenal un prominente comerciante del pueblo de San José de Ocoa.

Pedro Mario Pujols Mejía se inició en el exigente mundo del comercio trabajando como empleado del negocio propiedad del señor José D. Soto Aristy; dicho sea de paso compadre suyo posteriormente al bautizarle a su hija Sonia Patria.

Del mismo modo, este destacado hijo de nuestro pueblo laboró como empleado del comercio propiedad del señor José Sajiún (Jusi), siendo de igual manera empleado de la firma Luis F. Soto & Hnos., ésta, propiedad de los hermanos Luis F. Soto y Martín Persio Soto y cuyo comercio funcionaba para la época en la intersección formada por las calles Sánchez y 27 de Febrero de nuestro municipio.

Este prominente ocoeño se dedicó en cuerpo y alma a las actividades comerciales, haciendo de ese noble oficio la fuente de sustentación de su distinguida familia, a la que levantó sobre las sólidas bases del trabajo, la honradez, el esfuerzo y la dedicación.

Este destacado munícipe del pueblo de San José de Ocoa laboró como comerciante dependiente (empleado) hasta el año mil novecientos treinta y seis (1936), iniciándose a partir de aquel año como comerciante independiente, condición que mantuvo hasta el año mil novecientos noventa (1990); año en que pone punto final a una fecunda labor caracterizada por la dedicación, el esfuerzo y la probidad.

El domingo dieciséis (16) de febrero del año mil novecientos treinta (1930) se unió en matrimonio a su compueblana, joven Sunilda María Colón Casado, con la que va a procrear a sus hijos Mario Mignolio (QEPD), Mario Rolando, Mario Renán, Mario Estuardo y Manuel de Regla, y dentro de las hembras se destacan las siguientes: Sonia Patria (ya mencionada), Anfinona Alsacia, Silvia Oliva (fallecida el 7 de noviembre del año 2006) y acogió en el seno de su hogar a su sobrina Asia Bienvenida Romero Pujols, niña que no tuvo la dicha de conocer a su madre Asia Pujols, puesto que ésta moría en el preciso instante en que la traía a la luz del mundo.

Tan pronto contrae nupcias con su joven novia, se va a instalar en la otrora calle 12 de julio (hoy calle Manuel de Regla Pujols) en una humilde casa construida "de tablas de palma y techo de cana que luego compraría a su hermano Manuel de Regla Pujols (Titín), en cuyo lugar construye en 1954-55 de madera y zinc la vivienda que conservó y conservarán sus hijos", la que aún conserva parte de sus recuerdos, siendo visitada esporádicamente por sus hijos y en la que es normal revivir las remembranzas de un ayer paradisíaco y feliz, en donde floreció la vida de un puñado de jóvenes valiosos que recibieron una esmerada educación de don Mario Pujols y de doña Sunilda María Colón de Pujols.

Su familia es precisamente un elevado templo moral y un activo ético del pueblo de San José de Ocoa y del país, siendo sus hijos distinguidos hombres y mujeres de bien que hacen honor en su diario vivir a las sabias orientaciones de un padre que más que con la palabra predicó con el ejemplo, lo que explica la honorabilidad de su distinguida descendencia, como es el caso, para sólo poner un ejemplo, del Dr. Mignolio Pujols, prestigioso abogado graduado en mil novecientos cincuenta y seis (1956), un digno representante de la toga y el birrete de la República Dominicana y un hijo meritísimo que llenó de prestigio a nuestra comunidad, como lo hizo cuando le cupo el honor de dirigir el honorable ayuntamiento de San José de Ocoa en su condición de Síndico Municipal; persona cargada de un profundo orgullo manielero, al punto que le colocó a su oficina jurídica en Santo Domingo el nombre de "Maniel, S.A.", en alusión al nombre primigenio de nuestro pueblo.

Tras el nacimiento de Mignolio Pujols, su primer hijo, don Mario parte a la comunidad de El Rosalito, adonde se va a dedicar a las labores agrícolas "en una propiedad que en ese entonces tenía en sociedad con su hermano Baldemiro". Pero en estas labores del campo su estadía va a ser efímera, pues pronto abandonaría aquel oficio, ya que, en honor a la verdad, esa actividad lo alejaba de su vocación, que era el comercio.

Una vez regresa al casco urbano de San José de Ocoa se dedica al comercio, en condición de asociado, trabajando en un negocio bar que funcionaba para entonces en la calle Duarte, casi esquina Altagracia, permaneciendo allí hasta el año mil novecientos treinta y seis (1936), que como hemos señalado precedentemente, es el año que marca el inicio de su vida independiente dentro del mundo del comercio, pues don Mario Pujols fue sencillamente un hombre de negocios, lo que puso de manifiesto durante toda su vida.

Justamente en abril de mil novecientos treinta y seis (1936) "se instala en un pequeño anexo que sus padres tenían en la calle Duarte, en el mismo sitio donde luego funcionó su negocio de pulpería-colmado, que inició con sus pequeños ahorros y con una garantía de RD$100.00 que le proporcionó ante los "comisionistas" su cuñado José María Martínez". A propósito de este último, cabe destacar que se encontraba casado con su hermana Ozema y que era además el padre del Dr. Américo, de Eusebio y de Belkis Martínez González.

Con el paso del tiempo el negocio que iniciara como una pulpería pasó a convertirse en una próspera ferretería, siendo el primer negocio de esta rama del comercio instalado en San José de Ocoa, dedicado de manera exclusiva a la ferretería, lo que deja claramente establecido que don Mario es el pionero en este tipo de negocio en lo que respecta a nuestro municipio, siendo esta una legendaria ferretería a la que acudían los ocoeños y en la que recibían las finas atenciones de su propietario, el señor Mario Pujols.

Como nos contó en el año 2006 el Dr. Mignolio Pujols, su primer hijo, "luego de muchos años de trabajo, en 1952 derribó la pequeña casa de maderas (sic) en que operaba el negocio y construyó de blocks y techo de zinc, hasta el 1978 en que el zinc fue sustituido por concreto, lugar éste en que funcionó su "Ferretería Pujols" hasta el 31 de diciembre de 1990, ya con casi 91 años de edad, fecha en que decidió personalmente cerrar el negocio, con lo cual terminó para siempre su vida comercial *no debiéndole un solo centavo a ningún suplidor y a nadie*".

Con esta decisión de don Mario de poner fin a su negocio culmina un ciclo importante en su vida y al parecer desaparecería el negocio, pero "por suerte, su hijo Mario

Estuardo resolvió seguir sus pasos e instaló en Santo Domingo, en la calle Arturo Logroño del Ensanche La Fé, un pequeño negocio que ha ido creciendo con el mismo nombre de "Ferretería Pujols", lo cual satisfizo enormemente a don Mario".

En definitiva, podemos decir que la vida de este honorable hijo de nuestra comunidad estuvo consagrada al mundo de los negocios, llevando un tren de trabajo arduo, sin descanso, por lo que era común y algo totalmente normal observarlo diariamente de su casa a su trabajo, llevando siempre su tradicional "corbata negra de lacito", la que a propósito, nunca abandonó, no sólo cuando estaba en su negocio, sino incluso en la quietud de su hogar, al punto que en una ocasión una emisora local anunció que se ofrecía un premio para el que lograra ver a don Mario sin su corbata y nadie pudo ganárselo, puesto que, como hemos dicho, ni siquiera en la tranquilidad de su hogar se despojaba de su acostumbrada corbata negra de lacito.

Después de concluir su etapa de empleado en el año 1936, jamás volvió a ser dependiente de nadie. Nunca sintió inclinación por los cargos en la administración pública y *cuando aceptó el cargo de presidente de la Junta Municipal Electoral de San José de Ocoa lo hizo de manera honorífica*, posición que desempeñó exitosamente por muchos años, siendo además tesorero del Club Recreativo Ocoa.

Durante toda su vida permaneció en territorio ocoeño y sólo consintió en salir de Ocoa en el año mil novecientos noventa y cuatro (1994) a la Ciudad de Santo Domingo, Distrito Nacional, adonde va a residir en un apartamento alquilado, ubicado en la avenida Bolívar, permaneciendo allí hasta que se trasladó a un apartamento que compró, sito en la calle Padre Pina, lugar donde lo va a sorprender la parca el día 15 de mayo del año dos mil (2000) contando para ese entonces con la edad de cien (100) años y 17 días, viendo convertido en realidad su acariciado sueño de llegar a los 100 años de vida; sueño que siempre acarició y que manifestada a sus hijos, teniéndolo tan presente que cuando decide cerrar su negocio contando con 91 años de edad, no vaciló en recordarles a sus vástagos que sólo le faltaban 9 años para llegar a su meta.

Sus hijos tuvieron la grata oportunidad de celebrarle sus cien años de edad, llenándolo de alegría aquel acontecimiento, puesto que veía su sueño trocarse en realidad. El 16 de febrero del año dos mil (2000) le celebraron su 70 aniversario de matrimonio y el día 29 de abril del mismo año le celebraron sus cien años de vida. Cabe destacar que hasta esa fecha, don Mario mantuvo su conocimiento, lo que quiere decir que tuvo la ocasión de apreciar la realización de aquel hermoso, pero igualmente difícil sueño de vivir cien años.

Al momento de su triste fallecimiento el 15/05/2000, como se ha indicado, don Mario dejó un total de siete (07) hijos, 21 nietos y 13 biznietos, llenando de luto y de dolor y naufragando en las gélidas aguas de la viudez a su compañera de toda una vida.

Su condición de ocoeño a carta cabal y su amor por el lar nativo se puso de manifiesto aún más, al disponer en vida, obviamente, que su cuerpo exánime descansara en su pueblo natal, al punto que él mismo personalmente mandó a construir su panteón muchos años antes, encargando expresamente para ello al señor Manuelcito Arias, el que cumpliendo su disposición construyó su panteón en un cementerio de su adorada tierra... San José de Ocoa.

Allí, en la fría sepultura, yacen los restos de un ocoeño honorable, de un hombre que dejó su impronta grabada en su patria chica, siendo durante su vida un vivo ejemplo de laboriosidad, honestidad y respeto, el que se dedicó a su trabajo y a su hogar y *"que se recuerde, nunca se emborrachó, ni fumó, no era jugador, no protagonizó peleas o discordias con nadie, ni tuvo otra mujer que no fuera su esposa durante 70 años, la cual le sobrevivió hasta el 2004 en que falleció a los 102 años de edad"*.

De manera que ante el ejemplo de vida de este meritísimo ocoeño se conjugan los sanos y verdaderos valores de un hombre de bien y que como dice el proverbio: *"quien bien vive, bien muere"*, que fue exactamente lo que ocurrió con don Mario Pujols, por lo que si se decidiese colocar un epitafio sobre tumba, difícilmente y con argumentos sólidos alguien podría refutarlo si se escribiera sobre ella: **"*aquí yacen los restos de un hombre de trabajo*"**.

Su cuerpo sin vida fue velado en la Funeraria Blandino de la avenida Abraham Lincoln de la Ciudad de Santo Domingo, Distrito Nacional, y sus restos mortales descansan en el Cementerio Cristo Salvador del Barrio San Antonio del Municipio de San José de Ocoa.

Eliseo Romeo Pérez Díaz
(Romeo Pérez)

> *"Yo, soldado del derecho, educado en la democracia, ni he puesto ni pondré jamás mi espada al servicio de los traidores ni de déspotas ni tiranos, sino que la desenvainaré contra ellos en honra de los sacrosantos principios de independencia y libertad cuantas veces mi Patria de ella necesite".*
>
> ***Gregorio Luperón***
> (*Héroe Restaurador dominicano*)

Eliseo Romeo Pérez Díaz
(Romeo Pérez)

El miércoles trece (13) de julio del año mil novecientos cuatro (1904) nació en la Ciudad de Azua de Compostela, el niño Eliseo Romeo, hijo de los señores Eliseo Pérez y Remedio Díaz (fallecidos).

La unión matrimonial Pérez-Díaz procreó una larga familia, siendo sus hijos, además de don Eliseo Romeo, Rafael, Concepción, Ángel, Mercedes, Aurelio, José, Camilo, entre otros, todos ya fallecidos.

Don Romeo Pérez realizó sus estudios primarios en su ciudad natal (Azua) y los estudios secundarios en la Ciudad de Santo Domingo, en la Escuela Normal Arístides García Mella, en la que tiempo después se va a recibir de bachiller.

Terminada la educación media realiza estudios de violín clásico en la Escuela de Bellas Artes, ingresando luego a la educación superior, matriculándose en 1923 en la entonces Universidad de Santo Domingo, que luego pasaría a ser la Universidad *Autónoma* de Santo Domingo (UASD) mediante la Ley 5778, promulgada el 31 de diciembre de 1961 por el entonces presidente constitucional de la República, Dr. Joaquín Antonio Balaguer Ricardo y momentos en que don Romeo Pérez se desempeñada como redactor de la Cámara de Diputados de nuestro país.

Llegó a la universidad con el sueño de convertirse en un profesional de las ciencias médicas, permaneciendo en dicha carrera por un año, transfiriéndose en mil novecientos veinticuatro (1924) a la carrera de Derecho, graduándose finalmente como abogado en mil novecientos treinta (1930), carrera que ejercería durante toda su vida.

Desde sus años juveniles Romeo Pérez sentía arder en su interior la llama revolucionaria, por lo que pronto se convertiría en un entusiasta activista político, al punto que se destacó como miembro del Partido Horacista Dominicano, cuyo líder fuera Horacio Vásquez, lo que explica que se convirtiera en persona que no comulgaba con el régimen de Trujillo iniciado el 16 de agosto de mil novecientos treinta (1930); régimen al que enfrentó antes de éste posesionarse en el solio presidencial, pues el doctor Romeo Pérez tuvo la valentía de impugnar las elecciones de ese año en Azua, impugnación que fue acogida pero que decretó su enemistad con el tirano una vez éste empezara a gobernar con manos de hierro la República Dominicana.

Es precisamente este incidente lo que provoca su arribo a San José de Ocoa, pueblo al que ya venía en 1922 en su condición de Inspector Regional de Educación, pues estuvo ligado a este sector de avanzada como lo es el magisterio, siendo su primer empleo el de maestro, al ser nombrado en la Escuela Rural de Las Yayitas, de su ciudad natal, esto es, Azua de Compostela, como hemos apuntado en líneas precedentes.

Pero el Dr. Romeo Pérez no sólo combatió el régimen despótico de Rafael Leonidas Trujillo Molina, sino que, como revolucionario nacionalista, del mismo modo enfrentó la nefasta ocupación militar norteamericana (1916-1924), formando parte del denominado Movimiento "La Pura y Simple"; movimiento nacionalista que aglutinaba "la generalidad de la población urbana desde los trabajadores hasta la mayoría de la burguesía" y que postulaba porque los norteamericanos abandonaran el país en la misma forma en que entraron, sin ningún tipo de arreglo, sino abandonando nuestro territorio de manera pura y simple, de donde derivaba el nombre de aquel movimiento patriótico nacionalista.

Todo esto deja claramente establecido que don Eliseo Romeo Pérez Díaz (Romeo Pérez) fue un luchador revolucionario y un defensor a ultranza de los principios sacrosantos de la *"no intervención* y *autodeterminación de los pueblos"*; principios cardinales del Derecho Internacional Americano.

Producto de esos nobles ideales, de su lucha patriótica y muy especialmente de su postura en franco desafío al tirano Trujillo se produjo su fecundo arribo a San José de Ocoa, adonde funda e instala lo que conocemos como el primer Bufete Jurídico de nuestro pueblo, establecido el día 1 del mes de enero del año mil novecientos treinta y uno (1931) y que funcionó en sus orígenes en la intersección formada por las calles Duarte y Altagracia, donde estuvo establecida la popularmente conocida Barra de Chucho y donde hoy se encuentra el Supermercado La Cadena.

El doctor Eliseo Romeo Pérez Díaz, hasta donde conocemos, fue el primero en instalar una oficina de abogados en nuestro municipio, pero esto no necesariamente significa que haya sido el primero en ejercer la profesión de la toga y el birrete en San José de Ocoa, pues se conocen los casos de Joaquín Bidó (oriundo de Azua) y Abraham Ortiz Marchena (nativo de Baní).

Edificio que aloja al Palacio de Justicia de San José de Ocoa, ubicado en la calle Gral. Cabral, No. 5, entre las calles Matías Martínez y Ezequiel Pimentel, sector Pueblo Arriba, construido en la gestión del Dr. Jorge A. Subero Isa, Presidente de la honorable Suprema Corte de Justicia (03/08/1997-28/12/2011).

Dentro de los abogados contemporáneos del doctor Romeo Pérez, se destacan, entre otros, los doctores Juan Francisco Pérez Velázquez (procedente de Bonao), William Read y Roberto Arias Ortiz.

Su oposición al régimen de Rafael Leonidas Trujillo Molina "El Jefe" no sólo lo hizo abandonar su tierra natal, sino que además lo colocó tras las rejas, acusado de "*actos subversivos contra la tiranía*", siendo por esta razón condenado a un año de prisión, sentencia que cumplió pasando los primeros dos meses en la cárcel de la Provincia de San Cristóbal y los restantes meses en la cárcel de la Provincia de Elías Piña.

Además le fue suspendido el exequátur, con lo que recibía impedimento para ejercer su profesión de abogado; exequátur que no pudo recuperar sino hasta el 1955, situación que lo llevó a sufrir en carne propia los embates de aquel régimen de terror que se extendió durante 31 años en nuestro país (16/08/1930-30/05/1961).

Se unió en matrimonio a su compueblana Austria Colombina Montes de Oca, con la que va a procrear seis hijos, siendo éstos: Rafael Romeo, Ramón Romeo, Juana Colombina, Valentín Romeo, Digna Andrea y Juan Gregorio (Gollo) Pérez Montes de Oca. Fallecida su primera compañera de vida, tiempo después se unió en matrimonio a Gladis Minyetti, joven oriunda de San José de Ocoa con la que procreó a sus hijos Juan Proscopio, Celia Romilda y Ángel Gregorio Pérez Minyetti. La mayoría de sus hijos, al igual que él se inclinan por las ciencias jurídicas, siendo el primero de estos tres últimos presidente de la Cámara Civil de la Corte de Apelación del Departamento Judicial de San Cristóbal.

La señora Austria Colombina Montes de Oca, con quien se casara por vez primera el Dr. Romeo Pérez. Primera directora de la entonces Escuela Julia Molina.

El Dr. Romeo Pérez fue fundador del Movimiento Revolucionario Catorce de Junio (**1J4**) en Ocoa, organización política liderada por el doctor Manuel Aurelio Tavárez Justo (Manolo), líder político fusilado en la sección Las Manaclas del Municipio de San José de Las Matas (Santiago), en la cordillera central, el día 21 de diciembre de 1963 contando con apenas 32 años de edad, pues había nacido el 2 de enero del año mil novecientos treinta y uno (1931), en Monte Cristi, que como se sabe es una de las provincias de la República Dominicana, ubicada en la Subregión Cibao Occidental (antigua Línea Noroeste).

Tan pronto arribó al país el Partido Revolucionario Dominicano, don Romeo se inscribe en la que sería su organización política, siendo parte de dicha agrupación en San José de Ocoa.

En 1936 se desempeñó como presidente del honorable Ayuntamiento Municipal de San José de Ocoa, siendo adjunto a sus compañeros regidores y al síndico, electos democráticamente. Del mismo modo y siguiendo aferrado a su lucha política, en el año 1966 fue electo como diputado por la Provincia Peravia, en representación de San José de Ocoa, posición que ocupó hasta 1970, desempeñándose como un digno representante de la cámara baja, vale decir, Cámara de Diputados, cargo que desempeñó con alto espíritu de responsabilidad.

Pero antes de esto se desempeñó como maestro del Liceo José Núñez de Cáceres de nuestro municipio, impartiendo clases de manera honorífica, lo que evidencia su vocación de servicio y su apego a la educación del que a partir de 1931 hiciera su pueblo y en el que jugó un importante papel, siendo desde siempre un ocoeño ejemplar, que aunque nacido en Azua, se entregó en cuerpo y alma a las iniciativas tendientes a mejorar las condiciones de vida de los hombres y mujeres de este Maniel, que como tierra de libertad le diera acogida y del que no se apartaría jamás.

Sus hijos se han encargado de continuar su obra y de darle vigencia a su nombre y legado, pues su oficina jurídica aún permanece prestando sus servicios en San José de Ocoa, ramificada en un primer momento en dos, una con asiento en la casa de su hijo Juan Gregorio Pérez (Gollo), en la calle 27 de febrero y la otra instalada en la calle Altagracia casi esquina Manuela Ma. Mañaná, en nuestro municipio, representada por su benjamín Ángel Gregorio Pérez Minyetti.

Pero además de estas huellas físicas a través de las cuales su nombre se perpetúa, también su recuerdo se eterniza entre nuestra gente por su trayectoria de hombre recto, honorable y apegado a las reglas éticas y morales que siempre estuvieron presentes en la conducta rectilínea del Dr. Romeo Pérez, siendo por estas y otras tantas razones más, digno ejemplo a emular por las presentes y futuras generaciones de jóvenes profesionales del Derecho, como de la población en sentido en general.

Hombre ligado a las causas revolucionarias, libertarias y patrióticas de nuestro país, luchando desde sus años mozos por implantar el respeto de los derechos humanos y por la implantación y consolidación de un estado de derecho para todos los dominicanos, que hoy recoge nuestra Carta Magna en su artículo 7 como Estado Social y Democrático de Derecho.

Fueron estas reglas conductuales las que caracterizaron su fecunda existencia, evidenciadas en su ejemplar carrera como profesional de las ciencias jurídicas, ejerciendo dicha profesión hasta el final de su vida, pues ejerció su profesión durante 61 años, hasta morir el día 13 de mayo de 1992, dejando enlutada a toda su familia a la que marcó las huellas por donde debe caminar.

Su cadáver fue sepultado en el Cementerio La Altagracia del sector Pueblo Abajo del Municipio de San José de Ocoa. Allí descansan los restos mortales de un símbolo del Derecho en nuestra provincia, de un hombre valiente que durante toda su vida estuvo ligado a la causa democrática del pueblo dominicano.

Leovigildo Pujols Sánchez

> *"Para viajar lejos, no hay mejor nave que un libro".*
>
> **Emily Dickinson**
> (***Poetisa estadounidense***)

Leovigildo Pujols Sánchez

El viernes 26 de agosto de mil novecientos cuatro (1904) nació en la comunidad de El Memiso, Provincia de Azua, el niño Leovigildo, hijo de la unión matrimonial formada por los señores Juan Rita Pujols y Lucía Sánchez (QEPD). Fue el primero de una familia compuesta por siete hijos, siendo sus hermanos Juana Rita, César, Manuel Emilio, Lucía, Tomás y Heroína.

Realizó sus estudios en una escuelita particular que su madre mantenía con sus propios recursos, en la que permanece hasta el año 1912 y en la que recibe las orientaciones de su profesor Manuel de Jesús Castillo.

Entrando en la adolescencia se produce su arribo a San José de Ocoa, comunidad en la que es recibido por sus familiares Mauricio Sánchez (Tilloyo) y María Dolores Pujols de Sánchez, dedicándose a la lectura con verdadera pasión, lo que contribuyó a su recia formación intelectual.

En 1927 logra el título de Maestro Normal de Tercer Grado a la edad de 22 años y en ese mismo año se inicia en el magisterio, regresando a su natal Azua, donde es nombrado director de la Escuela Rudimentaria Rural de El Memiso, regresando luego a Ocoa desempeñándose como maestro de la entonces Escuela de Varones José Trujillo Valdez (padre del dictador Trujillo).

En 1935 partió a la Provincia de Monte Plata donde fue nombrado director de la Escuela Oficial de esa comunidad y en la que permaneció durante dos años, regresando nuevamente en 1937 a San José de Ocoa en condición de maestro de la Escuela Primaria de Varones, siendo nombrado en 1948 maestro del Liceo Secundario Particular de nuestro municipio. Mientras desempeñaba estas funciones fue trasladado a la comunidad de Las Matas de Farfán, San Juan de la Maguana, en la que es designado concomitantemente como director de la escuela primaria y del liceo nocturno.

Don Leovigildo Pujols fue una gloria de la educación dominicana, en la que dejó sus mejores años, realizando una magnífica labor en cada lugar donde fue a impartir docencia o a dirigir, como ocurrió en Santo Domingo, adonde llegó en 1952 nombrado como maestro del liceo nocturno Eugenio María de Hostos, convirtiéndose a la vez en director de la Escuela Nacional de Artes y Oficios, donde del mismo modo realizó una fructífera labor a favor de la misma.

De la Ciudad de Santo Domingo fue trasladado, a solicitud suya, a la Escuela Normal Rural de la comunidad de Licey al Medio (Santiago), ocupando la dirección de dicho centro educativo, regresando luego a Santo Domingo en su condición de Inspector de Educación, cargo que desempeñó durante los años 1958 a 1963, llegando a ser, por sus méritos, presidente de la Asociación de Maestros del Distrito Nacional, siendo además miembro del Consejo Nacional de Educación.

El 28 de marzo de 1945 contrae matrimonio con Ana Rafaela Báez (Fellita), joven de origen ocoeño y la que después de algunos años de ausencia llega a Ocoa en marzo de 1944, procedente de la Ciudad de Santo Domingo y que se dedica al magisterio al igual que él, laborando en la entonces Escuela Primaria Julia Molina (Luisa Ozema Pellerano) y que a su vez estaba graduada de Maestra Normal de Segunda Enseñanza.

Ana Rafaela Báez (Fellita) llevaba una activa vida social, destacándose como declamadora y fue precisamente en esta faceta y mientras declamaba un poema cuando don Leovigildo Pujols se enamoró ciegamente de ella, con la va a formar una hermosa familia compuesta por nueve hijos, siendo éstos Rafael Leovigildo, Sergio Antonio, Luis Alfonso, Miguel Oscar, José Ernesto, Carmen Adolfina, Isabel Cristina, Olga Rosa y Gisela Altagracia, los que han seguido los pasos de sus padres, siendo todos profesionales.

Sediento de conocimientos, don Leovigildo se inscribe en la Universidad de Santo Domingo, tiempo después Universidad Autónoma de Santo Domingo (UASD), en la que obtiene el título de doctor en Derecho (abogado), graduándose el 28 de octubre de 1956, destacándose entre sus compañeros de promoción, el distinguido ocoeño, Dr. Mignolio Pujols (ya extinto).

En el campo de las ciencias jurídicas también su trayectoria va a ser brillante, destacándose como un buen profesional del Derecho, haciéndose Notario Público de los del número del Distrito Nacional y desarrollando una hermosa carrera profesional.

Pero además, dentro de los aportes de este coloso de la educación dominicana, en lo que respecta a San José de Ocoa podemos decir que como maestro abnegado contribuyó de manera importante con la educación de nuestro pueblo, siendo además presidente de la Sociedad Cultural Juan Pablo Duarte y fundador de la Biblioteca Quisqueya, que fueron en esa época la fuente principal del desarrollo cultural de la juventud ocoeña.

Igualmente se desempeñó como corresponsal del Listín Diario y el periódico La Opinión, siendo además colaborador de otros importantes periódicos y revistas de circulación nacional.

En lo que respecta a la actividad política, don Leovigildo Pujols Sánchez ocupó el cargo de regidor del honorable Ayuntamiento Municipal de San José de Ocoa, pues desde sus años mozos circulaba por sus venas la actividad política, siendo simpatizante del Partido Horacista y luego un miembro activo del Partido Republicano, liderado por el Lic. Rafael Molina Ureña, por lo que fue perseguido en plena tiranía de Trujillo; además fue fundador del PRSC.

Pero también ocupó la posición de regidor en la comunidad de Las Matas de Farfán, llegando a ocupar la presidencia del ayuntamiento de ese municipio y ocupando la sindicatura, aunque de manera provisional.

Por esa activa participación en las actividades políticas vivió momentos difíciles siendo perseguido por las huestes trujillistas y producto de estas persecuciones tuvo que escapar de su comunidad con destino a Monte Bonito, junto a su compañero de infortunio José Manuel Matos (Manuelcito), el que fue apresado por no obedecer a sus recomendaciones.

Pasan los días y vuelve a San José de Ocoa utilizando como transporte una mula que le prestó su tío y tocayo

Leovigildo, al que apodaban Vilo, pasando luego a Azua donde Sinforoso Sención (Foró), el que le recomienda irse a la Capital debido al peligro que corría su vida, consejo que obedeció al pie de la letra, llegando a aquella cuidad y hospedándose en un hotel ubicado en la calle 30 de Marzo, hablando luego con Dionisio Sánchez, persona de confianza de El Jefe, quien movió sus influencias y le consiguió una tarjeta firmada por el propio Rafael Leonidas Trujillo Molina, documento que constituía una protección para su vida.

Conseguida esta tarjeta de protección vuelve a San José de Ocoa. Aquí, el mayor que dirigía el cuartel policial se había ensañado contra él y tan pronto llega es mandado a buscar por dicho oficial superior y cuando llegaron a su casa le presentó la tarjeta que poseía, advirtiéndoles al mayor, vía el sargento que había ido a buscarlo, que su cargo corría peligro, advertencia que tomó en serio el jefe policial, desistiendo de su persecución, dejando don Leovigildo zanjada esa difícil situación, que de manera paradójica, le había resuelto el mismo por el que lo perseguían.

En su juventud y vida posterior se distinguió por ser dueño de un verbo fluido, convirtiéndose en un excelente orador, y no era para menos dada su formación académica e intelectual. Siempre fue un lector incansable, encontrando en las páginas de los libros la fuente nutricia de su sabiduría. Fue tan apasionado con los libros que por mucho tiempo los encargaba desde España y Francia en interés de fortalecer su acervo cultural.

Don Leovigildo Pujols consagró la mayor parte de su vida al magisterio, haciendo de esta noble profesión un sacerdocio, siendo un digno ejemplo de honorabilidad y de respeto y sobre todo de entrega total, de trato dulce y agradable para con sus alumnos, a los que siempre vio como a sus hijos y éstos a su vez vieron en él a un padre.

El profesor Juan Ramón Báez, refiriéndose a don Leovigildo, el que fuera su maestro, escribió en una ocasión lo siguiente: *"Ayer como educador, fue sencillamente ejemplar. La seriedad, la responsabilidad y la rectitud que exhibió en las aulas dejó una impresión inolvidable. Aunque era enérgico con la indisciplina e intolerante con las inconductas, el trato para sus alumnos fue siempre paciente, comprensivo y afectuoso. Inspiraba respeto pero también cariño. Fue educador a carta cabal"*.

Continuaba diciendo el profesor Báez en aquella ocasión: *"Hoy, como ciudadano y profesional proyecta una imagen patriarcal: sencillo, leal, solidario y caballeroso. Por algo tiene tantos amigos y admiradores. Quien haya tenido la honra de ser alumno de un maestro como el profesor Pujols (...) debe dar gracias a Dios por tan inefable privilegio. El que no haya sido pariente, amigo o simplemente conocido de un hombre de esos quilates, se ha perdido la oportunidad de sentir en el hondón del alma los estremecimientos de conciencia causados por un ser humano de condiciones extraordinarias"*; palabras que asumimos íntegramente.

Su trayectoria en la educación y en el campo del Derecho ha sido reconocida, como fue el caso de la Asociación Cultural de El Memiso (Azua) donde naciera, que le reconoció en un acto celebrado el 27 de junio de 1976, justificando dicho reconocimiento en el hecho de *"ser el primer maestro nativo de El Memiso y haber servido de orientación y ejemplo de rectitud y espíritu de superación para varias generaciones de jóvenes que han logrado destacarse y enaltecer aún más el nombre ya histórico de su región natal".*

La promoción de abogados 1951-1956 lo distinguió a sus 90 años, declarándolo el 28 de octubre de 1994 *"Decano en compañerismo y en hombría de bien"* y diez años después esa misma promoción, de la que fue parte don Leovigildo, al cumplirse el centenario de su vida lo declaró Decano, en acto celebrado por el Comité de Festejos de dicha promoción, esto es, en fecha 28 de octubre de 2004.

También fue reconocido por la Generación del Siglo XX *"por su dedicación y entrega desinteresada a favor de varias generaciones de jóvenes ocoeños"*, en acto celebrado en Santo Domingo el día 30 de noviembre del año 2001.

La Fundación Dr. José María Ramia Yapur, con motivo del centenario del prestigioso abogado y hombre público, lo reconoció al designarlo miembro honorífico de dicha fundación, en fecha 28 de octubre de 2004, en acto celebrado en la Ciudad de Santo Domingo.

Al cumplirse sus cien años de existencia, el periódico Hoy, en la Sección Vivir, reseñó parte de su vida, lo que deja establecida la dimensión de este maestro y abogado destacado. Del mismo modo, la prestigiosa Fundación Corripio reseñó por igual su centenario en el mismo periódico, el día 2 de noviembre del año 2004, pues el presidente de dicha fundación, el empresario José Luis Corripio Estrada (don Pepín Corripio) aunque no llegó a graduarse de abogado, fue su compañero de clases en las aulas universitarias de la UASD.

Los egresados de la Escuela Normal Luis N. Núñez Molina, en una clara demostración de agradecimiento, en fecha 2 de julio de 1983 le tributaron un merecido reconocimiento; entre otros homenajes, y no pudo haber sido de otra manera cuando se trata de distinguir a una persona poseedora de las prendas morales e intelectuales de un ser humano de las condiciones de don Leovigildo Pujols Sánchez.

De manera que ante la figura de don Leovigildo Pujols Sánchez estamos ante un destacado educador, un gran maestro que sembró la simiente fecunda de la educación en diferentes puntos de la geografía nacional y ante un profesional del Derecho que ejerció con elevado espíritu de seriedad y decoro esta profesión, hoy más que nunca carente de ejemplos como estos y de huellas sobre las cuales caminar.

Hoy, ya desaparecido físicamente, su familia puede sentirse tranquila y plenamente satisfecha de saber que su familiar dio lo mejor de sí durante toda su vida; tener la absoluta certeza de que el mismo constituye un vivo paradigma para la sociedad dominicana, sirviendo de orgullo y gloria no sólo a su familia, sino a todo el país que tuvo en él a un hijo meritísimo, lo mismo que San José de Ocoa, su pueblo.

Su muerte acaeció el lunes 5 del mes de noviembre del año dos mil siete (2007), contando a la hora de su triste fallecimiento con la edad de 103 años. Sus restos mortales descansan en el Cementerio Cristo Redentor de la Ciudad de Santo Domingo.

Antonio Sajiún Isa

> *"El verdadero amor no se conoce por lo que exige, sino por lo que entrega".*
>
> **Jacinto Benavente**
> (***Dramaturgo español***)

Antonio Sajiún Isa

El domingo trece (13) de agosto del año mil novecientos once (1911), la unión matrimonial formada por los señores José Sajiún Isa (Jusi) y Narcisa Isa Isa (Naós), ambos de origen libanés e igualmente fallecidos, trae a la luz del mundo al niño al que pondrían por nombre Antonio, nacido en San José de Ocoa.

La unión matrimonial Sajiún-Isa procreó seis hijos, siendo don Antonio Sajiún el segundo, además de Sajía, Salvador, Carmen, cariñosamente Carmita, Federico (Fellé) y Brojín Sajiún Isa; todos ya fallecidos.

Don Antonio Sajiún Isa realizó sus estudios primarios y secundarios en su ciudad natal de San José de Ocoa y una vez concluida la educación básica y secundaria intenta inscribirse en la otrora Universidad de Santo Domingo (USD) y luego Universidad **Autónoma** de Santo Domingo (UASD), pero las circunstancias de la época se lo impidieron, viendo tronchado su gran sueño de convertirse en un profesional, a pesar de que su capacidad y su preparación lo mostraron ante el mundo como tal, y muy a pesar de no haber podido cursar una carrera universitaria y obtener un título universitario, su desempeño en diversas funciones hablan por sí solas de su depurada preparación académica y de su formación intelectual.

Esta preparación la adquirió a través de las mejores de las universidades, que son la vida y los libros, pues tal y como expresa un pensador inglés: *"La verdadera universidad hoy día son los libros"*, y ciertamente *"... si los maestros sirven de guías y orientadores, las fuentes perennes del conocimiento están en los libros"*. Esto así porque don Antonio Sajiún siempre se caracterizó por ser un agudo lector y que hizo galas durante toda su vida de su buen manejo de la oratoria y un correcto uso de la ortografía, y consiguientemente, exigente como el que más en lo que respecta a la correcta escritura y pronunciación.

El día 25 de diciembre de 1938, contando con 27 años de edad, contrae nupcias con la joven ocoeña Digna Isa, con la que va a procrear una familia compuesta por ocho (8) hijos, siendo estos: José Antonio, Brunilda Nazarena, Diana Emilia, Ivelisse del Carmen, Juan Tomás, Digna Vanesa, Dennys Antonia y Reynaldo Antonio Sajiún Isa, este último ya fallecido.

Don Antonio ocupó múltiples funciones a lo largo de su vida, destacándose entre estas, la de ser profesor, Síndico de Nizao de Baní, Juez de Paz, Presidente del honorable Ayuntamiento Municipal de San José de Ocoa y Síndico Municipal, Inspector Especial al servicio del Presidente de la República, Dr. Joaquín Antonio Balaguer Ricardo, siendo además Encargado Supervisor de la entonces Secretaría de Estado de Obras Públicas y Comunicaciones (hoy Ministerio), con asiento en la Ciudad de Azua.

Del mismo modo se desempeñó como presidente del Partido Dominicano en San José de Ocoa, que era la organización política del tirano Rafael Leonidas Trujillo Molina, siendo además fundador del Partido Reformista

Social Cristiano (PRSC), ocupando la Presidencia y la Secretaría General de dicha agrupación política en San José de Ocoa; cargos estos que explican sus estrechas relaciones con Trujillo como con el Dr. Balaguer.

Sus relaciones con "El Jefe" fueron notorias, al punto que se convirtió en su mano derecha y hombre de confianza en San José de Ocoa y en uno de sus principales hombres en toda la región sur del país, condición de la que se valió para salvar la vida a muchos compueblanos suyos que tuvieron a punto de perderla y que se lograron salvar gracias a la oportuna intervención de don Antonio Sajiún Isa.

Se recuerda que en una oportunidad, estando de puesto en Ocoa el nombrado teniente "La Braza", mientras dicho oficial subalterno se dirigía, soga en mano, a ahorcar a un destacado hijo de nuestra comunidad, don Antonio se apersonó ante aquél y evitó que llevara a cabo su malévola intención, evitando así que una vida valiosa terminara en el patíbulo.

Pero también en una ocasión don Antonio tuvo que dirigirse a la Ciudad de San Cristóbal, apersonándose donde el coronel "Camarena" para que dicho oficial superior no quitara la vida a un hijo de la comunidad ocoeña de Nizao, pues como todos sabemos, las ejecuciones estaban a la orden del día en esa época de luto y de sangre que caracterizó el nefasto régimen de Trujillo y mientras personeros del régimen se dedicaban a asesinar y quitar vidas, don Antonio Sajiún se dedicó precisamente a lo contrario, vale decir, a salvar vidas.

De igual manera con el presidente Joaquín Balaguer sus relaciones se desarrollaron en un ambiente de confianza y no por casualidad lo nombró como Inspector Especial a su servicio, como ya hemos anotado, y es que el presidente Balaguer lo estimaba y lo distinguía, le reconocía sus méritos y sus dotes de hombre preparado y culto y su condición de orador, tanto que conociendo el Dr. Balaguer de la preparación de don Antonio lo llamaba biblioteca andante, lo que en boca de un intelectual de las dimensiones del primero, constituía aquel calificativo un gran reconocimiento para el segundo.

Don Antonio fue el que "escribió el primer Manifiesto pidiendo el retorno de Balaguer", lo que evidenció que esas relaciones eran recíprocas y que no eran pasajeras ni circunstanciales por el ejercicio del poder, pues cuando escribe aquel Manifiesto el autor de El Cristo de la Libertad se encontraba fuera del país y de la conducción del Estado, lo que deja claramente establecido su depurado concepto sobre la lealtad.

Sin embargo, a pesar de todos los cargos y funciones desempañadas por don Antonio Sajiún, existe un cargo que es el que lo daría a conocer, o más bien, que eternizaría su nombre y fue su paso por la Oficialía del Estado Civil de San José de Ocoa, desde donde le sirvió a su pueblo durante tres décadas y media, pues durante 35 años se mantuvo ayudando a resolver los problemas de nuestra gente en dicha área.

Era normal observarlo diariamente camino a su lugar de trabajo, haciendo de este una rutina y brindando importantes servicios a todo nuestro pueblo, lo que demuestra que ante don Antonio Sajiún estamos en presencia de un verdadero servidor público, persona que siempre se entregó a su trabajo en cuerpo y alma.

Local donde opera la Oficialía del Estado Civil de San José de Ocoa, en la calle 27 de Febrero, y en la que laboró por más de tres décadas nuestro querido Antonio Sajiún.

Ciertamente hay que decir que don Antonio Sajiún siempre cumplió cabal y satisfactoriamente con las responsabilidades que le exigía el cargo y le imponía el deber, lo que caracterizó siempre su comportamiento en la administración pública y en su vida misma.

Otra faceta digna de resaltar en la vida de este destacado hijo de nuestra comunidad fue su profunda vocación de padre, ya que no obstante haber procreado y criado a ocho (8) hijos de su unión matrimonial con Digna Isa, también le abrió las puertas de su casa a todos los que necesitaban un hogar para vivir, lo que explica que sus hijos tuvieran 34 hermanos de crianza, todos educados por ese padre ejemplar, buen esposo y desvelado por el bienestar de los demás.

Fue grande su amor por los niños y se cuenta que en una ocasión, estando en el Hospital San José, a una señora se le murió el esposo y no encontraba la forma en la que iba a criar a sus hijos, no sabiendo lo que iba a hacer con cuatro (4) niños que tenía y don Antonio no vaciló en decirle que podía entregárselos, que él se los llevaría para su casa, y así lo hizo, criándolos conjuntamente con su señora, permaneciendo en su hogar hasta que estos decidieron independizarse, saliendo todos debidamente casados.

Su señora esposa, con la que permanecería casado durante toda su vida, doña Digna Isa, murió el día tres (3) de mayo del año mil novecientos noventa y cuatro (1994), dejándolo con el corazón hecho trizas, ya que veía partir de su lado a su fiel compañera, con la que compartió tantos momentos inolvidables.

Otro dolor que siempre llevó consigo don Antonio Sajiún fue el de no haber podido ingresar a la educación superior, como quiso hacerlo tan pronto concluyó sus estudios de bachillerato. Empero, eso no fue obstáculo para que se destacara dentro de la administración pública y para cultivar su preparación, adquirida a través de la lectura.

Su vida se caracterizó por el trabajo y supo llenar las expectativas de servidor público, sobre todo al frente de nuestra Oficialía del Estado Civil, en la que laboró hasta el día de su triste fallecimiento, acaecido el martes 30 de septiembre del año dos mil tres (2003). Sus restos mortales descansan en el Cementerio La Altagracia del sector Pueblo Abajo del Municipio de San José de Ocoa.

Ramón Guerrero Féliz

> *"Una persona no puede ser guitarrista sin haberse bañando en la fuente de la cultura".*
>
> ***Agustín Pío Barrios (Mangoré)***
> *(Músico y compositor paraguayo)*

Ramón Guerrero Féliz

El viernes diez (10) de abril del año mil novecientos catorce (1914) nació en la Ciudad de San José de Ocoa el niño Ramón, fruto de la unión matrimonial de los señores Amílcar Guerrero y Esther María Féliz (QEPD), niño que se habría de convertir en un extraordinario músico, al punto de emerger como el primer concertista de guitarra de la República Dominicana; instrumento que fuera la gran pasión de este destacado hijo de nuestra comunidad.

Sus padres procrearon siete hijos, siendo éstos, junto a Ramón, Amada, Cástulo, Donald (fallecido), Odalix (fallecido), Bonalde y Milanola, además de Fellé, su hermano materno.

Realizó sus estudios primarios y secundarios en su ciudad natal, ciudad ésta en la que se dedica, concomitantemente con sus estudios académicos, a estudiar música, llegando a dominar, entre otros instrumentos musicales, el clarinete, el saxofón y la mandolina, y claro está, de manera muy especial la guitarra, mostrando una impresionante habilidad para el aprendizaje, dejando todo esto evidenciado al poco tiempo de recibir las primeras lecciones de su profesor Francisco Silfa Sánchez (fallecido) y a quien apodaban Meñique. Era tanta la capacidad de Ramón Guerrero que su profesor le expresó que tenía que buscarse otro profesor mucho más avanzado que él puesto que había aprendido demasiado rápido y ya no tenía nada que enseñarle.

Se cuenta que en una ocasión estando Ramón Guerrero tocando su guitarra, el maestro Meñique lo escuchó, pero sin imaginarse que aquél que tocaba con tanta calidad podría ser su alumno debido a que ni siquiera pensaban llegar a esa lección en ese entonces y al enterarse de que efectivamente era su alumno el que así tocaba ese instrumento de cuerdas, sorprendido dijo: *"pero yo no toco a ese nivel"*, reconociendo con esto que su alumno lo había superado y que por consiguiente ya no podía ser su maestro, lo que además era un acto de humildad del señor Silfa Sánchez.

Ante la persona del Dr. Ramón Guerrero Féliz nos encontramos en presencia de un fenómeno y de un excelente guitarrista no sólo de San José de Ocoa, sino de la República Dominicana y no por mera casualidad se convirtió en el primer concertista de guitarra del país, como hemos señalado en líneas anteriores.

Es que Ramón Guerrero tenía un oído sumamente agudo y depurado, al punto que en una oportunidad, específicamente en el sector Magante (parte alta del pueblo), mientras se celebraba una fiesta popular, un famoso pri pri y mientras el señor Pineda (El Bizco) tocaba el acordeón, don Ramón se detuvo a observarlo y a escucharlo por alrededor de una hora, procediendo a solicitar dicho instrumento musical y al tocarlo parecía que ya lo manejaba, tocando tan bien dicho instrumento que El Bizco no quiso volver a tocar, pues se encontraba impresionado de que tan sólo en una hora y sin indicación alguna éste manejara de esa forma el acordeón.

En lo que respecta a sus estudios de bachillerato, una vez concluidos estos partió a la Ciudad Capital, matriculándose en la entonces Universidad de Santo Domingo (USD), donde obtendría la licenciatura en Filosofía y Letras y luego, con una edad avanzada, estudió ciencias jurídicas, graduándose de doctor en Derecho de esa misma casa de altos estudios.

En la década del treinta se unió en matrimonio a la señora María del Carmen Maríñez, a la que llamaban cariñosamente Carmela (ya fallecida), con la que va a procrear a su único hijo, al que ponen por nombre Ataulfo, el que luego se convertiría, al igual que él, en un distinguido hijo del pueblo de San José de Ocoa y muy especialmente de la comunidad de Sabana Larga.

Tan destacado ha sido su vástago que se convirtió en Síndico Municipal de San José de Ocoa (1986-1990), tras la muerte de Cruz del Carmen Báez (Cruz Báez), que era a la sazón el candidato a Síndico por el Partido Reformista Social Cristiano (PRSC), quien murió antes de las elecciones en una asamblea de proclamación de los candidatos a cargos congresuales y municipales celebrada en la Ciudad de Baní, circunstancia por la que don Ataulfo Maríñez es escogido como candidato, ganando los comicios y convirtiéndose consiguientemente en Síndico Municipal.

Tiempo después Ramón Guerrero se unió en matrimonio a la señora Altagracia Read Encarnación (Tatica, ya fallecida), unión ésta que no procreó. Se cuenta que en una ocasión Trujillo visitó San José de Ocoa, siendo recibido en la casa de Ernesto Read (padre de doña Tatica), encontrando allí a Ramón Guerrero y notando El Jefe el interés de aquél por Altagracia Read decide llevárselos a Santo Domingo para que se casaran, haciendo realidad el sueño de estos dos jóvenes enamorados.

Antiguo local de la Escuela de Bellas Artes Dr. Ramón Guerrero, ubicada en la calle Manuela Ma. Mañaná, San José de Ocoa, fundada oficialmente el 1 de septiembre de 1992.

Don Ramón Guerrero no sólo fue un buen músico, pues como hemos visto, fue licenciado en Filosofía y Letras y además doctor en Derecho, por lo que se deduce que era un hombre culto, condición que se afianza aún más con el estudio de lenguas extranjeras, llegando a manejar el inglés, el francés y el italiano.

El doctor Ramón Guerrero tuvo una activa participación en la administración municipal, ocupando el cargo de secretario del honorable Ayuntamiento Municipal de San

José de Ocoa y en el aspecto musical se desempeñó como director de nuestra legendaria y prestigiosa Banda Municipal de Música.

De igual modo se destacó notablemente dentro del tren administrativo gubernamental de la República Dominicana y estando en Santo Domingo ocupó importantes posiciones y desempeñó destacadas funciones, como la de subdirector del Archivo General de la Nación, Oficial Mayor de la Secretaría de Estado de Trabajo (hoy Ministerio) y Jefe Administrativo de la Presidencia de la República.

Pero además, fue designado jefe del Departamento de Crédito del Banco Agrícola, llegando a ocupar luego el cargo de subgerente y secretario del Banco Central de la República Dominicana. A propósito de este último cargo, cabe destacar que a pesar de lo delicada que era esa posición de secretario del Banco Central dicho cargo sería ocupado tiempo después por su hermano Donald Guerrero, como nos cuenta el señor Ataulfo Maríñez, lo que quiere decir que dos ocoeños y por coincidencia hermanitos de padre y madre se desempeñaron en tan importante y prestigiosa posición.

Como se puede apreciar, el Dr. Ramón Guerrero fue un destacado hijo del pueblo de San José de Ocoa, siendo igualmente una persona amante del saber y preocupado por su preparación, y es precisamente esa condición la que lo lleva a destacarse en las diferentes áreas en las que incursionó.

Pero en lo que tiene que ver con la música, del mismo modo se destacó notablemente, jugando un brillante papel, emergiendo como el pionero en la República Dominicana en lo que tiene que ver con los conciertos de guitarra, siendo nuestra gente beneficiada en varias ocasiones con los mismos, llegando a presentar algunos en San José de Ocoa, y es que tocaba con tanta calidad su instrumento musical que incluso en ocasiones era llamado por el "Generalísimo" Rafael Leonidas Trujillo a palacio para deleitarlo con su instrumento musical de cuerda pulsada.

El pueblo de San José de Ocoa también ha reconocido su condición de hijo distinguido y de músico, de manera particular de guitarrista exquisito, y con sobradas razones y a propuesta del célebre ocoeño, el licenciado Juan Ramón Báez Pimentel (Mon) se designó con su nombre la Escuela de Bellas Artes, fundada de manera oficial el día uno (1) del mes de septiembre del año mil novecientos noventa y dos (1992), en reconocimiento a su labor y a sus aportes y en franco y legítimo interés de inmortalizar su nombre en nuestro pueblo, lo que a su vez constituyó un noble acto de justicia.

Pero no sólo ha sido reconocido en su pueblo natal de San José de Ocoa, sino que también en Santo Domingo de igual manera su nombre ha sido inmortalizado con la Fundación Ramón Guerrero, la que inspirada en su trayectoria al lado de la guitarra colocó su nombre a dicha fundación.

¿Quién diría que aquel jovencito que recibía clases de guitarra a la sombra de un cajuil, en la parte trasera de la Escuela Luisa Ozema Pellerano, de la mano de su maestro Francisco Silfa Sánchez (fallecido en el año de mil novecientos ochenta y uno), se convertiría en tan relevante figura tiempos después?, lo que deja bien claro que *"cuando se quiere se puede"*.

Hoy, la Escuela de Bellas Artes de San José de Ocoa, ubicada en la calle Manuela Ma. Mañaná, imparte clases de música y arte, destacándose las áreas de: artes visuales (pintura), ballet, piano, guitarra, violines y flauta; teatro y poesía coreada, entre otras.

Nuevo edificio que aloja a la Escuela de Bellas Artes Dr. Ramón Guerrero, ubicada en la calle Manuela Ma. Mañaná del Municipio de San José de Ocoa. El primer nivel inaugurado el 03/03/2012 y el segundo el 21/05/2015.

Todo esto nos permite afirmar que cuando hablamos del doctor Ramón Guerrero Féliz nos estamos refiriendo a un destacado hijo de nuestro pueblo que desempeñó importantes funciones, destacándose en cada una de ellas y poniendo de manifiesto su condición de hombre probo y honorable, elevando el nombre de San José de Ocoa, por lo que siempre deberá ser recordado por todos los ocoeños como un connotado ocoeño; condición que mantuvo incólume hasta el último día de su vida, por lo que aún después de su muerte, ocurrida el sábado 22 de abril de 1972, debemos tributarle un eterno agradecimiento y una perenne admiración.

Fue sepultado en el Cementerio de la Máximo Gómez de la Ciudad de Santo Domingo, Distrito Nacional, donde yacen los restos de un destacado hijo del pueblo de San José de Ocoa, muriendo a los 58 años de edad.

**Alfredo Guarionex Soto Castillo
(Gané)**

"La disciplina es la parte más importante del éxito".

Truman Capote
(Novelista estadounidense)

Alfredo Guarionex Soto Castillo
(Gané)

El miércoles veintidós (22) de julio del año mil novecientos catorce (1914) nació en la Ciudad de San José de Ocoa el niño al que sus padres bautizarían con el nombre de Alfredo Guarionex, hijo de los señores Gerónimo Alfredo Soto Mejía e Inés Besalia Castillo Soto (fallecidos).

Don Guarionex Soto fue el segundo de un total de diez (10) hijos procreados por la unión matrimonial Soto-Castillo, siendo sus hermanos Luz de los Ángeles, Eladia Guillermina, Migdalia, Ana Gisela, Haim Gerónimo, Altagracia Lilian (Tatica), Adelina Idalia (Negra), Fernando Alberto y Ramona Milagros Soto Castillo, algunos de estos ya fallecidos.

Alfredo Guarionex Soto Castillo, a quien el destino le reservaba un importante papel a beneficio de nuestro pueblo, desde su niñez mostró ser muy inteligente y su trayectoria como estudiante, así como su diario vivir se encargaron de demostrar todas aquellas conjeturas que tiempos después quedarían evidenciadas de forma contundente.

Inició sus estudios primarios en San José de Ocoa, haciendo el kindergarten con el profesor Manuel de Regla

Pujols (Titín), en cuyo curso apenas duró tres meses ya que la preparación para su edad estaba por encima de los demás niños y es así como es promovido a una escuela pública que en aquel entonces se encontraba ubicada en la intersección formada por las calles 12 de Julio con San José. (Esta calle 12 de Julio llevaría luego el nombre de Manuel de Regla Pujols. Del mismo modo, el referido nombre de la calle 12 de Julio pasó a la calle que pasa por la parte norte del cementerio municipal La Altagracia, ubicado en el sector Pueblo Abajo).

En dicha escuela pública recibió enseñanzas de parte de la prestigiosa e insigne educadora Gloria Casado (fallecida), destacándose del mismo modo por encima de los demás, por lo que es llevado por ante la Dirección y evaluado por el profesor José Francisco Subero, siendo finalmente promovido al cuarto (4to.) grado.

Mientras se encontraba haciendo el cuarto curso de primaria fue llevado a la Ciudad Capital, siendo inscrito en la Academia Santa Ana, donde corrió la misma suerte, pues tan pronto lo evaluaron y al ver la forma en que se desenvolvía fue llevado al quinto (5to.) grado.

Estudió en diferentes escuelas y colegios de Santo Domingo, como es el caso de la Escuela Eugenio María de Hostos, Escuela de Chile, en la Salomé Ureña y finalmente en el Instituto Santo Tomás de Aquino, donde alcanzó el grado de bachiller, recordando entre sus principales maestros al profesor Luis Emilio Pérez Garcé (Lulú), el que al decir de don Guarionex siempre acostumbraba a decir: *"escuchen al profesor, pero lean los libros; el profesor te guía, pero el libro es el que enseña"*.

Concluidos sus estudios intermedios se inscribe en la universidad, específicamente en la carrera de Derecho, pero el sueño de hacerse profesional de las ciencias jurídicas fracasó debido a que tuvo que abandonar la universidad producto de una enfermedad en su mano de escribir.

Sin embargo, es preciso destacar el hecho de que muy a pesar de no haber obtenido el título universitario don Guarionex Soto no desmayó en su preparación, la que se pondría de manifiesto cuando le correspondió asumir importantes posiciones, las que desempeñó con elevado sentido de responsabilidad y en cumplimiento estricto de sus compromisos, como siempre lo hizo.

Durante sus años juveniles don Guarionex se dedicaba a la práctica del deporte, especialmente del beisbol, en el que se destacó como lanzador, siendo además un desvelado por el voleibol y el softball, siendo uno de los responsables, conjuntamente con el doctor Carlos Mejía Filiú, de traer el softball a San José de Ocoa en el año 1957. (El doctor Carlos Mejía Filiú era médico del Seguro Social).

El cinco (5) de febrero de 1945 contrajo nupcias con la joven ocoeña Marina Pimentel, con la que va a procrear a sus hijos Manuel Alfredo, Minerva (fallecida), Edgardo Guarionex (Gardo), Gloria Griselda y Fernando Alberto, casándose luego, específicamente el día 24 del mes de julio del año mil novecientos sesenta y ocho (1968) con su compueblana Celeste Colombina Mejía, con la que permaneció unido hasta el día de su muerte y cuya unión no procreó.

Don Guarionex Soto se desempeñó por muchos años como empleado de la administración pública, ocupando el cargo de Administrador del Hospital San José durante 19 años, esto es, desde el 5 de marzo de 1968 hasta el 17 de agosto de 1987, en donde realizó una brillante labor, recibiendo el reconocimiento de todo el personal de dicho centro asistencial, siendo jubilado por el Presidente Constitucional de la República, el Dr. Leonel Antonio Fernández Reyna en su primer mandato presidencial (1996-2000).

Vista parcial de las instalaciones del Hospital San José del Municipio de San José de Ocoa, ubicado en la Av. Canadá y en la que laboró por muchos años el señor Guarionex Soto.

Este destacado ocoeño estuvo involucrado en múltiples actividades a favor de su pueblo, siendo siempre un ocoeño ejemplar, destacándose entre otras sanas y variadas iniciativas su lucha junto a Ángel Severo Cabral por la construcción de nuestro parque central, el que trazaron en el año 1928, pero que duraría varios años para hacer de aquel lugar nuestro parque.

Con lujos de detalles don Guarionex Soto nos narró todos los pormenores de lo que fue la construcción del parque de recreación de San José de Ocoa, explicándonos que luego de haberlo trazado en mil novecientos veintiocho (1928), como hemos señalado precedentemente, procedió a medirlo. Del mismo modo don Gané nos señaló que en lo que respecta al marcado de dicho parque el señor Liquito Pimentel le otorgó la cal para marcarlo.

Vista parcial de nuestro parque central, considerado uno de los más hermosos y reforestados del país.

Pero esta tarea de construir nuestro parque no fue nada fácil, pues resulta que aquel terreno era todo un bosque, con la agravante de que en el centro (donde hoy se encuentra la glorieta) se hallaba ubicado el templo de la Iglesia Católica, en una casona de madera y para que el parque pudiera funcionar bien había que destruir aquella casa que alojaba al templo católico y eso era algo prácticamente sacrílego, sobre todo en aquella época.

Pero no obstante las complicaciones de aquella tarea se decidieron a derribar aquella casona, que más que eso era el templo católico, logrando echar abajo todo aquello, pero yendo consiguientemente a ser colocados tras las rejas. Para suerte suya, todo se resolvió poco tiempo después.

Fue tanta la precisión con que este destacado munícipe de San José de Ocoa nos contó todo lo que implicó dicha construcción que hasta nos enumeró las familias y personas que se distribuyeron la edificación de las aceras del mismo, siendo tal distribución de la manera siguiente: la parte Norte, vale decir, el lado de la calle Duarte, fue construida por la familia Cabral y Read; la parte Sur, lo que es la calle San José, le correspondió al Ayuntamiento Municipal acompañado del pueblo; la parte Este, es decir, el lado de la calle Altagracia, fue construido por Luis F. Soto y sus hermanos y la parte Oeste, es decir, el lado de la calle Andrés Pimentel, le correspondió a Dionisio Sánchez.

Con orgullo y notablemente emocionado, pero del mismo modo certero y categórico, nos dijo haber sido el encargado de haber traído el primer banco (asiendo) que se colocó en el parque central y que fue encargado por su tío José Dolores Soto.

Otra importante iniciativa en la que participó fue en la construcción de nuestra Biblioteca Municipal, labor que llevó a realización con el doctor Castaños. Antes de formarla *"funcionaba una, pero no de las dimensiones adecuadas, sino una casa con algunos libros, de cuya administración se encargaba la señora Rosa Emilia Soto"*, en cuyo honor una de nuestras calles lleva su nombre, ubicada en el sector Pueblo Abajo de nuestro municipio.

Además, don Guarionex Soto fue sin lugar a dudas uno de los pilares de la radiodifusión en San José de Ocoa, pues fue él quien en el año 1958 empezó a operar (en transmisión de prueba) nuestra primera emisora, Radio Ocoa. Se inició como uno de los pioneros de la radio al tener la visión de lo que sería este trascendente medio de comunicación.

Radio Ocoa funcionó por primera vez en la casa ubicada en la intersección 27 Febrero con Luperón, luego es trasladada un poco más abajo, en el segundo nivel del local donde por mucho tiempo funcionó nuestro Juzgado de Paz y posteriormente la Gobernación Civil; local ubicado en la 27 de Febrero con Sánchez.

Edificio ubicado en la intersección formada por las calles 27 de Febrero y Sánchez; una de las edificaciones más antiguas y emblemáticas del Municipio de San José de Ocoa.

Más adelante Radio Ocoa funcionaría desde el segundo nivel de la casa ubicada en la calle Sánchez esquina Manuel de Regla Pujols, pasando tiempo después a la carretera Padre Billini, donde funciona desde hace bastante tiempo.

De activa vida religiosa, participaba entusiastamente en las actividades de la Parroquia San José, destacándose como miembro cofundador del grupo Acción Católica, siendo parte además de la Conferencia San Vicente de Paúl, jugando en cada una de estas instituciones un destacado papel.

Del mismo modo participó junto al señor Plinio Sánchez (fallecido) en la fundación de lo que sería el benemérito Cuerpo de Bomberos Civiles de San José de Ocoa, así como de otras variadas actividades, pues siempre estuvo ligado a las sanas iniciativas de su pueblo por el que sintió un profundo respeto y cariño, lo que le fue reciprocado.

También se desempeñó como Síndico Municipal de San José de Ocoa y le correspondió dirigir el Ayuntamiento en pleno desarrollo de la Revolución de Abril de 1965, jugando un rol de primer orden en lo que respecta a la unificación de los diferentes sectores antagónicos, colocándose por encima de las luchas tendenciarias, al punto que cuando el Dr. Héctor García Godoy asumió la Presidencia de la República tras la renuncia del Coronel Francisco Alberto Caamaño Deñó en 1965 éste le ofreció llevarlo a una posición más alta, a lo que se negó resueltamente, toda vez que la intención de García Godoy, al decir de don Guarionex, era quitarle la autonomía a los ayuntamientos; renuncia en la que nueva vez se puso de manifiesto su honorabilidad, su decoro y su dignidad.

Edificio del Palacio Municipal de San José de Ocoa, ubicado en la calle Andrés Pimentel con calle Duarte, antiguo local del Partido Dominicano y donde opera desde el año mil novecientos sesenta y uno (1961).

También se dedicó a las labores agrícolas y a los negocios, trabajando con su tío Luis F. Soto, con Felipe Isa Subero (don Yamil), al pertenecer a la compañía Felipe Isa (La Factoría), también con Casiano Tejeda, siendo de igual modo administrador de La Curacao, además de incursionar en algunos negocios privados.

Su orgullo por la condición de pionero de la radio se mantuvo intacto y no vaciló en decir que uno de sus más importantes logros los sitúa en haber sido la persona que inició la radio, al dirigir nuestra primera emisora, Radio Ocoa, patrocinada por don Tonino y administrada por este último desde el 1967.

Veía transcurrir su vida en la paz y la tranquilidad de su hogar, junto a su compañera Celeste Colombina Mejía, hasta que la muerte le sobrevino el lunes 13 del mes de diciembre del año dos mil diez (2010), a los 96 años de edad.

De manera que en don Guarionex Soto los ocoeños siempre tuvimos a un meritísimo hijo de nuestra tierra que durante toda su vida actuó con alto espíritu de responsabilidad y de compromiso social. Sus restos mortales fueron sepultados en el Cementerio Cristo Salvador del Barrio San Antonio del Municipio de San José de Ocoa.

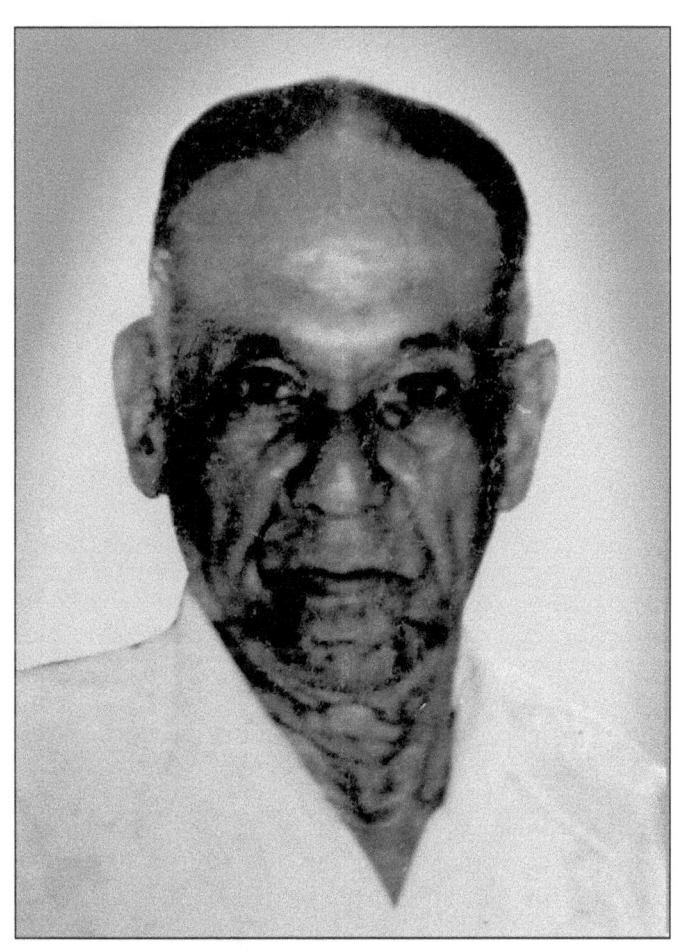

Plinio Sánchez Pimentel

*"No basta tener buen ingenio;
lo principal es aplicarlo bien".*

René Descartes
(***Filósofo y matemático francés***)

Plinio Sánchez Pimentel

El lunes treinta y uno (31) de diciembre del año mil novecientos diecisiete (1917), fruto de la unión matrimonial de los señores Francisco Sánchez y Palminia Pimentel (QEPD) nació en San José de Ocoa el niño al que sus padres bautizarían con el nombre de Plinio, el que con el paso del tiempo habría de emerger como uno de los hijos destacados del pueblo de San José de Ocoa.

Don Plinio fue el benjamín de una descendencia de siete (7) hijos procreados por la unión matrimonial Sánchez-Pimentel. Se destacan dentro de sus hermanos Candita, Olivo, Julio César, Josefa, Francisco y Juliana; los primeros cuatro hermanos de padre y madre y los últimos dos hermanos paternos (ya fallecidos).

Realizó sus estudios primarios en su pueblo natal, pueblo que nunca abandonó, alcanzando el cuarto (4to.) grado de la educación básica, lo que contrasta con su destreza y preparación ya que se manejaba con gran inteligencia en las distintas ramas del saber, y además, tal y como dicen nuestros mayores, un cuarto curso de primaria en aquellos años era tanto como un octavo (8vo.) en la actualidad y son muchos los que creen que mucho más.

Siempre observó una conducta rectilínea en todos los órdenes, siendo ejemplo de munícipe, en el que el sentido de solidaridad y de entrega encontró a un digno representante, exhibiendo un marcado sentimiento de altruismo, siendo un gran colaborador que tendió su mano amiga en todo cuanto se le necesitó, ganándose por esa y por tantas otras razones más un sitial privilegiado en el corazón de nuestra gente.

Una muestra inequívoca de su vocación de servicio y entrega desinteresada se puede apreciar en el hecho de haber organizado la ubicación de las casas de nuestro municipio, jugando un papel estelar en el ordenamiento urbano, lo que hizo de manera honorífica, de lo que dio testimonio el Dr. Mignolio Pujols, quien en su condición de Síndico Municipal lo utilizó en sus servicios por allá entre los años mil novecientos cincuenta y siete (1957) y mil novecientos sesenta y uno (1961).

A don Plinio Sánchez le cupo el honor de fundar el benemérito Cuerpo de Bomberos Civiles de San José de Ocoa, lo que llevó a realización en mil novecientos cincuenta y cuatro (1954), contando con la colaboración de varios ocoeños, destacándose entre otros, Guarionex Soto y Rafael Aguasvivas (Faén), siendo este último, dicho sea de paso, el primer conductor que tuvo nuestro camión bomba, el que llegó a nuestro municipio el 24 de abril del mil novecientos setenta y cuatro (1974).

Ese camión bomba fue adquirido en la gestión de don Eddy Peña, mientras se desempeñaba como presidente del honorable Ayuntamiento Municipal el señor Rafael González. Cabe destacar que tiempo después se invertirían los cargos entre éstos, pasando consiguientemente el primero a ocupar la Presidencia del Ayuntamiento y el segundo ocupando la Sindicatura.

Se casó con Altagracia Aguasvivas (Tatica) con la que tuvo a sus hijos José Altagracia (Aride) y Adalgisa Sánchez Aguasvivas, el primero, fallecido en mil novecientos sesenta y nueve (1969) y del cual se tomó el nombre para nombrar la Liga de Softball de nuestro municipio en mil novecientos setenta y ocho (1978).

Tiempo después contrajo segundas nupcias con la joven Gladis Sención, con la que procrea a sus hijos Amauris Danilo, Yolanda, Mary, Radhamés, Carmen, Idelis, Plinio Orlando (Piro), Olivo y Fabio Federico (Tita) Sánchez Sención. Luego iría a procrear a sus hijos Plinio (Plinito), Julia Idelis, Amauris Andrés y Carmen Lovelis, a los que procreó con la señora Olga Báez.

Dentro de su segundo matrimonio se destacan grandes deportistas de nuestro pueblo, cuales son los casos de Radhamés y Plinio Orlando (Piro) Sánchez, los que llenaron de gloria y de júbilo a nuestra gente, lo mismo que Amauris Danilo Sánchez, quien además de deportista se desempeñó como Jefe del Cuerpo de Bomberos Civiles y lo mismo que sus demás hermanos es un digno hijo de su padre.

Otro aspecto relevante que merece mención especial en la vida de este dominicano y ocoeño a toda prueba es lo que respecta a la rama del negocio-servicio de las funerarias. En mil novecientos cuarenta y cinco (1945) fundó la ya legendaria Funeraria Sánchez, la que a través de los años ha venido prestando tan adecuados servicios a la población de San José de Ocoa, creando concomitantemente con la funeraria ya citada el taller donde se construían y construyen los ataúdes (popularmente conocidas como cajas).

Cabe destacar que para la época de su fundación las personas mandaban a construir el ataúd al momento en que su deudo fallecía, y en algunos casos cuando entraban en estado agónico, por lo que resultaba altamente difícil lo mismo que complicado por la urgencia con la que había que trabajar, dificultad que precisamente motivó a don Plinio a buscarle alguna solución.

Local de la Funeraria Sánchez, ubicada en la calle del mismo nombre esquina Gral. Cabral, San José de Ocoa, fundada por don Plinio Sánchez Pimentel en el año mil novecientos cuarenta y cinco (1945).

Viendo los inconvenientes que se presentaban producto de aquella situación el señor Plinio Sánchez tuvo la visión de empezar a construir ataúdes y guardarlos almacenados para no tener que laborar con la presión del tiempo, dando nacimiento de esta forma a la Funeraria Sánchez.

Durante gran parte de su vida don Plinio se desempeñó como carpintero y maestro de construcción, pues jamás se interesó por la administración pública a pesar de que sí contribuyó de manera honorífica, logrando por esas razones destacarse como un gran colaborador y distinguido trabajador social.

Pero no solamente se destacó en los trabajos sino que por igual lo hizo en los deportes, siendo miembro del equipo amateur de San José de Ocoa, del que no sólo formó parte como jugador sino además como dirigente, siendo al final de sus años miembro directivo de la Liga de Beisbol de nuestro municipio. Lo mismo ocurrió con el softball y es que durante toda su vida fue un abanderado de los deportes, muy especialmente del beisbol, consciente de la expresión latina de origen romano de *"mens sana in corpore sano"*. (Mente sana en cuerpo sano)

Además del beisbol por el que sentía una gran pasión y del que cuando ya no podía jugar disfrutaba como fanático, por lo que no era extraño verlo asistir al complejo deportivo para presenciar los diferentes encuentros celebrados allí. Otro deporte por el que también se interesó fue por el dominó en el que se le observaba compartir con sus entrañables amigos Mario Lara, Ducho Martínez, Titico Pimentel, Rafael Mejía (Fan el Barbero), entre otros.

Como nota histórica es preciso destacar que en las postrimerías de la década de mil novecientos veinte (1920) visitó nuestro territorio el botánico sueco Erik Leonard Ekman y cuando por disposición de Interior y Policía fue enviado a San José de Ocoa para realizar trabajos de exploración, la responsabilidad de trasladarlo a la comunidad de El Pinar (hoy Distrito Municipal) recayó sobre los hombros de nuestro querido Plinio Sánchez, cumpliendo con la tarea que le había sido encomendada.

Ekman (14/10/1883-15/01/1931) cruzó la frontera dominico-haitiana por Jimaní "*el 28 de diciembre de 1928*" y cuando arribó a nuestra comunidad ocoeña fue recibido en la residencia del entonces Síndico Municipal Joaquín Sánchez, residencia desde la cual lo trasladaría a El Pinar don Plinio Sánchez, como hemos señalado en el párrafo anterior.

De esa comunidad Ekman pasaría a El Bejucal, realizando un importante trabajo de exploración botánica, haciendo notables aportes a la ciencia. No por casualidad en nuestro parque central fue develizada una tarja en bronce en honor a este destacado botánico sueco, lo que fue posible gracias al Jardín Botánico Nacional Dr. Rafael Ma. Moscoso y a la Asociación de Ocoeños Residentes en Santo Domingo, bajo la influencia y orientación del Lic. Milciades Mejía.

Todo esto quiere decir que más allá de los aportes significativos llevados a cabo por don Plinio Sánchez de manera directa, del mismo modo colaboró con otras actividades de interés para nuestra comunidad, actuación que hizo de él un vivo ejemplo de hijo comprometido con las mejores causas de su pueblo.

En este distinguido hijo de Ocoa se conjugan los sanos valores y los principios éticos que hicieron de él durante todo su vida uno de nuestros grandes munícipes, siendo galardonado en diversas oportunidades con la dedicación de varios torneos de beisbol, así como de softball.

Otro merecidísimo reconocimiento que se le hizo a nuestro querido Plinio Sánchez fue la de designar con su nombre el cuartel del Cuerpo de Bomberos Civiles, otorgándole el rango de Mayor, lo que se llevó a cabo durante la gestión del Dr. Rafael Orlando Macea, en el período 94-98, siendo ascendido de manera post mórtem a Coronel, en el 2006 (*a propuesta nuestra*) mientras se desempeñaba como Síndico Municipal el Lic. Alexis Mairení Mateo Díaz y como Coronel Jefe del Cuerpo de Bomberos el joven Francis Daneris Castillo, el que permanece en el cargo al día de hoy.

Cuartel del Cuerpo de Bomberos Civiles de San José de Ocoa, ubicado en la intersección formada por las calles Gral. Antonio Duvergé y Gral. José María Cabral, fundado en 1954 por don Plinio Sánchez Pimentel, con la colaboración de otros amigos.

Por todo esto podemos concluir diciendo que ante la figura de don Plinio Sánchez estamos en presencia de uno de nuestros grandes hijos, de un ocoeño ejemplar que demostró con creces durante toda su vida su vocación de servicio, su entrega y altruismo. Hombre de probado espíritu de colaboración y que durante toda su fructífera existencia exhibió un comportamiento ejemplar e inmaculado, sirviendo con su accionar de vivo paradigma a la sociedad dominicana y muy especialmente a la sociedad ocoeña, por la que siempre sintió un indescriptible amor y con la que tanto contribuyó a través de los años.

En don Plinio Sánchez tuvimos un activo moral y por eso y tantas otras razones más jamás lograremos olvidar sus significativos aportes y su íntegra conducta de hombría de bien, por lo que a pesar de que ya no lo tenemos físicamente entre nosotros, puesto que la muerte le sorprendió el viernes 28 de agosto de 1992, siempre hemos de recordar a este honorable hijo de nuestro pueblo, digno de ser imitado.

Sus restos mortales fueron sepultados en el Cementerio La Altagracia del sector Pueblo Abajo del Municipio de San José de Ocoa, contando al momento de su muerte con 74 años de edad.

**Pedro Vidal Saint-Hilaire Zapata
(Pepe Santiler)**

> *"Todos piensan en cambiar el mundo, pero nadie piensa en cambiarse a sí mismo".*
>
> ***Konstantinovich Alexei Tolstoi***
> (*Novelista y dramaturgo ruso*)

Pedro Vidal Saint-Hilaire Zapata
(Pepe Santiler)

El domingo veintiuno (21) de septiembre del año mil novecientos diecinueve (1919) nació en la comunidad de El Guanal, Santiago Rodríguez, el niño Pedro Vidal, hijo de los señores Eleodoro Antonio Saint-Hilaire y Ana Rita Mercedes Zapata (fallecidos).

Con apenas 2 años de edad, lo mismo que a León Tolstoi, la vida le arrancó de su lado a su madre, con lo que inicia un tormentoso peregrinar que vendría a caracterizar su niñez.

Viendo a su ahijadito sin su madre, su madrina Angélica Ramos, Vda. Méndez le solicita al padre de éste que le permitiera criarlo y es esta señora la que cría a Pepe Saint-Hilaire.

Cumplidos ya los doce (12) años de edad regresa a casa de su padre, junto al cual se dedica a las labores agrícolas, permaneciendo allí durante 4 años.

Cuando cumplió los 16 años de edad añora volver nuevamente a brazos de su madrina, por lo que le solicita que lo reciba de nuevo en su casa, a lo que ésta acepta complacida, abriéndole las puertas de su hogar de par en par al que en términos formales era su ahijado pero que en términos reales era su hijo y ella lo quería como tal, y no era para menos pues éste había crecido bajo la égida de su adorada madrina. Una vez regresa a casa de su protectora despierta su vocación por la música, la que sería y fue su gran pasión, empezando a dar sus primeros pasos en este apasionante mundo.

En mil novecientos cuarenta y dos (1942) contando con la edad de 23 años le pide permiso a su madrina (madre) para marcharse nuevamente de su casa ya que sabía que tenía que independizarse y además de que las condiciones económicas de aquella casa que fuera su refugio no eran las más favorables y no quería constituir una carga para aquella que le había dado tanto cariño, protección y abrigo durante toda su niñez y adolescencia, pues halló en su madrina el hogar y la madre que no tuvo.

Una vez independizado de su "madrina" inició una trayectoria itinerante en el pentagrama de la vida que lo llevaría entre líneas y espacios a construir su propio camino, lo que constituye su clave de sol para lograr mantenerse y descollar en su gran pasión, la música.

Formó parte de la academia de música de su pueblo de manera honorífica y no fue sino después de permanecer allí por más de 2 años cuando el Ayuntamiento de su pueblo le asignó un humilde sueldito, pero como necesitaba mayores recursos para poder subsistir tuvo que abandonarla para buscar un trabajo que le permitiera sustentarse; es así como llega a la Grenada Company (La Guineera) donde se desempeñó como capataz de chequeo de dicha comercializadora del banano dominicano, con lo que regresaba a las labores agrícolas.

Pero como don Pepe Santiler había mostrado tener condiciones y vocación por la música, tiempo después el señor Juan Antonio Rosado, a la sazón director de la Banda Municipal de Música de Santiago Rodríguez lo invitó a formar parte de la banda de música de Villa Isabel, hoy Villa Vásquez, siendo nuestro querido Pepe Santiler fundador de la misma y en la que jugó un importante rol a favor de la cultura de su natal provincia y del país, consiguientemente.

De regreso a la música combina ésta con el noble oficio de la zapatería, oficio que aprendió con su muestreo Papito con quien trabajó en el callejón de la plaza de Santiago de los Caballeros. Se integró a la agrupación musical dirigida por Reliquia Vásquez, quien tenía para entonces un programa radial en La Voz de la Reelección, conducido por Expedy Pou, en el que don Pepe fue invitado a participar.

A propósito de Expedy Pou cabe destacar que fue uno de los primeros locutores dominicanos, siendo parte del grupo de los cuarenta estudiantes que se examinaron el **18 de abril** de 1938, año en que se lleva a cabo el primer examen para los hombres del micrófono. Es por esta razón que tiempo después este día va a ser declarado Día del Locutor Dominicano.

Preciso es aclarar que *"se celebra el 18 de abril de cada año, instituido por medio del Decreto N. 4476 publicado el 2 de abril de 1974 por orden del Presidente Constitucional de la República Dr. Joaquín Balaguer Ricardo. Se escogió el 18 de abril debido a que en el año 1938, la entonces Dirección General de Telecomunicaciones llevó a cabo por primera vez exámenes para conceder carné oficial a los locutores. Entre los primeros participantes se encontraba Expedy Pou, Homero León Díaz y Pedro Julio Santana padre y desde entonces el locutor es considerado un profesional de la palabra hablada".*

De allí don Pepe partió a la Ciudad de Santo Domingo donde es llevado por un primo hermano a La Voz Dominicana donde entró como aficionado, conociendo en dicha emisora a Jhonny Ventura, quien le ayudaría en su carrera, al punto que El Caballo, viendo las condiciones de éste lo invitó como cantante para participar en una orquesta que se presentaba en el salón Mozart y que dirigía el maestro Frondón Botó, participando además en la orquesta de Antonio Morel, destacándose en cada una de dichas agrupaciones.

Pedro Vidal Saint-Hilaire Zapata (Pepe Santiler) que apenas alcanzó el segundo (2do.) grado de primaria, fue el tercero de cinco (5) hijos, siendo sus hermanos Ramón del Carmen, Rafael Arístides, Francisco Antonio y José María Saint-Hilaire Zapata.

A mediados de la década del 40 se une en matrimonio con su compueblana Estela Cecilia Diloné, con la que va a procrear a sus hijos Ana Rita, Pericles, Ramona y Pedro Antonio. Tiempos después aquella primera unión matrimonial de don Pepe va a terminar, por lo que separado de aquella, se casó con Juana Emilia Martínez (Milita) a la que conociera en la Ciudad de San Cristóbal mientras abordaba un carro público y con la que procreó cuatro (4) hijos, sobreviviéndoles Pedro Augusto, Pedro Antonio y Ángel del Jesús Saint-Hilaire; además tuvo un hijo en Villa Vásquez al que puso por nombre Nelson.

Con Emilia Martínez (Milita) se casó en el año 1964, mudándose a la Capital, viniendo luego a San José de Ocoa, específicamente a la comunidad de El Naranjal a casa de la madre de su esposa (su suegra).

Cuando llegó a Ocoa se trajo los utensilios de zapatería, trabajo en el cual se desempeñó. Acostumbraba visitar a una prima que vivía en la población y de manera inesperada, una tarde mientras regresaba a El Naranjal se encontró con una fiesta en la salida, donde participaban, entre otros, don Nidio Pimentel y lo llamaron para que participara en la agrupación "Los Montañeses", pasando luego a formar parte de nuestra legendaria Banda Municipal de Música en 1966, que era dirigida a la sazón por el maestro santiaguero Rodolfo Vásquez; banda en la que se desempeñó como redoblante percusionista, cantante y batutero o atromelle y de la que jamás se alejó durante toda su vida.

Tiempo después formaría su propia agrupación musical, una orquesta bailable llamada "Pepe Santiler y sus muchachos"; produciendo además algunos discos, destacándose su producción *"Recordando el Ayer"*, dentro de la cual se encuentran temas como: Señora; Respeta mi Dolor; Mi Muchachita, y claro, su éxito Quinto Patio, entre otros, siendo además de intérprete productor de algunos de ellos.

Dos de sus hijos, Pedro Augusto y Pedro Antonio (cariñosamente conocidos en nuestro pueblo como Papito y Nenito Santiler) se destacaron notablemente en el mundo del beisbol, siendo sin duda alguna dos buenos jugadores que brillaron en Ocoa y para muchos su hijo Papito está entre los mejores peloteros que hemos tenido.

Estos vástagos de don Pepe Santiler contribuyeron exitosamente con grandes triunfos de los equipos doble A de nuestra provincia, así como con el combinado de Los Chaparrones del torneo de Liga Campesina de San José de Ocoa. De hecho, además de nuestra gente, don Pepe vivió grandes momentos emocionantes de la mano de estos distinguidos beisbolistas que se destacaron no sólo en San José de Ocoa sino donde quiera que vieron acción.

Persona humilde y de trato afable, decente y sumamente respetuoso, trabajador y honrado y sin duda alguna un ocoeño a toda prueba, pueblo por el que sintió un gran amor y en el que aspiraba vivir por siempre, por el respeto y el cariño que sintió le tenían los ocoeños, apreciación muy atinada ya que nuestro pueblo lo distinguió y trató siempre con gran respeto y cariño durante toda su vida, hasta que la muerte le sorprendió el viernes 11 del mes de diciembre del año 2015, a las 6:40 minutos de la mañana, mientras se encontraba en el Hospital San José, San José de Ocoa, constituyendo un duro golpe para quienes le conocieron y trataron.

La causa de su muerte obedeció a "Epoc, crisis broncoespasmos, edema pulmonar, paro cardio respiratorio". Su velatorio se llevó a cabo en su residencia del sector Pueblo Abajo (El Parquecito), siendo sepultado en el cementerio del mismo sector, muriendo a la edad de 96 años.

**María Zoraida Díaz Pimentel
(Turca)**

> *"Las naciones marchan hacia el término de su grandeza con el mismo paso con que camina la educación"*.
>
> ***Simón Bolívar***
> ***(Libertador venezolano)***

María Zoraida Díaz Pimentel
(Turca)

El miércoles cuatro (4) de enero del año mil novecientos veintidós (1922) nació en Las Charcas, otrora Distrito Municipal (hoy Municipio) de la Provincia de Azua, la niña María Zoraida, fruto de la unión matrimonial formada por los señores Joaquín Díaz y Zoraida Pimentel (QEPD).

María Zoraida Díaz Pimentel, cariñosamente conocida como Turca, fue la primera de una descendencia de cuatro (4) hijos procreados por la unión matrimonial Díaz-Pimentel, siendo sus hermanos Temístocles Antonio (El Ñato, ya fallecido), Mercedes Austria Celeste (fallecida) y Rafaela Ircania Díaz Pimentel, esta última una activa participante de las actividades religiosas y sociales, siendo al igual que su hermana una prominente hija del pueblo de San José de Ocoa.

Turca inició sus estudios en la Escuela Rural de Las Charcas en la que cursó hasta el tercer grado de la educación primaria. Al concluir aquel año escolar y contando con diez (10) años de edad aproximadamente, sus padres se trasladan a Ocoa, produciéndose de esta forma el arribo de ésta que tiempo después emergería como una destacada educadora de nuestro pueblo.

En San José de Ocoa es inscrita en la Escuela Primaria de Niñas, cursando allí hasta el octavo grado y concluido dicho curso, nuevamente es trasladada a su ciudad natal, inscribiéndose en el Liceo Presidente Trujillo, en el que va a obtener el título de Maestra Normal de Segunda Enseñanza, tras cursar el Cuarto de Pedagogía (*Ciencia que estudia la metodología y las técnicas que se aplican a la enseñanza y la educación, especialmente la infantil*).

En el año mil novecientos cuarenta y ocho (1948) Zoraida vuelve a San José de Ocoa para ya no salir jamás y tan pronto regresa en su condición de muestra normal pasa a formar parte del cuerpo de profesores de la Escuela Primaria de Niñas; escuela en la que había cursado del cuarto (4to.) al octavo (8vo.) grados, como hemos señalado anteriormente.

Cuando regresa a Azua, luego de su primera estadía en la comunidad de Ocoa, Turca no abandona a nuestro pueblo de manera total y antes de producirse su arribo definitivo a San José de Ocoa en el año mil novecientos cuarenta y ocho (1948), aprovechaba para visitar al que sería su pueblo.

Como es de suponer, remontándonos a la época, esto es, a la década del cuarenta (40), no existían las condiciones y facilidades de transporte con las que contamos en nuestros días, por lo que los viajes de esta querida hija de nuestra comunidad se convertían en una especie de vía crusis, pues tenía que hacer la travesía en los lomos de un animal, atravesando por El Memiso, trayecto en el que siempre se le vio acompañada de su abuelo Manuelico Sánchez, que era, dicho sea de paso, quien se encargaba de hacer el correo de Ocoa a la hermana Ciudad de Azua.

Pronto quedarían evidenciadas sus dotes de maestra, desarrollando una fructífera labor en el campo fértil de la educación, por lo que una vez oficializado el Liceo José Núñez de Cáceres en 1958 fue seleccionada como maestra de dicho centro educativo, en el que va a rendir sus mejores frutos, cumpliendo en el más estricto sentido de la palabra con su vocación de maestra, poniendo en sus enseñanzas alma, vida y corazón, realizando una encomiable labor, siendo cual siempre fue, educadora abnegada, dedicada y sumamente exigente, pues consciente de su papel, puso todo su empeño en sacar de sus alumnos el mejor de los provechos.

Ciertamente, Zoraida Díaz, además de una ciudadana correcta fue una verdadera maestra en el sentido amplio de la palabra; condición que quedó lapidariamente confirmada por ella misma cuando en una prueba inequívoca y contundente, expresó lo siguiente: *"si volviera a nacer, volvería a ser maestra"*.

Se unió en matrimonio al señor Guarionex Arias (ya fallecido) oriundo de nuestra comunidad y aunque dicha unión matrimonial no procreó, sí dejó con su accionar y su vocación de educadora toda una simiente que tiempo después fructificaría, que son sus estudiantes, los que la recuerdan con veneración y que constituyeron para ella la razón de su existencia.

Siempre observó una conducta ejemplar acorde a su condición de maestra y se desempeñó durante toda su vida como una persona de bien, profesora de varias generaciones de jóvenes estudiantes ocoeños, cumpliendo siempre con alto espíritu de responsabilidad las tareas propias de su profesión.

Cumplidora de su deber y dueña de un carácter recio, aunque de alma dulce, realizó importantes e inconmensurables aportes a nuestro pueblo y muy especialmente al sistema educativo, jugando un rol determinante en la formación de sus alumnos, haciendo de éstos dignos bachilleres, contribuyendo para que los mismos fueran hombres y mujeres honorables, apegados a las reglas éticas que deben caracterizar a un buen ciudadano.

Precisamente en reconocimiento a su ardua y fructífera labor y por sus grandes aportes al sistema educativo del pueblo de San José de Ocoa, en un verdadero acto de justicia, el Consejo de Profesores del Liceo José Núñez de Cáceres designó con su nombre la biblioteca de dicho centro de enseñanza del nivel medio.

Local de la Biblioteca Zoraida Díaz del Liceo José Núñez de Cáceres, San José de Ocoa, centro educativo en el que impartió docencia por muchos años la profesora María Zoraida Díaz Pimentel.

De igual manera el Liceo José Núñez de Cáceres le dedicó su Semana Cultural, celebrada esta del 17 al 22 de abril de 1995, dedicatoria muy merecida ya que en el mismo dejaría grabadas sus huellas, siendo a través de los años una de las grandes educadoras que han desfilado por dicho centro de educación secundaria y por San José de Ocoa en sentido general.

Su destacada obra y su labor a favor de la educación no sólo serían reconocidos por el Liceo José Núñez de Cáceres, sino que también fuera de éste sus aportes serían reconocidos por otras instituciones y el pueblo de San José de Ocoa, por lo que el día 8 abril de 1995 las denominadas "Premiaciones Lo Mejor de Ocoa", organizadas por el Licdo. Ulises Alcántara Martínez le rinde un homenaje *"por sus aportes a través de la educación a la sociedad en general, en especial a la sociedad ocoeña"*. Igualmente se constituye la Junta de Vecinos Zoraida Díaz, en el centro de la ciudad, lo que es sin duda una forma de reconocimiento a su trayectoria, además de ser una forma correcta para eternizar su nombre.

María Zoraida Díaz Pimentel (Turca) constituye hoy por hoy un digno paradigma para la clase magisterial de la República Dominicana y muy especialmente de la Provincia de San José de Ocoa, siendo un ejemplo a seguir en lo que tiene que ver con el buen comportamiento y la dedicación a su profesión.

Maestra consagrada a la noble tarea de educar, haciendo de sus estudiantes, más que alumnos, hijos, y con toda la dedicación de una madre se esmeró en formarlos lo más correctamente posible, lo que la coloca, como hemos dicho, dentro del grupo selecto de las grandes educadoras que ha conocido el pueblo de San José de Ocoa; pueblo del que a la hora de escribir la historia del magisterio hay que tenerla presente.

Cuando nos detenemos a analizar la digna trayectoria de maestras de la estirpe de María Zoraida Díaz Pimentel, creemos ciertamente que pertenece al grupo de las grandes muestras dominicanas.

Fiel a los postulados del apóstol de la libertad cubana, José Julián Martí Pérez (José Martí), Zoraida Díaz enseñó, más que con la palabra, con el ejemplo, por eso su nombre quedará grabado con letras de oro en nuestro pueblo, el que aún llora su partida, acaecida el viernes 4 de noviembre de mil novecientos noventa y cuatro (1994), a la edad de 72 años.

Ojalá que sobre sus huellas caminemos las presentes y futuras generaciones y que sobre su ejemplo se levanten los nuevos educadores de la República Dominicana y muy especialmente de San José de Ocoa, para que hagan del magisterio un sacerdocio, tal y como lo hizo esta destacada educadora.

Sus restos mortales descansan en el Cementerio Cristo Salvador del Barrio San Antonio, Municipio de San José de Ocoa. Aunque en un primer momento fue sepultada en el Cementerio La Altagracia del sector Pueblo Abajo del mismo municipio, posteriormente sus restos fueron exhumados y sepultados en el referido campo santo, junto a su hermana Celeste.

**Marino Alberto González Pujols
(Marino González)**

*"He sido un hombre afortunado;
en la vida nada me ha sido fácil".*

Sigmund Freud
(Médico y neurólogo austríaco)

Marino Alberto González Pujols
(Marino González)

El jueves veintiuno (21) de septiembre de mil novecientos veintidós (1922), la unión matrimonial formada por los señores José del Carmen González y Ana Lucía Pujols (fallecidos) trae a la luz del mundo al niño al que pondrían por nombre Marino Alberto, el que con el paso del tiempo se habría de convertir en uno de nuestros comerciantes más prósperos y destacados.

De origen humilde, nacido en Arroyo Colorado (Azua), don Marino González comienza a inclinarse por los negocios llevado de la mano de su madre, la que le preparaba panes y bombones para que éste los vendiera, sellando desde entonces su apego al exigente y competitivo mundo del comercio.

Su niñez, como la de la mayoría de los niños dominicanos de su estrato social fue sumamente difícil, teniendo que levantarse diariamente en horas de la madrugada para luego ir a la comunidad de Parra, donde se encontraba ubicado el tanque del acueducto, para transportar sobre un asno (burro) varios "viajes" de agua que vendía en la calle Colón, para la época por la suma de 40 centavos, con los cuales sus hermanas le guardaban la comida cuando regresaba de la escuela y para hacer más difícil su situación estudiaba en horario de la mañana, lo que explica el porqué tenía que madrugar en la venta del preciado líquido.

Apenas alcanzó el sexto grado de la educación primaria, lo que choca abiertamente con su formación ya que con don Marino se puede hablar y profundizar sobre temas cardinales para la sociedad dominicana y aunque de manera empírica, posee conocimientos en áreas como Economía y Comercio, lo que explica su éxito en los negocios; lo mismo que sobre Sociedad y Política, rama esta última por la que siente una gran pasión y dice agradecerle a la misma parte de su formación.

Entre sus maestros recuerda al señor Antonio Sajiún y a Manuel de Regla Pujols, de quienes recibió las primeras enseñanzas en una escuelita ubicada en la intersección formada por las calles San José y 12 de Julio (hoy Manuel de Regla Pujols, precisamente), en donde tuvo como compañeras de clases a las hermanas Patria y Daysy Rojas, entre otros compañeros con los que compartió sus años de estudiante.

Marino Alberto González Pujols es el primero de una prole de 14 hijos procreados por la unión matrimonial González-Pujols y por fortuna le sobreviven en la actualidad la mayoría de éstos.

Llega a San José de Ocoa a la edad de siete (7) años procedente de su comunidad natal para instalarse en un solar ubicado en la calle 16 de Agosto de nuestro municipio; solar que su madre había adquirido fruto de su esfuerzo y del sudor de su frente y donde precisamente funcionan sus negocios en la actualidad.

Rememora con verdadero orgullo los días en los que su progenitora trabajada en la venta de panes y bombones, aprovechando los rezos para vender en ellos sus productos; productos que han estado indisolublemente ligados a la vida de este ocoeño ejemplar.

Don Marino González se dedicó formalmente a los negocios a la edad de 17 años, dedicándose exclusivamente a pequeños negocios por falta de capital; negocios que gracias a su dedicación y esfuerzo ha echado a andar haciendo de los mismos la fuente de sustentación de su hermosa familia, la que siempre ha tenido en él a un paradigma y a un vivo ejemplo a seguir.

Local comercial de la Farmacia Milagros, ubicada en la intersección formada por las calles 16 de Agosto y Las Carreras, San José de Ocoa. Abierta al público desde enero de 1982.

Al cumplir los 22 años de edad decide formar su familia, por lo que se une en matrimonio con la joven Teodolinda Tejeda Lara (doña Tidola) el día 23 de diciembre de 1944, a la que conoce cuando ambos se desempeñaban como profesores de una escuela de emergencia, en plena era de Trujillo, con la que procreó 6 de sus 11 hijos, siendo éstos: Miguel Vinicio, Irisneida, Nilda Maritza, Omar, Milagros y Marino Alberto González Tejeda.

Recuerda que puso un pequeño negocio en la calle 16 de Agosto, al lado de la panadería *"de un señor llamado Luis"* y nos cuenta que protestaba cuando le pagaban en dólar por la molestia que le producía el tener luego que canjearlos, pues para la época corría la moneda norteamericana. (No olvidemos que es a partir de 1947, con la creación del Banco Central cuando se crea el peso oro dominicano, hoy peso dominicano).

A propósito de tan importante institución rectora, preciso es señalar que *"El Banco Central de la República Dominicana fue creado por la Ley Monetaria y Bancaria de mil novecientos cuarenta y siete (1947) como el Banco de la República Dominicana, y es responsable de regular el sistema bancario y monetario en el país"*.

En cuanto a la actividad comercial y muy especialmente en lo que respecta a su ya legendaria entre los ocoeños Panadería Ocoana, dice haber nacido en ella, que fue un negocio instalado por su madre que luego él expande, instalando del mismo modo en el año mil novecientos noventa y dos (1992), aproximadamente, la Ferretería González, la que funciona como una compañía, pues es don Marino una persona metódica y organizada en sus negocios y entiende que ahí radica el éxito de los mismos, y precisamente el trabajo constante, la dedicación y el esfuerzo han sido sus armas de combate para triunfar en la vida en sus diferentes facetas, tanto comercial como personal y familiarmente.

Local comercial de la Ferretería González, fundada en 1992, ubicado en la calle 16 de Agosto del Municipio de San José de Ocoa.

Se inicia en la actividad política de manera organizada en el año mil novecientos setenta y tres (1973) cuando el profesor Juan Emilio Bosch Gaviño formó el Partido de la Liberación Dominicana (PLD), siendo fundador de dicha organización política, en la que se le ve como el papá de la misma en lo que respecta a San José de Ocoa y aunque por circunstancias aceptó ser candidato a Síndico en varias oportunidades, en la historia política moderna, es decir, después del ajusticiamiento del tirano Trujillo, jamás ha ocupado un cargo público y dicho sea de paso tuvo la gallardía de rechazar la proposición que le hiciera su partido para que aceptara el codiciado cargo de Gobernador Provincial, a lo que se negó tajantemente, argumentando que no había ido a la actividad política a servirse, sino a servir, lo que aprendió del autor de La Mañosa; posición sólo observable en personas de su estirpe y de su estatura moral.

Don Marino mantiene una actitud crítica en torno a los problemas nacionales y no oculta su preocupación por temas como el medio ambiente, la deforestación y otros de no menos importancia. Siente un gigantesco amor por su país al que aspira ver desarrollarse y dejar atrás la condición de subdesarrollado y de atraso.

De manera que ante don Marino nos encontramos en presencia en un auténtico dominicano y aunque nacido en una comunidad azuana, es un ocoeño a carta cabal y un paradigma para su país, lo mismo que para su familia; de ahí que su hijo Omar lo defina, con marcado orgullo, como un ejemplo de solidaridad, nobleza, honradez y trabajo y que tiene un profundo sentimiento de ver desarrollado su país en todos los órdenes.

En la actualidad, ya con una avanzada edad y con las condiciones propias de un nonagenario, don Marino González ve discurrir sus días en la tranquilidad de su hogar, junto a su adorada familia.

Ana Roselia Concepción Guerrero
(Roselia)

> *"Nunca me he encontrado con alguien tan ignorante de quien no pudiese aprender algo".*
>
> ***Galileo Galilei***
> *(Matemático italiano)*

Ana Roselia Concepción Guerrero
(Roselia)

El martes trece (13) de febrero del año mil novecientos veintitrés (1923) nació en la comunidad de Soto, de la Provincia La Vega, la niña Ana Roselia, hija de los señores Manuel Ramón Concepción Camilo y María de la Concepción Guerrero, ambos fallecidos y quienes formaron una distinguida familia integrada por catorce (14) hijos, siendo Ana Roselia la quinta en esa lista.

De esos hermanos le sobrevivieron al momento de su muerte Dilcia, Mela, Lucita, Nelly, Hugo y Julio; los demás se habían despedido del mundo de los mortales, como es el caso de Herminio, Fello, Agustín, Aridio, Darío, María Ydalia y Ramón Antonio (Romito), nacidos en la Ciudad de La Vega.

Realizó sus primeros estudios en la comunidad de Las Pocilgas, Escuela República de Panamá (actualmente Padre Lamarche), escuela normal de esa hermosa provincia cibaeña, luego se graduaría con honores al investirse de licenciada en Educación en la Universidad Nacional Pedro Henríquez Ureña (UNPHU), en acto solemne de graduación celebrado el domingo cuatro (4) de diciembre de 1977, iniciando desde entonces una hermosa labor en el ubérrimo campo de la educación.

Esta destacada educadora ejerció el magisterio en Las Yerbas, jurisdicción del Municipio de Soto (La Vega), en el Colegio Agustiniano, en la Escuela Federico García Godoy, así como en la Escuela Luisa Ozema Pellerano de San José de Ocoa.

Su formación personal y profesional la hizo merecedora de ser promovida al Liceo José Núñez de Cáceres de nuestro municipio, donde es nombrada directora de dicho centro educativo (1966-1979), momentos en que se desempeñaba impartiendo una tanda en su condición de maestra en la ya citada Escuela Luisa Ozema Pellerano.

Antes de llegar oficialmente a San José de Ocoa, doña Roselia aprovechaba las vacaciones para visitar algunos familiares residentes aquí. Es así como se conoce con el señor Milton Fremio Peguero Echavarría, con quien contrae nupcias el lunes veintitrés (23) de septiembre de mil novecientos sesenta y tres (1963) en plena víspera del Golpe de Estado al Profesor Bosch, perpetrado en la madrugada del 25 de septiembre de ese año; boda celebrada en la iglesia de La Vega, ciudad natal de la novia, quedando sellada desde entonces la unión matrimonial con el comerciante ocoeño, ya fallecido, el que a su vez había nacido el nueve (9) de febrero de mil novecientos veintisiete (1927).

Doña Roselia, como acostumbraba a llamársele, llevaba una activa vida religiosa, siendo parte de la Iglesia Católica, miembro por décadas del grupo La Renovación, grupo al que se dedicaba por completo, pues de ortodoxa formación cristiana y de vida conservadora, ya jubilada de las aulas veía transcurrir sus días de la iglesia a la casa, sacando tiempo para otras actividades sociales no menos importantes, perteneciendo al Club Rotario Ocoa; también fungía como tesorera de la Filial de Rehabilitación de nuestra comunidad y miembro del Patronato contra la Diabetes, cargos que desempeñó con estricto apego a los principios éticos y con elevada vocación de servicio, dejando como legado toda una trayectoria de sacrificio y de entrega.

Local del Centro de Rehabilitación del Municipio de San José de Ocoa, bautizado con el nombre de Hermana María José, en reconocimiento a su trabajo y a su lucha a favor del mismo.

Quienes la conocieron no pueden negar que era ésta una extraordinaria mujer y una egregia educadora de esas que más que con la palabra educan con el ejemplo, dama distinguidísima de La Vega, regalo del Señor para San José de Ocoa y no por casualidad gozó del aprecio y el respeto de los ocoeños y de sus compueblanos de La Vega, quienes vieron en ella a una abnegada educadora que consagró su vida a la enseñanza y al trabajo social.

Dueña de una férrea formación moral y de una conducta intachable, características que la hicieron merecedora de que la Asociación de Estudiantes Universitarios Ocoeños (ASEUNO) le dedicara en una oportunidad su Semana Cultural, en una bella, significativa y merecida distinción, premiación y reconocimiento a su labor tesonera y a su trayectoria ejemplar.

Milton Fremio Peguero Echavarría, cargado de orgullo, aunque un tanto entristecido, la definía como una mujer digna de imitar, inteligentísima, como una lumbrera, lo que hacía cargado de satisfacción y alegría, y su prima hermana Mery Concepción la describía como una persona muy organizada, seria en extremo y que en cuestiones de la moral no transigía en su cabal acatamiento; ese fue su accionar durante toda su vida.

Dejó doña Roselia Concepción todo un legado de trabajo, sacrificio, dedicación y entrega a San José de Ocoa y a la República Dominicana, y por eso, éste que fue también su pueblo jamás olvidará sus grandes aportes a través de la educación y del trabajo social desinteresado y altruista, bello legado que los ocoeños sabremos recoger y valorar, y sobre todo, emular y multiplicar para que sirva de estandarte a las generaciones presentes y venideras.

Esta golondrina de la paz, mensajera de la Buena Nueva de Dios murió aquejada de salud el sábado veintiocho (28) de junio del año dos mil tres (2003), en su lugar de origen, la hidalga y olímpica Ciudad de La Vega, donde yacen sus restos mortales. En tanto aquí, adonde llegó en 1963, permanecen imborrables sus recuerdos.

**Homero Horacio Subero Cabral
(Don Homero)**

> *"Dios ha puesto el trabajo por centinela de la virtud".*
>
> ***Homero***
> (***Poeta griego***)

Homero Horacio Subero Cabral
(Don Homero)

El lunes ocho (8) de octubre del año mil novecientos veintitrés (1923) nace en la Ciudad de San José de Ocoa el niño Homero Horacio, hijo de los señores Francisco Subero Sáber (de origen libanés, nacido en Venezuela) y Eladia Dévora Cabral, oriunda de nuestra provincia (fallecidos), siendo el segundo de una prole de cinco (5) hijos procreados por la unión matrimonial Subero-Cabral.

Figuran entre sus hermanos Dignora (fallecida), Farida (fallecida en fecha 29 de agosto de 2016), César Augusto (fallecido el día 26 de mayo del año 2005, como se lee en otra parte de este trabajo) y Luis Ney (Güicho), además de Danilda, su hermana paterna, criada por su madre Eladia Dévora.

Realizó sus estudios primarios en la escuela particular de San José de Ocoa, donde recibió las oportunas orientaciones de la maestra Altagracia Gerónimo (doña Tatá) y de su maestro Manuel de Regla Pujols (Titín), del cual recibió sabias enseñanzas y aunque no alcanzó más que el quinto (5to.) grado de la educación primaria las atinadas orientaciones de sus educadores le posibilitarían adquirir los conocimientos necesarios e indispensables para desempeñar con sobrada capacidad las funciones que le han correspondido.

Su niñez trascurrió en un sano ambiente, dividiendo su estadía entre San José de Ocoa y la comunidad de Nizao, dedicado a las tareas propias de la escuela, los quehaceres del hogar y la práctica del deporte, lo que se fortaleció, sobre todo en sus años juveniles, siendo un destacado deportista.

El sábado 9 de junio del año mil novecientos cincuenta y seis (1956) contrae nupcias con la joven ocoeña Hilda María González, en ceremonia celebrada en el templo de la Iglesia Católica de nuestro municipio, siendo el señor Tomás Antonio Isa (Tony) el padrino de boda. Con dicha distinguida compueblana va a procrear a sus hijos Mónica, Yraida, Homero (Lilo), Francis, Eladia y Elisa Subero González, todos ellos buenos hijos de nuestra comunidad y los que al igual que sus padres llevan una vida decente, siendo trabajadores y hombres y mujeres de bien.

Don Homero Subero junto a su compañera de toda la vida, la señora Hilda María González, con quien se une en matrimonio en fecha 9 del mes de junio del año 1956.

Se dedicó a la práctica del beisbol jugando en el jardín central, en el shortstop y además como lanzador, convirtiéndose en el primer bate del equipo de Ocoa, dirigido por Gallego Muñoz (santiaguero), ya que tenía unas piernas prodigiosas y tuvo que ganarle a todos sus compañeros de equipo en una carrera en la que se decidió cuál debía ser el bateador abridor de dicho representativo.

Luego de jugar beisbol se dedicaba a jugar softball en donde se fractura una pierna, viéndose así forzado a retirarse de los deportes, aunque se mantiene atento a los mismos, muy especialmente del beisbol y aunque por razones físicas ya no le es posible practicarlo, lo sigue con similar fruición, ora visitando el play, ora disfrutando de este juego a través de la televisión.

Su primer empleo fue en la entonces Secretaría de Estado de Obras Públicas y Comunicaciones, en la que se inicia en el año mil novecientos cincuenta y cinco (1955), ganando a la sazón la suma de 2 pesos y 50 centavos. Al momento de su feliz matrimonio se desempeñaba como capataz de pavimentación en la compañía Hermont; compañía norteamericana que tuvo a su cargo la construcción de la carretera Ocoa-Constanza construida entre 1955 y 1957, aproximadamente, y en la que don Homero laboró durante todo el trayecto.

Trabajó para dicha compañía extranjera por alrededor de tres años, regresando a Obras Públicas para ya no salir jamás, desarrollando desde ésta importantes trabajos en lo que respecta a las calles y carreteras de la geografía de su pueblo natal, trabajando en la construcción y/o pavimentación de la mayoría de las calles de San José de Ocoa, laborando al lado de Miguel Arbaje, el que dicho sea de paso hizo los primeros contenes en Ocoa en la década del 40 y cuyo campamento se encontraba ubicado en la calle Colón, donde precisamente tiempo después don Homero construiría su residencia.

Pero también don Homero trabajó en la construcción de la carretera Nizao-Rancho Arriba en todas sus fases, con el ingeniero Petro Manzano, quien se desempeñaba como subdirector de carreteras de la entonces Secretaría de Estado de Obras Públicas y Comunicaciones (SEOPC), siendo dicho ingeniero el que diseñara el puente curvo ubicado en la comunidad rural de Las Malaguetas, perteneciente al Municipio de Sabana Larga, construido entre los años 1956 y 1958, y que es el primer puente curvo de la República Dominicana y de América, dándonos la distinción como pueblo en ese sentido.

Puente curvo ubicado en la comunidad de Las Malaguetas, primero en su género en la República Dominicana y en América; construido por la compañía constructora Hermont, entre 1956 y 1958.

Sus habilidades y su preparación para trabajar en Obras Públicas las consiguió de manos de su padre, don Francisco Subero, el que ocupó por varios años el cargo de Superintendente de Carretera, cargo desde el cual dirigió la construcción de la carretera Ocoa-El Cruce de Ocoa, lo que quiere decir que adquirió muchos conocimientos empíricos, los que luego llevaría a la práctica de manera exitosa.

Su padre Francisco Subero Sáber fue un activista político, simpatizante de Horacio Vásquez, siendo incluso, conjuntamente con Rodolfo Read, Felipe Isa (don Yamil) y José M. Pimentel (fallecidos) las cuatro figuras más relevantes del horacismo en San José de Ocoa. Pero además su padre fue por muchos años presidente del Partido Dominicano, que era el partido de Trujillo, cargo que tuvo que aceptar a regañadientes puesto que era opuesto al régimen trujillista pero no aceptar el cargo otorgado inconsultamente por "El Jefe" constituía una firma con la muerte, como ocurrió con muchos que intentaron desafiarlo.

Precisamente en esa actitud el tirano nombró a José Francisco Subero como Gobernador en San Juan de la Maguana, en cuyo honor una de nuestras calles lleva su nombre y éste tuvo la gallardía de negarse rotundamente, procediendo Trujillo a nombrarlo con el mismo cargo en Baní, adonde sí aceptó, en una actitud en cierto modo desafiante y si se quiere "quebrándole el pulso" al presidente Rafael Leonidas Trujillo Molina.

Cuando don Homero llega a Obras Públicas la Ayudantía de San José de Ocoa no contaba ni siquiera con un local o campamento propio, por lo que procedió a dotar dicha Ayudantía de un campamento, ubicado en aquel entonces en la calle Andrés Pimentel en la casa contigua en dirección norte-sur al local que por muchos años alojó al famoso Bar de Pururú (Bar Tres Rosas), pasando luego dicho campamento a la calle Dionisio Sánchez, entre las calles Sánchez y Luperón, donde hoy funciona.

Local ubicado en la calle Dionisio Sánchez, entre la Luperón y la Sánchez, sector El Rastrillo del Municipio de San José de Ocoa, y en el que funciona la Ayudantía del Ministerio de Obras Públicas y Comunicaciones.

Desde la Secretaría de Estado de Obras Públicas y Comunicaciones (SEOPC) hoy Ministerio de Obras Públicas y Comunicaciones (MOPC), más específicamente desde la Ayudantía de dicha institución en San José de Ocoa, el señor Homero Subero realizó una importante labor en lo que respecta a la construcción y reparación de las calles y carreteras, haciéndose acompañar, entre otros compañeros, por Milciades, Eligio, José del Carmen y Francisco Martínez (Boleo), actuando siempre apegado a los principios éticos y morales que han caracterizado su trayectoria, su vida, haciendo del trabajo tesonero y honrado una praxis a lo largo de más de cuarenta años, permaneciendo en el cargo de Encargado de Obras Públicas en San José de Ocoa hasta ser jubilado por el Presidente Constitucional de la República, el Dr.

Leonel Antonio Fernández Reyna, en su primer mandato (1996-2000), tras una recomendación del Dr. Joaquín Antonio Balaguer Ricardo.

Huelga destacar que fue tanta la honradez con la que se desempeñó don Homero en el ejercicio de sus funciones al frente de la Ayudantía del Ministerio de Obras Públicas en San José de Ocoa, que confiado en su trabajo tesonero apegado a la ética, y sabiéndose un hombre íntegro, solicitó, al momento en que era pensionado, que se convocara a una nueva reunión para preguntarle a los habitantes de los diferentes puntos de la geografía ocoeña, si alguna vez aceptó o pidió un centavo a alguien para hacer algún trabajo, a lo que recibió por respuesta un fuerte abrazo.

Ciertamente con actuaciones como estas son con las que como dijera el poeta *"se hace camino al andar"*; de ahí su condición de ocoeño ejemplar que puede levantar su frente bien alto a la hora de pasar revista a lo que ha sido su peregrinar por los caminos de la vida, constituyendo indefectiblemente un referente ético del pueblo dominicano y muy especialmente del pueblo de San José de Ocoa.

Hoy, don Homero puede sentir la satisfacción por el deber cumplido y sobre todo puede sentirse orgulloso y feliz al caminar por las calles de su pueblo, al saber que participó, si no en la construcción, por lo menos en la reconstrucción y/o pavimentación de su inmensa mayoría, pudiendo levantar su frente de cara al sol tras ocho lustros en la administración pública, siendo ejemplo de trabajo, de dignidad y de honorabilidad; ejemplo que ojalá sea emulado por quienes ocupen funciones públicas.

En la actualidad don Homero ve discurrir sus días en la quietud y la tranquilidad de su hogar, junto a su señora esposa, la que conjuntamente con sus hijos y sus nietos constituyen su orgullo y su alegría, disfrutando a través de la pantalla chica de su hobbie, el beisbol.

Pero además, preciso es destacar que con este hijo de San José de Ocoa se puede entablar una conversación en diversas áreas, lo que resulta agradable y del mismo modo aleccionador, pues cargado de la sabiduría y la experiencia que dan los años y proporciona la vida, una plática con él constituye una sabia orientación.

Del mismo modo resulta apasionante entablar una conversación con este meritísimo hijo del pueblo de San José de Ocoa, el que transmite gran sosiego y calma en sus pláticas, pasando revista a importantes acontecimientos vividos a través de los años.

Hay que decir que indudablemente con la experiencia que dan los años, don Homero cuenta con la sabiduría apropiada para servir de orientador a quien necesite de un sabio consejo en lo que respecta al buen vivir, pues su vida ha sido precisamente ejemplo de eso.

Hombre de bien, dedicado a sus responsabilidades, buen esposo, buen padre, buen abuelo, buen amigo y del mismo modo hijo honorable del pueblo de San José de Ocoa con quien es una distinción compartir la ocoeñidad.

**Américo Martínez González
(Dr. Martínez)**

> *"Morir es el destino común de los hombres; morir con gloria es el privilegio del hombre virtuoso".*
>
> **Isócrates**
> (*Orador griego*)

Américo Martínez González
(Dr. Martínez)

El martes cinco (5) de febrero del año mil novecientos veinticuatro (1924) nació en la Ciudad de San José de Ocoa el niño Américo, fruto de la unión matrimonial de los señores José María Martínez e Ismenia González (fallecidos); niño que transcurridos los años pasaría a ser un destacado galeno de la República Dominicana que puso su carrera al servicio del pueblo de San José de Ocoa.

Fue el segundo de tres hijos procreados por la unión conyugal Martínez-González, siendo sus hermanos Eusebio y Belkis Martínez González; el primero (fallecido) ex-administrador de la Farmacia Nueva de la cual el Dr. Américo Martínez fue co-propietario.

Sus estudios primarios los realizó en la Escuela de Varones de San José de Ocoa, pasando luego a un colegio de La Vega.

Concluidos sus estudios secundarios partió a la Ciudad de Santo Domingo cargado de sueños y aspiraciones, matriculándose en la Universidad de Santo Domingo (tiempo después autónoma), donde se dedicaría al estudio de las ciencias de la salud, recibiéndose de doctor en medicina en la graduación del jueves 28 de octubre del año mil novecientos cuarenta y ocho (1948), iniciando desde entonces una fructífera labor a beneficio de nuestro país y de nuestro pueblo.

Una vez graduado como doctor viene a San José de Ocoa y se instala en la comunidad de Rancho Arriba, adonde va a realizar la pasantía, trasladándose a Las Avispas, hospedándose en la casa de su tío Andrés Martínez Arias (Andresito) que residía allí. Concluida su pasantía regresa a San José de Ocoa para prestar sus servicios como profesional de la medicina.

Tan pronto llega a Ocoa en condición de médico se inicia en el ejercicio privado de la medicina, instalando un consultorio en la calle Sánchez No. 16, permaneciendo allí hasta el 20 de marzo de 1956, que es la fecha de inauguración de su clínica que sirvió y ha servido a los ocoeños desde su fundación y que funciona desde su inauguración en la calle Manuel de Regla Pujols esquina Sánchez, en la segunda planta de su residencia familiar.

Clínica Dr. Martínez, ubicada en la calle Manuel de Regla Pujols esquina Sánchez, San José de Ocoa, inaugurada el 20 de marzo de 1956, fundada por el Dr. Américo Martínez González.

Precisamente ese día (20/03/1956) en que se inauguraba la clínica del Dr. Américo Martínez nacía su hijo Américo José (Ameriquín) como una forma de hacer aún más especial aquella fecha histórica para su familia y para nuestro pueblo, sobre todo en lo que respecta a la salud privada, esto así porque el Dr. Américo Martínez nunca perteneció al sector oficial, incluso en una oportunidad se le propuso la Dirección del Hospital San José y la rechazó de plano.

Se desempeñó durante todo el ejercicio de su carrera apegado al Juramento Hipocrático, siendo una mano amiga y solidaria de los hijos de la comunidad que le viera nacer y a la que se consagró por entero, sin alejarse jamás del pueblo de San José de Ocoa.

El sábado 28 de mayo de mil novecientos cincuenta y cinco (1955) se unió en matrimonio con la distinguida maestra ocoeña Farida Subero Cabral, con la que va a procrear a sus hijos Américo José (ya mencionado), Francisco Reinaldo y José Luis, los que siguieron su ejemplo de superación, convirtiéndose en tres dignos profesionales, siendo los dos primeros Arquitecto e Ingeniero, respectivamente, y el tercero, es decir, José Luis Martínez Subero, médico, siguiendo así los pasos de su progenitor.

Con la distinguida dama Farida Subero Cabral, la que le sobrevivió hasta el lunes 29 de agosto de 2016, forjó un hogar cargado de paz y de armonía, lo que fue atestiguado por su entonces viuda, la que con profundo orgullo, aunque con el alma hecha jirones, nos confesó que su esposo jamás hizo nada por lo que ella tuviera que pelearle y que durante sus 46 años de feliz unión matrimonial siempre fue un esposo y padre dedicado a su hogar y a sus quehaceres profesionales, por lo que no dudó un segundo para catalogarlo como un esposo ejemplar y un padre abnegado y responsable, del que nunca ni ella ni sus hijos tuvieron ninguna queja.

El Dr. Américo Martínez y la Prof. Farida Subero Cabral, al momento en que formalizan su unión matrimonial por ante el Oficial del Estado Civil el 28 de mayo de 1955.

El Dr. Martínez hizo de su profesión un apostolado y nunca tomó vacaciones, nunca tuvo día libre ya que tenía que atender a pacientes que venían en busca de sus servicios, incluso los domingos, pacientes que regresaban atendidos puesto que a éstos siempre les dispensó un buen trato, agradable y solidario, lo que explica que hasta poco antes de morir doña Farida vinieran de diferentes comunidades humildes campesinos a adorarle a su casa, a rezar por él y a llorar junto a ella.

Por su obra a favor de San José de Ocoa, el Club de Leones Ocoa, Inc. le reconoció en un emotivo acto celebrado el día 31 de enero de 1999, en el salón de actos del Palacio Municipal, distinguiéndole *"por los méritos obtenidos como pionero de la salud en esta comunidad a través de 50 años de ejercicio continuo"*, siendo aquél más que un acto de reconocimiento un acto de justicia en el que se premiaba la fecunda labor de un eminente representante de la clase médica dominicana.

Dicho homenaje fue apoyado por todos los sectores de la Ciudad de San José de Ocoa, al punto que el periódico El Ocoeño (mensuario), correspondiente a los meses marzo-abril de 1999, producido por el distinguido periodista ocoeño Fremio Ortiz, dedicó su Editorial (laudatorio) a resaltar dicho acto de reconocimiento, bajo el título de: "Justo Reconocimiento", destacando entre otros aspectos, lo siguiente: *"El homenaje de reconocimiento tributado por el pueblo de San José de Ocoa al doctor Américo Martínez González por iniciativa del Club de Leones Ocoa, Inc. y a la cual se unieron las instituciones mas (sic) representativas, fue una decisión que ha merecido el apoyo de todos nuestros compueblanos"*.

Continúa diciendo dicho editorial: *"El Ocoeño se inclina reverente ante el doctor Américo Martínez M. (sic). Honor a quien honor merece. Los ocoeños, tanto los residentes como los que por diferentes motivos han tenido que salir del amado terruño que les vio nacer, sabemos que el doctor Martínez González es un ejemplo a imitar por las presentes y futuras generaciones por su humildad, entrega total al trabajo, su conducta social, hombre de bien y su apego al juramento Hipocrático"*.

En el templo católico de nuestro municipio se puso a circular un escrito en la parte inversa del otrora boletín, correspondiente a los días 6 y 7 de febrero de 1999, refiriéndose al acto de marras y bajo el título: "Un gran Homenaje a un gran profesional Ocoeño", leyéndose entre otras cosas, las siguientes: *"El Club de Leones rindió un merecido homenaje al Dr. Américo Martínez González, distinguido médico ocoeño que ha rendido un gran servicio a la comunidad de Ocoa a lo largo de 50 años. Esperamos que el ejemplo del Dr. Martínez sea imitado por los (as) jóvenes de esta comunidad que abracen la profesión de la medicina".*

Terminaba dicho escrito de la manera siguiente: *"le felicitamos, Dr. Martínez, por sus 50 años de intenso trabajo a favor de los (as) ocoeños (as) y nos unimos al homenaje que el Club de Leones, al que se unieron otras organizaciones, le ofreció aquel memorable día del mes de enero en nuestro Ayuntamiento. Esperamos que tenga larga vida y que su capacidad y experiencia pueda seguir beneficiando a las familias de este pueblo, especialmente aquellas que no están en condiciones de recurrir a los centros médicos cuyos costos de tratamiento no les son asequibles".*

También la Fundación Tony Isa le reconoció por su dedicación durante 50 años en beneficio de la salud de nuestra comunidad, en acto celebrado en enero de 1999, como también lo hizo la Generación del 40, que del mismo modo le reconoció por su fecunda labor (desplegada a lo largo de 50 años, caracterizados por la entrega y la solidaridad).

Hijo distinguido de San José de Ocoa, honorable médico y amigo solidario de todos, fiel discípulo de Hipócrates, colaborador y aliado de los estudiantes, lo que explica que en el año mil novecientos setenta y cinco (1975), esto es, en su quinto aniversario, la Asociación de Estudiantes Universitarios Ocoeños, con sus siglas para entonces A.E.U.O. (hoy ASEUNO), le entregara un merecido pergamino en el que se lee como sigue: *"En reconocimiento a su desinteresada colaboración y apoyo que nos ha brindado en estos cinco años de existencia, lo que indudablemente ha permitido el buen desenvolvimiento de nuestra Asociación y al mismo tiempo el alcance de grandes logros".*

Cabe destacar que en esa oportunidad fungía como Secretario General de dicha entidad estudiantil el Lic. Milciades Mejía, el que luego pasaría a ser no sólo director sino símbolo del Jardín Botánico Nacional y posteriormente presidente de la Academia de Ciencias de la República Dominicana, posición que ocupa en la actualidad.

Todos estos reconocimientos son una muestra inequívoca de lo que fue la práctica de este galeno dominicano y muy especialmente de San José de Ocoa a través de toda una vida consagrada al servicio de los demás, pues a lo largo de 50 años de ejercicio profesional no hizo otra cosa que no fuera servirle a la comunidad, la que siempre tuvo en el Dr. Martínez a uno de sus buenos hijos y en el que las ciencias médicas encontraron a un fiel intérprete y a un prominente representante.

Su salud empezó a desmejorarse de manera precipitada teniendo que ser sometido a varias operaciones, luchando durante los últimos catorce meses de su fructífera existencia contra el terrible cáncer de páncreas que a la postre le arrancó la vida el viernes 17 de diciembre del año

1999, enlutando a toda la familia, amigos y relacionados y a la comunidad ocoeña en sentido general a la que sirvió en cuerpo y alma durante toda su vida.

El Dr. Américo Martínez estaba convencido de que le quedaban escasas horas de vida, aceptando esa situación con resignación y tuvo una premonición que se cumplió al pie de la letra, pues días próximos a su fallecimiento llamó a doña Farida y se despidió de ella, diciéndole que pronto moriría pero que no se entristeciera porque él se juntaría con ella en el cielo.

Con su hijo Francisco Reinaldo fue mucho más certero en su premonición, al punto de decirle el martes 14 de diciembre de mil novecientos noventa y nueve (1999) que moriría a más tardar el siguiente viernes, y efectivamente moría ese mismo día en horas de la tarde. Sus restos mortales descansan en el Cementerio La Altagracia del sector Pueblo Abajo de esta Ciudad de San José de Ocoa.

En el doctor Américo Martínez González San José de Ocoa tuvo a un auténtico hijo y a un abnegado profesional de la salud, que puso durante medio siglo su profesión al servicio de su pueblo, llevando consuelo a los enfermos, alegría a los tristes y paz a los desesperados.

Desde su partida a la fría sepultura su viuda lloraba su triste adiós, sus hijos lo recuerdan como un padre amoroso y Ocoa lo recuerda y lo recordará como lo que fue, un paradigma para las presentes y futuras generaciones, que actuó siempre apegado a los principios sacrosantos de la honestidad, el decoro y la dignidad, tendiendo su mano amiga y solidaria cada vez que se le necesitó y siendo por eso y por tantas razones más un distinguido hijo de nuestro querido Maniel.

**Juan Bautista Castillo Castillo
(Blanco)**

> *"Los libros son las abejas que llevan el polen de una inteligencia a otra".*
>
> ***James Russell Lowell***
> (***Poeta, crítico y escritor estadounidense***)

Juan Bautista Castillo Castillo
(Blanco)

El domingo ocho (8) de marzo del año mil novecientos veinticinco (1925), fruto de la unión matrimonial formada por los señores Juan Alberto Castillo y Dilia Altagracia Castillo (QEPD) nació en la Ciudad de Sabana Larga, San José de Ocoa, el niño Juan Bautista. Fue el tercero de una descendencia de tres hijos procreados por la unión conyugal Castillo-Castillo y fueron sus hermanos Rafael David (Cholito) y Gloria Altagracia (ya fallecidos).

Al morir su madre, su padre se unió a la señora Amalia Castillo, con la que va a procrear a Alisa, Luis y Héctor, hermanos paternos de este ocoeño destacado al que le cupo la gloria de emerger como el primer ocoeño en publicar un libro, conquistando indiscutiblemente un lugar en nuestra historia.

Realizó su primer curso de la educación primaria en la escuela de su ciudad natal, esto es, Sabana Larga, y al año siguiente, contando con la edad de ocho (8) años se traslada a San José de Ocoa, pueblo en el que continúa sus estudios cursando hasta el octavo grado en la entonces Escuela José Trujillo Valdez (padre de Rafael L. Trujillo Molina, nacido el 24/10/1891 y ajusticiado el 30/05/1961).

Diferentes circunstancias de la vida lo obligaron a retirarse de las aulas y trascurridos once (11) años regresa a impartir clases de inglés en el entonces semi oficial Liceo de San José de Ocoa en el horario nocturno, aprovechando para inscribirse nuevamente, esta vez para cursar sus estudios de bachillerato, concluyendo los mismos en tres años, graduándose de bachiller el 23 de diciembre del año mil novecientos cincuenta y tres (1953). Como persona organizada conservaba en su poder su certificado de bachiller.

En el año mil novecientos cincuenta y cuatro (1954) pasa a la escuela primaria urbana Julia Molina de San José de Ocoa donde es nombrado como profesor, impartiendo allí el primero y el sexto cursos y luego el primero y el octavo grados de la educación básica, permaneciendo en dicho centro educativo hasta el año mil novecientos cincuenta y nueve (1959); año en que renuncia tras la llegada de Fidel Castro al poder en Cuba, pues como joven cargado de ideales revolucionarios aquel acontecimiento de la Sierra Maestra lo impresionó bastante, tanto que pensaba que tras dicho acontecimiento histórico la vida sería totalmente distinta, especialmente para él.

Dentro del sistema educativo va a alcanzar importantes posiciones, llegando a ser subdirector de la ya mencionada escuela primaria urbana Julia Molina (hoy Luisa Ozema Pellerano), ocupando luego la Subdirección y posteriormente la Dirección del Liceo José Núñez de Cáceres durante el período comprendido entre 1961 y 1963.

De esa época dorada de su vida dentro del magisterio en San José de Ocoa recordaba a la señora Eugenia Sánchez de Freites (doña Jeña), la que lo dirigió como directora mientras él ocupaba la subdirección, lo mismo que al profesor Bienvenido Pimentel Piña, el cual lo dirigió mientras él se desempeñaba como maestro y subdirector de dicho liceo.

Luego de un segundo receso, coincidencialmente de otros once (11) años, se va a matricular en la Universidad Autónoma de Santo Domingo (UASD) en la que se inicia como estudiante de economía y de lenguas extranjeras, mención francés, concomitantemente, dejando en el sexto semestre la primera y graduándose de licenciado en la segunda en la investidura del lunes 25 de febrero de mil novecientos ochenta y cinco (1985).

Pero antes de inscribirse en dicha universidad estatal y siendo director del ya oficializado Liceo José Núñez de Cáceres es nombrado Primer Secretario y Cónsul General de la Embajada Dominicana en Francia durante el gobierno constitucional del profesor Juan Bosch (27/02/1963-25/09/1963), renunciando a esa posición tras el fatídico Golpe de Estado del 25 de septiembre del mil novecientos sesenta y tres (1963) que puso fin al primer ensayo democrático que conoció el país después de la tiranía trujillista, elegido libremente en las urnas por el pueblo dominicano en las elecciones del 20 de diciembre del año mil novecientos sesenta y dos (1962) resultando electo el profesor Juan Bosch y el Partido Revolucionario Dominicano tras derrotar a la Unión Cívica Nacional y a su candidato, el Dr. Viriato Fiallo.

Al renunciar a su cargo en la Embajada Dominicana en Francia Blanco Castillo regresó al país, instalándose en la Ciudad de Santo Domingo (DN) e ingresando a la

Universidad Autónoma de Santo Domingo (UASD), como hemos señalado en líneas anteriores.

Estando estudiando en dicha casa de altos estudios y residiendo en la Ciudad Capital va a ser nombrado Jefe de Listeros de la entonces Secretaría de Estado de Obras Públicas y Comunicaciones (SEOPC), pasando luego al magisterio, ingresado como profesor a partir del año mil novecientos sesenta y cinco (1965), impartiendo docencia en las áreas de sociales e idiomas.

Como maestro impartió docencia en la Ciudad de Santo Domingo en el Liceo Dominicano durante el período comprendido entre los años 1965 y 1974, pasando tiempo después al Liceo Manuel Rodríguez Objío, Liceo Estados Unidos de América y en el Liceo Capotillo, ubicado en el sector del mismo nombre y adonde se desempeñó como director en sus tres tandas, haciendo valiosos aportes a la educación del país, como ya antes había hecho en San José de Ocoa.

Mucho antes de esto, en el año 1949 específicamente, se une en matrimonio a la joven Elubina Pujols, oriunda de la comunidad de Sabana Larga y con la que va a procrear a sus hijos Juan Bautista, Dilia Altagracia (Lily), Gricelda Elizabeth, Carlos César y Fedor Dostoiwevski, de los cuales hizo cinco dignos profesionales. En el año mil novecientos ochenta y cuatro (1984) su compañera de matrimonio va a morir quedando con el alma destruida por el dolor, lo mismo que sus hijos. Pasa el tiempo y dos años más tarde, esto es, en mil novecientos ochenta y seis (1986) se une en segundas nupcias a la joven banileja Altagracia Pimentel Tejeda, a la que conoce en la Ciudad Capital, con la que va a procrear una hija.

Juan Bautista Castillo, cariñosamente conocido como Blanco, desempeñó importantes funciones tanto dentro como fuera del magisterio, siendo incluso mecanógrafo de la oficina de la entonces Dirección General de Acueductos y Alcantarillados, con asiento en San José de Ocoa, además de los cargos ya mencionados.

Como empleado público tuvo que participar en varias actividades organizadas por el régimen trujillista, participando en la elaboración y pronunciamiento de algunos discursos, así como en conferencias, puesto que su talento era evidente y fue aprovechado.

Sin embargo, muy a pesar de que tuvo que participar en actividades organizadas por el gobierno tiránico de turno esto no implicó en modo alguno que don Blanco Castillo tuviera ideas dictatoriales y conservadoras, sino todo lo contrario, fue poseedor de un espíritu revolucionario de avanzada, lo que se puso de manifiesto cuando forma parte de los fundadores en San José de Ocoa del primer Comité de Base del Partido Revolucionario Dominicano (PRD), organización política que tras su fundación el 21 de enero de mil novecientos treinta y nueve (1939) en La Habana, Cuba, llegó al país el día 5 de julio de 1961 y dos días después este destacado ocoeño participó en la fundación de su primer Comité de Base organizado en el interior del país.

Además, Blanco Castillo fue miembro de la célula de Juventud Democrática en San José de Ocoa, organización que luego se dividirá en dos bandos; uno se fue al Movimiento Catorce de Junio (**1j4**) y otro al Partido Revolucionario Dominicano, como ocurrió en nuestra comunidad.

En el año 1973, al separarse el profesor Juan Bosch de las filas del PRD, Blanco Castillo se va junto al autor de Composición Social Dominicana y forma parte del Partido de la Liberación Dominicana (PLD) fundado en diciembre de ese año, siendo consiguientemente fundador del partido de la estrella amarilla.

Desde muy temprana edad Blanco Castillo escribía poemas en la escuela y por esos años comenzó a perfilarse lo que sería su vena de escritor. Es específicamente el **lunes 28 de septiembre de 1953** cuando nace en el mundo de la escritura, al publicar su primer libro, al que tituló *"Cantos de Ayer"*, con lo que se convirtió, nada más y nada menos que en el primer ocoeño en publicar un libro, un poemario cuya portada corresponde al profesor Rafael Pereira y prólogo del Dr. Manuel Tejada Florentino. Su relación con el prologuista se produjo debido a que el Dr. Tejada Florentino era el jefe de las logias en el país y don Blanco Castillo formaba parte de la Logia Otfélica Lazo Fraternal Ocoeño.

Tras convertirse en el primer autor ocoeño en publicar un libro, lo que se produce como hemos apuntado precedentemente el día 28 de septiembre del año mil novecientos cincuenta y tres (1953) con la obra ya mencionada, continúa su trayectoria de escritor, publicando en enero de mil novecientos sesenta y tres (1963) su segundo libro de poemas, al que bautizó con el nombre de "Gota de Lluvia", con prólogo de Antonio Rodríguez Gómez, dando a la luz posteriormente sus libros "La Cascada de Oro" (cuentos) en agosto de mil novecientos ochenta y ocho (1988) y en diciembre de mil novecientos noventa y seis (1996) publicaría su libro de cuentos "*¿Quién Mató al señor Bernard?*"

Don Blanco Castillo alcanzó la cima dentro de los autores ocoeños al convertirse en septiembre de 1953 en el pionero, siendo sus trabajos reconocidos por importantes medios de comunicación escrita, cual es el caso de su poema Fantasías, aparecido en su poemario "Gota de

Lluvia", publicado originalmente en la Sección Escolar del periódico La Nación y reproducido luego por el periódico La Información, de Santiago de los Caballeros.

Participó en algunos concursos literarios, como es el caso del organizado por el Movimiento Cultural Universitario, concurso en el que participa con su poema "Ámame" y con el que obtiene la primera y única mención de honor y dentro de una de las versiones de la Feria del Libro va a obtener el tercer lugar del concurso de sonetos al participar con el trabajo titulado "Mujer".

Durante toda su vida se caracterizó por ser un hombre laborioso y un consagrado a los estudios, desempeñándose en diferentes labores, como es el caso de dentista práctico (saca muelas), oficio aprendido empíricamente y del que dependió por muchos años, siendo durante toda su vida un hombre de trabajo.

Su muerte se produjo el martes 31 de julio del año 2012, contando con 87 años de edad. Sus restos mortales fueron sepultados en el Cementerio Cristo Redentor de la Ciudad de Santo Domingo.

El análisis de lo que fue su vida y sus aportes a favor de la educación del país en sentido general y de San José de Ocoa de manera particular, ligado a los logros alcanzados por este hijo distinguido de nuestra tierra, así como el hecho de ser el primer ocoeño en publicar un libro, adornado todo esto con su buen vivir, nos muestran claramente que el profesor Juan Bautista Castillo (Blanco) fue sin duda alguna un destacado miembro de la comunidad ocoeña.

**Luz Patria Rojas Matos
(Patria Rojas)**

"Lo que sabemos es una gota de agua; lo que ignoramos es el océano".

Isaac Newton
(Matemático y físico inglés)

Luz Patria Rojas Matos
(Patria Rojas)

El jueves veintisiete (27) de mayo del año mil novecientos veintiséis (1926) nació en el Municipio de San José de Ocoa la niña Luz Patria, fruto de la unión matrimonial de los señores Nicio A. Rojas y Luz María Matos (ambos fallecidos); niña esta que con el transcurrir del tiempo se habría de convertir en una de las más destacadas profesoras de nuestro pueblo.

Patria Rojas, como se le conocía popularmente, fue la segunda de una prole de seis (6) hijos procreados por la unión matrimonial Rojas-Matos, siendo sus hermanos Elsa Teotiste, Adelfa Mireya, Norma María, Onixia Daysy y Rafael Vinicio Rojas Matos, de los cuales sólo sobrevive en la actualidad Adelfa Mireya.

Realizó sus estudios primarios en la otrora Escuela Julia Molina, en la que concluyó su educación básica y luego realizó sus estudios intermedios o secundarios (Media) en la Escuela José Trujillo Valdez, recordando entre sus profesores a su maestro Ramón Gaspar.

Se inició en el magisterio en el año 1944 impartiendo docencia en una de las llamadas Escuelas de Emergencia, ubicada en la comunidad de El Jengibre de San José de Ocoa, en donde labora hasta el año de 1948, devengando para la época la suma de 18 pesos mensuales.

Tan pronto concluyó el bachillerato y viendo los atributos que la adornaban, en 1955 fue nombrada como profesora de la Escuela José Trujillo Valdez, en la que luego sería completada con dos tandas; escuela en la que como hemos señalado realizó sus estudios de bachillerato o estudios intermedios, desempeñándose como maestra de la Escuela de Varones hasta 1969; año éste en que pasó al Liceo José Núñez de Cáceres en el que va a destacarse en la asignatura de Historia, trabajando allí por 29 años, esto es, hasta el 1998, cuando fue jubilada. En dicho liceo realizó una magnífica labor educativa que la llevaría pronto a ganarse el respeto, el cariño y la admiración de su pueblo; pueblo al que le dedicó toda su vida, sirviéndole a través de la educación.

De su primer trabajo como profesora, es decir, cuando laboró en la Escuela de Emergencia en El Jengibre, recordaba que para trasladarse hasta la misma tuvo que comprar un caballo por un valor de 20 pesos, el que compró al señor Félix Díaz y al que puso por nombre Bucéfalo. (*Bucéfalo es el nombre del caballo de Alejandro Magno, y posiblemente el caballo más famoso de la Antigüedad*).

En 1950 se gradúa como Maestra Normal de Enseñanza y muy a pesar de que ya había sido nombrada quiso continuar sus estudios, los que la harían descollar como profesora de Historia en el Liceo José Núñez de Cáceres, donde impartió docencia en el llamado y ya desaparecido Plan de Reforma y posterior a éste.

De recia y acrisolada formación moral, Patria Rojas también se desempeñó como regidora honorífica del honorable Ayuntamiento Municipal de San José de Ocoa.

Siempre llevó una vida muy activa en sus años mozos, dedicándose a la práctica de los deportes y era común observarla en esos años practicando el voleibol, que era su deporte favorito.

Maestra consagrada por décadas a la noble tarea de educar, de enseñar, dueña de un alto espíritu de responsabilidad, lo que puso de manifiesto en sus labores cotidianas dentro de las aulas, las que siempre desempeñó en estricto cumplimiento.

Por su vocación de servicio, por su esmerado concepto pedagógico y por su destacada y fructífera labor en el pueblo de San José de Ocoa a través de la educación recibió diversos y variados reconocimientos como premio a su labor ejemplar, siendo reconocida por varias instituciones, dentro de las cuales podemos mencionar las siguientes: Reformadores de una Realidad; primera y segunda promociones del Liceo José Núñez de Cáceres. También fue reconocida por la Generación del 40, la que la homenajeó por su fecunda labor magisterial y entrega en formar dicha Generación, en acto celebrado el 25 de enero de 1998.

El Ayuntamiento Municipal de San José de Ocoa, valorando su trayectoria, la distinguió en reconocimiento a su meritoria labor en pro de la educación de los ocoeños y a su elevado espíritu de cooperación para con sus compañeros, en acto celebrado el día 20 de junio de 1985, siendo a la sazón el doctor Víctor Martínez Síndico Municipal.

De igual manera, en un hermoso gesto de reconocimiento y *a propuesta nuestra*, la Asociación de Estudiantes Universitarios Ocoeños, Inc. (ASEUNO) le dedicó su

XXXVI Semana Cultural, la cual se celebró del 25 de agosto al 2 de septiembre de 2007, fundamentando tal dedicatoria en los inconmensurables aportes de esta distinguida hija de nuestra patria.

Pero además de todos estos reconocimientos a su labor, por demás bien merecidos, tuvo el más significativo de todos, que fue el cariño y respeto de los ocoeños, los cuales vieron y valoraron en su justa dimensión su ardua labor a beneficio de la educación.

En los últimos años de su vida y ya con una avanzada edad veía discurrir sus días en la inocencia y el candor de la vejez desde el Hogar de Ancianos San Antonio, en San José de Ocoa, donde recibió las esmeradas atenciones del personal asignado al mismo y si bien por razones de salud y los achaques que irremediablemente traen consigo los años su vida social se vio reducida, no así sucedió con su amor por esta tierra en la que viera la luz por vez primera.

Sin duda alguna la profesora Patria Rojas formó parte de lo más genuino de nuestra sociedad, y por tanto, constituyó un templo moral y un digno paradigma para el pueblo de San José de Ocoa y para el país.

Su muerte se produjo el miércoles 25 de febrero de 2015, dicho sea de paso un día histórico para los dominicanos en el que la patria celebra el natalicio del patricio Matías Ramón Mella. Al momento de su triste fallecimiento, a la edad de 88 años, se encontraba en el Hogar de Ancianos San Antonio, con lo que culminaba una vida entregada a la educación a favor de San José de Ocoa. Sus restos mortales descansan en el Cementerio La Altagracia del sector Pueblo Abajo del Municipio de San José de Ocoa.

Plutarco Elías Sención Batista
(Plutarco Sención)

> *"No nos atrevemos a muchas cosas porque son difíciles, pero son difíciles porque no nos atrevemos a hacerlas".*
>
> ***Lucio Anneo Séneca***
> **(*Filósofo y político romano*)**

Plutarco Elías Sención Batista
(Plutarco Sención)

El sábado dieciséis (16) de abril del año mil novecientos veintisiete (1927), fruto del matrimonio formado por los señores Sinforoso Sención (Foró) y María Dolores Batista (doña Lola), nace en la Ciudad de Azua de Compostela el niño Plutarco Elías; niño que con el transcurrir de los años habría de emerger como uno de nuestros más notables y respetables munícipes.

El matrimonio Sención-Batista procreó seis (6) hijos, siendo éstos, además de don Plutarco, María, Fernando, Guillermo, César y Ondina, todos, excepto don Plutarco, fallecidos al igual que sus padres, produciéndose el deceso de su progenitor en mil novecientos cincuenta y nueve (1959), mientras que su madre moría en el año mil novecientos ochenta y ocho (1988.)

El fecundo arribo de Plutarco Sención a Ocoa se produce en el año mil novecientos treinta y cinco (1935), cuando contando él con apenas ocho años de edad sus padres se trasladan desde la Ciudad de Azua. Como reminiscencia de su llegada a nuestro municipio, don Plutarco recuerda que le llamó poderosamente la atención la ubicación del templo de la Iglesia Católica, que se encontraba al centro de nuestro parque.

Realizó sus estudios primarios entre San José de Ocoa y la Ciudad de Santo Domingo, estudiando de manera arrítmica en cuanto a la permanencia en los centros educativos, cursando el primer grado en Ocoa, luego pasa a Santo Domingo donde tan pronto es evaluado es promovido a tercero, regresa a nuestro municipio y termina la educación básica, haciéndose bachiller tiempo después en la capital, concluyendo la educación media en el año mil novecientos cuarenta y nueve (1949).

Pero también durante sus estudios de bachillerato se produce un período de arritmia, puesto que tuvo que interrumpir sus estudios en varias ocasiones fruto de la persecución política de la que fuera objeto por pertenecer a Juventud Democrática, grupo de avanzada desafecto al régimen trujillista, siendo tal la persecución desatada en su contra que se vio obligado a abandonar las aulas, concluyendo el bachillerato como estudiante libre, obedeciendo a sugerencias y órdenes de su familia, la que preocupada por la situación por la que atravesaba le obligaron a abandonar la Ciudad de Santo Domingo y volver a San José de Ocoa, donde su vida, en principio, correría menos peligro.

El Dr. Plutarco Sención fue un fervoroso adversario al régimen de Trujillo, al cual combatió, permaneciendo en pie de lucha en Ocoa durante catorce años de manera clandestina, con todos los riesgos que implicaba dicha situación.

Con marcado orgullo destaca la honorabilidad de su adorado Maniel, señalando que durante todo el tiempo de larga actividad clandestina jamás fue objeto de delación por parte de los ocoeños, siendo como fue, parte estelar del movimiento representado por la Juventud Democrática, célula antitrujillista creada en el año mil novecientos cuarenta y seis (1946) como rama juvenil del Partido Socialista Popular; movimiento que vio morir a varios de sus miembros como consecuencia de la persecución de las ideas en un país en donde disentir de las acciones del régimen constituía sencillamente un pacto con la muerte, como ocurre en todo régimen despótico y tiránico y cual sucedió en la República Dominicana.

Graduado de bachiller, Plutarco Elías Sención Batista se inscribe en la entonces Universidad de Santo Domingo, recibiéndose de doctor en Derecho en la investidura del viernes 28 de octubre de 1955, siendo desde entonces un honorable profesional con los que cuenta nuestro país.

Cuando regresa a San José de Ocoa procedente de la Ciudad de Santo Domingo y forzado por las circunstancias, don Plutarco se dedicó a los trabajos conspirativos, por lo que decidió constituir, como hemos señalado anteriormente, una célula de Juventud Democrática en la que permaneció hasta el año 1961 ya que en ese año, precisamente, pasó a formar parte del Partido Revolucionario Dominicano (PRD), organización política fundada el 21 de enero del año mil novecientos treinta y nueve (1939), en La Habana, Cuba, y que llegó a la República Dominicana el día 5 de julio del año mil novecientos sesenta y uno (1961), como hemos apuntado, por la delegación compuesta por Ángel Miolán, Nicolás Silfa y Ramón Castillo.

Del mismo modo el Dr. Plutarco Sención participó en el Movimiento 30 de Mayo, que estaba representado en San

José de Ocoa por el señor Ángel Severo Cabral, lo que deja claramente establecido que en el Dr. Sención tuvimos a un luchador permanente en contra de la tiranía de Trujillo, y no era de esperarse otra actitud, tratándose como se trata, de un dominicano comprometido con la libertad del pueblo dominicano y el respeto de la soberanía nacional.

Como miembro del Partido Revolucionario Dominicano (PRD) el Dr. Plutarco Sención emergió como fundador de dicha organización política en el Municipio de San José de Ocoa, encontrándose entre los integrantes, el señor Miguel Domínguez (oriundo de Puerto Plata), Juan Bautista Castillo (Blanco), Manuel Soto, Geraldino Fernández, José Miguel Mascaró, Teófilo Juan Read (Chichí), Emilio Casado y Miguel Ángel Mascaró, recayendo la responsabilidad de distribuir la convocatoria para lo que sería la fundación del Comité Municipal del PRD en San José de Ocoa sobre el señor Vinicio Soto.

Dentro de la vorágine social en la que se desenvolvía nuestro país para esa época la actividad política constituía un elevado riesgo, y que de hecho costó la vida en muchos casos a una cantidad de jóvenes valiosos de nuestro país, como ocurrió con José Tomás Díaz, que se convirtió en el primer muerto del PRD en San José de Ocoa, como atestigua el propio Plutarco Sención.

Contrajo nupcias con la joven ocoeña Daysy Aguasvivas Olaverría el jueves 25 de diciembre de 1952, compañera de toda su vida con la que va a procrear a sus hijos Tancredo Elías, Franklin, María Dolores, Guarocuyas, Iván Aquiles y Daysy Diamela, todos dignos profesionales que ven y tienen en su padre su paradigma, su orgullo.

El Dr. Plutarco Sención fue el primer director que tuvo el Liceo Secundario de San José de Ocoa, designado en fecha 21 de octubre de 1958, siendo a la sazón Secretario de Estado de Educación el licenciado Víctor Garrido, el que le dirige un telegrama que copiado textualmente reza de la manera siguiente: *"TELEGRAMA DIRIGIDO A PLUTARCO SENCION BATISTA, LICEO DE EDUC. SECUNDARIA DE SAN JOSE DE OCOA. ST.P#3865 PARA FINES DE TOMA DE POSESION, ME COMPLAZCO EN COMUNICARLE QUE EL EXCELENTISIMO SEÑOR PRESIDENTE DE LA REPUBLICA HA TENIDO A BIEN NOMBRARLE COMO DIRECTOR DE ESE PLANTEL, CREACION"* (sic), que era para entonces un liceo semi oficial que había sido fundado en 1945 por su hermano Guillermo Sención y que estaba adscrito a la Escuela Normal de San Cristóbal para luego convertirse en el Liceo Presidente Trujillo, oficializado en 1958 y que tiempo después pasaría a llamarse Liceo José Núñez de Cáceres; centro educativo que celebró su primera investidura el sábado 17 de octubre de mil novecientos cincuenta y nueve (1959).

Como fundamentación de esta aseveración histórica transcribimos tal cual el texto de la invitación para dicha graduación, en la que se lee lo siguiente: *"Las autoridades escolares, el personal dirigente y docente, y la Sociedad de Padres y Amigos del liceo Secundario "Presidente Trujillo", se complacen en invitar a usted y a su distinguida familia al solemne acto de graduación de bachilleres que se efectuará el 17 de octubre del corriente año, a las 7:30 de la noche en el Auditórium del Partido Dominicano de San José de Ocoa. Octubre 1959".* Precisamente en dicho local del Partido Dominicano, que era el partido de Rafael Leonidas Trujillo Molina, es donde funciona nuestro Ayuntamiento Municipal desde el año 1961, cuando siendo el Dr. Mignolio Pujols Síndico Municipal fuera ocupado y dedicado a alojar a nuestro cabildo.

A propósito del traslado de nuestro Ayuntamiento Municipal al entonces local del Partido Dominicano, que es donde funciona nuestro Palacio Municipal desde el ya mencionado año 1961, nos contó el protagonista de aquella oportuna decisión, vale decir, el Dr. Mignolio Pujols (ya fallecido), que desde algunos años El Jefe le había recomendado que adquiriera el solar ubicado en la intersección Duarte con Altagracia (donde hoy funciona el Banco Agrícola), pero don Mignolio Pujols, olfateando que el régimen se asomaba a su fin prefirió darle largas al asunto.

Tan pronto se produce el ajusticiamiento del tirano Rafael Leonidas Trujillo Molina la noche del martes 30 de mayo del año mil novecientos sesenta y uno (1961), el Dr. Mignolio Pujols, en su condición de Síndico Municipal, decide ocupar el entonces local del Partido Dominicano, trasladando el Ayuntamiento a ese lugar desde la intersección Sánchez con 27 de Febrero, que era donde se encontraba. Esto explica el hecho de que en la entrada de nuestro Palacio Municipal se encuentren varias palmitas, puesto que esta era el símbolo del Partido Dominicano.

Volviendo a lo que es la primera graduación del entonces denominado Liceo Presidente Trujillo, vale destacar que los estudiantes que resultaron investidos en dicho acto de graduación fueron los siguientes: Gladis Pimentel, Argentina Castillo, Argentina Pujols, Onixia Claribel Báez, Martha Friné Martínez, Silvia Olivia Pujols,

Geordano Mancebo, Ángel Fremio Casado, Mario Rolando Pujols y Juan Alberto Subero, jóvenes que con el paso del tiempo demostrarían sus condiciones de buenos hijos de San José de Ocoa y consiguientemente de la República Dominicana.

Participaron como padrinos y madrinas de dicha histórica investidura de bachilleres del referido liceo los señores Augusto Lemoniel, Plinio Pimentel, el propio director Plutarco Sención, Domingo Pujols, don Amílcar Báez, Guarionex Alcántara, Mario Pujols, Dolida de Arias, Domínica de Read, Mireya Zuco (que amadrinó a su entonces novio y hoy esposo Rolando Pujols) y la señorita Sonriente Pujols. (Preciso es destacar que precisamente los nombres citados aparecen ordenados en la misma forma que los graduandos a los que servían de padrino o de madrina).

Planta física del Liceo José Núñez de Cáceres, ubicado en la Avenida Canadá del Municipio de San José de Ocoa, inaugurado oficialmente en el año mil novecientos cincuenta y ocho (1958), el que celebró su primera graduación el 17 de octubre de 1959. Así lucía para la época; fachada que se le ha ido cambiando con el paso de los años.

Don Plutarco, como hijo destacado de San José de Ocoa, muestra su orgullo por pertenecer a El Maniel, tierra de libertad, y como buen hijo de su pueblo ha contribuido significativamente con su patria chica, desarrollando una importante labor, sobre todo en el campo de la educación, jugando un papel estelar desde el Liceo José Núñez de Cáceres (para entonces Liceo Presidente Trujillo), en el que no sólo se desempeñó como maestro de matemática, sino además como director.

Su primer cargo fue el de director de la Biblioteca Quisqueya en San José de Ocoa, devengando la suma de un peso mensual y que luego haría de manera gratuita, emergiendo dicho sea de paso como nuestro primer bibliotecario, lo que explica su apego a la lectura.

A propósito de las bibliotecas, por la importancia que las mismas encierran, preciso es destacar que tal y como sostienen algunos que han abordado el tema, el origen de la palabra *Biblioteca* del griego *biblion* significa libro y *teca* significa caja, lo que puede traducirse como lugar donde se guardan los libros; del mismo modo se emplea para dar ese nombre a colecciones de libros, "acondicionados para usar". Igualmente se define como "cualquier colección organizada de libros y publicaciones en serie impresos u otros tipos de documentos gráficos, o audiovisuales *disponibles para el préstamo o consulta*".

Es decir que partiendo de las anteriores definiciones hay que decir que las bibliotecas son consustanciales a la existencia misma de los libros, de ahí que se diga que "las bibliotecas son en realidad consolidadas a lo largo de más de 4000 años de historia desde la creación de la escritura a la creación del libro. Desde la escritura en tablillas de barro con escritura cuneiforme hasta los libros de nuestros días, y en las bibliotecas digitales".

Volviendo a don Plutarco, es preciso destacar que otros cargos desempeñados por el Dr. Plutarco Sención fue el de regidor honorífico de nuestro Ayuntamiento Municipal, del mismo modo fue designado por el presidente Juan Bosch como Administrador del Aeropuerto Internacional Punta Caucedo (hoy Aeropuerto Internacional de Las Américas Dr. José Francisco Peña Gómez); Consultor Jurídico de Corde, en su división textil de Los Mina, en 1966; Director del Centro Universitario de San Francisco de Macorís (Curne) de la Universidad Autónoma de Santo Domingo, en 1971, cargos que desempeñó con alto grado de responsabilidad y a los que renunció, pues dice que su vocación no es la administración pública.

En el año mil novecientos sesenta y ocho (1968) se convierte en catedrático de la Universidad Autónoma de Santo Domingo (UASD), siendo para la época el señor Aybar Nicolás Rector Magnífico de dicha academia y en la que don Plutarco imparte Historia de América y Filosofía, permaneciendo durante treinta y siete (37) años dedicado a la labor docente, recordando entre los compañeros con los que entró a la UASD a los señores Teófilo H. Alberto, don Pedro Mir (nuestro Poeta Nacional), José Espaillat y Abelardo Vicioso (Papo).

Hay que destacar que el Dr. Plutarco Sención también impartió docencia en la Universidad Dominicana Organización y Métodos (O&M), en la que también dejaría marcada su impronta, desempeñándose como catedrático de la asignatura de Derecho Constitucional, donde por igual sus aportes se hicieron sentir.

En la Universidad Autónoma de Santo Domingo (UASD) el Dr. Plutarco Sención desarrolla una transcendente labor docente que le han merecido recibir varios reconocimientos como justa valoración a su fecunda trayectoria dentro de la educación superior del país.

En el año mil novecientos noventa (1990) se traslada a San José de Ocoa, su querido Maniel, regresando a la Ciudad de Santo Domingo cuatro años después y en la que permanece hasta nuestros días, en el sosiego de su hogar, entre buenas lecturas y profundas reflexiones, siendo faro de luz para quienes tienen la oportunidad de escuchar sus cavilaciones sobre los problemas sociales de nuestro país, lo mismo que para quienes conocen su trayectoria.

No cabe duda de que ante el Dr. Plutarco Sención estamos ante una persona de recio acervo cultural y de una dilatada preparación académica, culto, con un depurado sentido de la honorabilidad y el decoro, de profunda vocación patriótica y probado compromiso con la democracia en nuestro país, por lo que no vacila en recomendar a la juventud *"que retome los ideales que son propios de la juventud de todos los tiempos, la lucha por la soberanía plena de la República Dominicana y la honestidad"*.

**William Odalís Tejeda Romero
(Lilita)**

"La dicha de la vida consiste en tener siempre algo que hacer, alguien a quien amar y alguna cosa que esperar".

Jean Paul Sartre
(Filósofo francés)

William Odalís Tejeda Romero
(Lilita)

El sábado veinticinco (25) de junio del año mil novecientos veintisiete (1927) nació en la comunidad de Nizao (San José de Ocoa) el niño William Odalís, hijo de los señores Manuel Eligio Tejeda y Joaquina Romero; el primero oriundo de Matanza (Baní), fallecido el 19 de julio de 1997, la segunda nativa de San José de Ocoa, fallecida el 10 de septiembre de 1943.

Su padre, el señor Eligio Tejeda, había llegado a nuestra comunidad de la mano del señor Josesito Soto, el que lo trae a San José de Ocoa para dedicarse a las labores comerciales, lo que quiere decir que su progenitor laboró en un primer momento como dependiente.

El matrimonio Tejeda-Romero procreó un total de cinco (5) hijos, siendo nuestro querido William Tejeda el segundo, y fueron sus hermanos Manuel Eligio (fallecido), Fedora Oney, César Domínico (fallecido) y Deyanira Altagracia Tejeda Romero (fallecida).

Tiempo después su padre se une en segundas nupcias a la señora Margarita Soto, con la que va a procrear a Tirso Manuel, Elizabeth, Mayra, Iván y Arelis Tejeda Soto, uniéndose luego a la señora Yokasta Alcántara, con la que va a formar una familia compuesta igualmente por cinco hijos, siendo éstos Ligia, Ramón (Mon Eligio), Carolina, María Luisa y Luis Tejeda Alcántara.

De manera que como se puede apreciar, William Tejeda tuvo un total de catorce (14) hermanos; algunos ya fallecidos, los primeros cuatro, hermanos de padre y madre, y los siguientes diez (10), hermanos de padre.

Durante sus años juveniles William se dedicaba a la práctica de los deportes, específicamente al softball, lo mismo que a la cacería y siempre fue un seguidor del beisbol, el que constituía su pasatiempo favorito (hobbie), declarándose como un liceísta empedernido y en lo que respecta al beisbol de la gran carpa simpatizaba con los Medias Rojas de Boston; compartiendo nosotros con don William exactamente la misma condición de fanático tanto en el beisbol criollo como en el de las Grandes Ligas.

William Tejeda, conocido popularmente bajo el mote de Lilita, apodo que le colocó su tía Panchita Romero, aunque nacido en la comunidad de Nizao, como hemos apuntado precedentemente, con apenas un año de edad es trasladado al Municipio de San José de Ocoa, siendo criado por su abuela materna Altagracia Tejeda, la que a su vez se encontraba casada con el señor Joaquín Romero.

Realizó sus estudios primarios en la Escuela de Varones de San José de Ocoa alcanzando hasta el octavo grado, pero como ese era el grado más avanzado que se impartía en nuestro municipio para entonces se vio en la necesidad de emigrar a la hidalga y olímpica Ciudad de La Vega a un colegio (Internado) estudiando allí el primer año del bachillerato; de ahí se trasladó al Colegio La Milagrosa, internado donde vivió por algún tiempo, pasando luego a la Ciudad de Santo Domingo, ciudad en la que continuó sus estudios, graduándose de bachiller en la Escuela Normal.

Como se puede apreciar grande era el deseo de superación que lo acompañaba y no desmayó, pese a todos los obstáculos que tuvo que superar y fue ese deseo de superación el que lo llevó a matricularse en la entonces Universidad de Santo Domingo, estudiando hasta el tercer año la carrera de Derecho.

A pesar de que se tuvo que alejar de su tierra natal por las razones ya explicadas, dedicaba las vacaciones para visitar a su pueblo, lo que a su vez aprovechaba para ayudar a su padre en el negocio que éste tenía en Nizao. Precisamente por esta razón se ve en la necesidad de abandonar la universidad, pues su progenitor le solicitó su ayuda para echar a andar su negocio, a lo que aceptó obedientemente este ocoeño ejemplar, regresando a su pueblo de manera definitiva en mil novecientos cincuenta y dos (1952), dedicándose a las labores comerciales; labores que no abandonaría jamás y las que lo convirtieron en uno de nuestros grandes y prósperos hombres de negocio.

Don William Tejeda (Lilita) había nacido para triunfar y ya que no pudo hacerlo en el área de las ciencias jurídicas se dispuso a lograrlo en el mundo de los negocios. Trabajó con su padre por alrededor de tres (3) años, hasta independizarse en el año mil novecientos cincuenta y cinco (1955).

Justamente en julio de ese año se instaló en la factoría propiedad del señor Rafael Subero, ubicada en el Barrio San Luis, frente a la ermita, adyacente a donde funcionó por muchos años La Manicera Lavador; factoría que arrendó, iniciándose de esa manera en los negocios, esta vez en su condición de comerciante independiente.

Pero Lilita no se conformó con ubicar su factoría en un local arrendado, además de que quería estar en un lugar más visible y estratégico para los negocios, por lo que se dispuso conseguir un local propio para instalar su negocio; fue así como adquirió un solar, el cual compró al señor Jerónimo Melo (banilejo) por un valor de ochocientos pesos (RD$800.00), ubicado en la carretera Antonio Duvergé, contiguo a la entrada y salida del barrio antes mencionado, logrando de esta manera su sueño de tener un local propio para su negocio.

Comenzó la construcción de su negocio y en el año mil novecientos sesenta y uno (1961) abrió sus puertas la factoría de William Tejeda, la que se dedicaba a comercializar arroz y café y que se constituyó en una importante fuente de empleo para los ocoeños, llegando a emplear a cincuenta (50) mujeres (trilladoras) y 7 hombres.

Pero su factoría no solamente se constituyó en una fuente de empleo para San José de Ocoa, sino que además, como persona solidaria y humanitaria, cual siempre fue, ayudaba a muchas personas humildes e instituciones, aportando significativamente a su pueblo, como es el caso de los jóvenes estudiantes residentes en Santo Domingo, agrupados en la Asociación de Estudiantes Universitarios Ocoeños (AEUO) y luego (ASEUNO) a la que llegaba su mano amiga, donándoles el arroz que consumían mensualmente, entre otras colaboraciones, lo que dejó bien clara su condición de persona altruista y desprendida, lo que le mereció el cariño de nuestra gente.

El sábado 22 de febrero de 1958 se unió en matrimonio con la joven Josefina Mascaró, con la que va a procrear a sus hijos William Roberto Eligio, José Joaquín (Quinquín), Martín Andrés y Fátima Josefina Altagracia Tejeda Mascaró, todos dignos hijos de sus padres.

Don William Tejeda junto a su esposa (hoy viuda), señora Josefina Mascaró, compañera de toda la vida con la que se casara el 22/02/1958.

La señora Josefina Mascaró es oriunda de Tamboril (Santiago) y vino a Ocoa en el año mil novecientos treinta y ocho (1938) traída por sus padres Roberto Mascaró y Francisca Valentín de Mascaró. A propósito de su padre, lo mismo que su tío Miguel Mascaró, ambos han sido honrados e inmortalizados al bautizar sendas calles de nuestro municipio con sus nombres.

Resulta curioso todo lo acontecido con doña Josefina Mascaró en lo que respecta a lo itinerante y distante de varios actos de su vida civil, personal y religiosa. Es el caso de que la misma nació en Tamboril, fue criada en Santiago, bautizada en Moca, haciendo la confirmación en Santiago, la primera comunión la hizo en Ocoa, casándose por el civil en la Ciudad de Santo Domingo, mientras que su matrimonio por la iglesia se llevó a realización en San José de Ocoa.

Los jóvenes Josefina Mascaró y William Tejeda se conocieron en San José de Ocoa mientras asistían a los exámenes finales de sexto curso en el año mil novecientos cuarenta y dos (1942) y comenzaron a estudiar juntos en el séptimo mixto (hembras y varones), y es al finalizar el octavo grado cuando formalizan sus amores, pero tuvieron que separarse físicamente, partiendo William a La Vega como hemos señalado anteriormente y ella a su vez partió a Santiago.

Pero a pesar de tener que alejarse mantuvieron viva aquella hermosa relación, aquel bello y sano noviazgo, encontrándose en vacaciones, hasta que en 1948 ella regresó definitivamente en San José de Ocoa, adonde viene en condición de maestra, realizando una importante labor educativa y es después de 14 años de amores cuando se van a unir en matrimonio, como ya hemos apuntado, en fecha 22 de febrero de 1958, unión matrimonial que por sus sólidas raíces, nada ni nadie pudo marchitar, siendo casados en el templo de la Iglesia Católica en ceremonia celebrada por el Padre Roberto Moore.

Don William Tejeda fue durante toda su fecunda existencia un destacado hijo de nuestra comunidad y esa condición lo llevó a ocupar el cargo de regidor (honorífico) del Ayuntamiento Municipal de San José de Ocoa, siendo además diputado en dos períodos (1970-1974 y 1982-1986) y es que en la actividad política también cosechó algunos logros, llegando a ser un prominente dirigente del PRSC, organización de la que se desempeñó por muchos años como presidente del Directorio Municipal de San José de Ocoa, de lo que nos dijo sentirse orgulloso, sin ocultar su gran admiración por el autor de El Cristo de la Libertad, La Isla Al Revés y Los Carpinteros, vale decir, el Dr. Joaquín Antonio Balaguer Ricardo (01/09/1906-14/07/2002).

Como podemos ver, este distinguido hijo de San José de Ocoa siempre fue una persona de bien, honorable y solidario como el que más, por lo que podemos decir, sin temor a equivocarnos, que don William Odalís Tejeda Romero (Lilita) fue uno de nuestros más distinguidos y ejemplares munícipes.

Su primera empresa a la que se dedicó por largos años, la factoría, luego de varias décadas de labor tuvo que cerrar sus puertas, pues desde el año dos mil cinco (2005) este honorable ocoeño decidió tomar un descanso, aunque forzado por los constantes inconvenientes, como es el caso de la interrupción en el servicio energético, lo mismo que la inseguridad, toda vez que el arroz había que comprarlo en La Vega y pagarlo en efectivo, lo que por desgracia representaba y representa un alto riesgo en nuestro país.

En mayo de 2006 enfermó al ser atacado por principio de trombosis, teniendo que ser intervenido en la Clínica Abel González de la Ciudad de Santo Domingo, DN, lo que con la intervención de la mano de Dios, oportunas diligencias de su familia, las atenciones de los médicos y las oraciones de su pueblo pudo superar en ese momento.

Luego de esos achaques de salud, don William veía discurrir sus días en la tranquilidad de su hogar, entre amenas e interesantes conversaciones, el cariño de su familia, la protección y el amparo de su fiel compañera y la visita oportuna de una cantidad de amigos y personas humildes que iban a atestiguar la honorabilidad, el cariño y el desprendimiento de este hijo de nuestro pueblo que por tanto tiempo sirvió a San José de Ocoa y al país, siendo por siempre un digno ejemplo de trabajo, de entrega y de solidaridad.

Pese a haber gozado de muy buena salud durante toda su vida, al punto de que prácticamente no visitaba a los médicos, la misma empezó a deteriorarse desde el año dos mil seis (2006), tras sufrir una trombosis (*Formación de un coágulo de sangre en el interior de un vaso sanguíneo o en el corazón*).

Aquejado de salud, luego de haberle subido la azúcar, don William fue trasladado diligentemente a la Ciudad de Santo Domingo, Distrito Nacional, específicamente a la Clínica Abel González, siendo posteriormente llevado a casa de uno de sus hijos en la misma ciudad, donde después de un mes de lucha tenaz por su salud la muerte le sorprendió el miércoles 28 de abril de 2010, contando con la edad de 82 años, causando una gran pena no sólo a su hoy viuda y a sus hijos, sino a Ocoa en sentido general. (*"La azúcar alta es lo que clínicamente se conoce como hiperglucemia, que consiste en el exceso de azúcar (glucosa) en la sangre. Es el término médico que se usa para describir los niveles de azúcar en sangre elevados"*).

Su cuerpo sin vida fue velado en la Funeraria Mamá Rita de nuestra ciudad, adonde asistió una multitud de compueblanos a darle el último adiós. Sus restos mortales descansan en el Cementerio Cristo Salvador del Barrio San Antonio del Municipio de San José de Ocoa.

**César Augusto Subero Cabral
(Sando)**

"El secreto de la sabiduría, del poder y del conocimiento es la humildad".

Ernest Hemingway
(Escritor estadounidense)

César Augusto Subero Cabral (Sando)

El jueves veinticuatro (24) de noviembre del año mil novecientos veintisiete (1927), la unión matrimonial formada por los señores Francisco Subero Sáber (de origen libanés, nacido en Venezuela) y la dama ocoeña Eladia Dévora Cabral (ambos fallecidos) trajo a la luz del mundo en San José de Ocoa al niño César Augusto, uno de los munícipes más honorable y de pacífica convivencia a lo largo de nuestra historia.

César Augusto Subero Cabral (Sando) fue el cuarto de una descendencia de cinco hijos procreados por la unión matrimonial Subero-Cabral, siendo sus hermanos Dignorah (fallecida), Homero Horacio, Farida (fallecida) y Luis Ney (Güicho) Subero Cabral.

Sando, como cariñosamente se le llamaba, vio discurrir los años dorados de su niñez y parte de su adolescencia y pubertad en la quietud de su pueblo, conducta que caracterizó toda su fecunda existencia y como todo niño de su época y de su entorno se dedicaba a los quehaceres asignados por sus padres, lo mismo que a la práctica de nuestro deporte rey (el beisbol); deporte este es el que alcanzó notoriedad, emergiendo como cuarto bate del equipo representativo de Nizao, mostrando sus condiciones atléticas desde temprana edad.

Pero del mismo modo se dedicaba en esos años a los estudios, realizando estos en su pueblo natal de San José de Ocoa, alcanzando hasta el octavo grado, recibiendo una esmerada educación por parte de sus maestros; educación que formada en el hogar y robustecida en las aulas hicieron de él un ciudadano ejemplar, vale decir, un ocoeño honorable en el que los sanos y verdaderos valores éticos, personales y religiosos abundaron en grado sumo, destacándose como uno de nuestros grandes y distinguidos ocoeños a través de los años.

Su vida fue un ejemplo de dignidad y de decoro, ligado desde siempre al trabajo, iniciándose en las labores productivas cargando café en los lomos de un jumento en la loma de Los Mineros, en el Cacao de San Cristóbal, destacándose desde ese primer momento por su responsabilidad y acatamiento estricto del cumplimiento de sus deberes, valores que va a poner en práctica durante toda su vida.

Igualmente, Sando Subero laboró como agente de la Lotería Nacional y se recuerdan los años en que vendía billetes, los que compraba al señor Víctor Méndez Capellán, este último, presidente de la empresa VIMENCA, abreviaturas que condensan su nombre completo. También laboró como comerciante de colmado-compraventa, como el que operaba en la intersección de las calles Sánchez con Manuel de Regla Pujols de nuestro municipio.

Entre los años mil novecientos cincuenta y ocho (1958) y mil novecientos cincuenta y nueve (1959) se dedicó al negocio de tejidos al fundar la ya desaparecida Tienda Elsa, establecimiento comercial que durante varias décadas funcionó en la calle Duarte esquina Manuel de Regla Pujols de nuestro Municipio de San José de Ocoa y a la que colocó el nombre de su adorada esposa, la que por la gracia del Todopoderoso le sobrevive en la actualidad.

Casa ubicada en la calle Duarte, Esq. Manuel de Regla Pujols, San José de Ocoa, donde vivieron los señores Sando Subero y Elsa Isa y donde por muchos años funcionó la Tienda Elsa.

Este ocoeño de dotes extraordinarias participó también como empleado del Juzgado de Paz de nuestro municipio, lo mismo que como miembro de la Junta Municipal Electoral; cargo al que renunció tras el llamado *Fallo Histórico* de 1978, posición a la que jamás regresaría.

Otra importantísima iniciativa y un inconmensurable aporte de este hijo meritísimo de nuestro adorado Maniel fue el de participar como miembro fundador de la Asociación para el Desarrollo de San José de Ocoa (ADESJO), conocida popularmente como La Junta.

En esta institución de servicio fundada el doce (12) de julio del año mil novecientos sesenta y dos (1962) bajo la orientación del Padre José Antonio Curcio, como se lee en otra parte de este libro, el trabajo realizado por don Sando Subero sería sencillamente extraordinario, llevándolo sus méritos a ocupar la vicepresidencia de la misma y su conducta de probidad y de dignidad, acompañada de su pulcritud en el manejo de los recursos lo convierten en tesorero de la asociación de marras.

Aquí, su probada vocación de servicio, su desprendimiento y su estatura de filántropo quedaron rubricadas con letras de mármol, sirviéndole de entero corazón a su pueblo a través de esta importante institución, llegando incluso a *"ayudar con su propio peculio a resolver problemas económicos de La Junta"*, como bien atestigua un contemporáneo suyo y más que eso, amigo cercano, el profesor Juan Ramón Báez Pimentel, en su obra "Sueños y Realidades de 20 años". Ciertamente, don Sando Subero fue un ejemplo de buen vivir y de ciudadano correcto.

Pero si loables fueron los servicios prestados a la Asociación para el Desarrollo de San José de Ocoa (ADESJO), lo más apreciable de todo esto fue la forma en que lo hacía, mostrando siempre una sonrisa de satisfacción, característica de personas como él, los que disfrutan al servir a los demás.

Esta situación es narrada por el joven ocoeño, Lic. Frank Tejeda, el que en un pequeño escrito destacó lo siguiente: *"Quien escribe ha sido un fiel colaborador a tiempo completo del P. Luis Quinn, por varias décadas, y era el que iba a buscar, a título de préstamo, diferentes sumas de dinero para resolver problemas urgentes de la Institución. Me resultaba extraño que él no ponía mala cara, no me daba a firmar ningún recibo y lo que hacía era que se reía a carcajadas"*, acciones éstas que lo convirtieron en un coloso de la colaboración y en un ejemplo de entrega y solidaridad.

El viernes veinticuatro (24) de octubre de mil novecientos cincuenta y dos (1952) contrajo nupcias con la distinguida educadora ocoeña Elsa Marina Isa Isa, con la que va a procrear a sus hijos César Francisco, Elsa Lissette, Jorge Ricardo y Carmen Soraya Subero Isa, todos dignos profesionales (Ingeniero Civil, Secretaria Ejecutiva, Ingeniero Geólogo Minero y Administradora de Empresas, respectivamente).

El señor Sando Subero junto a su adorada esposa (hoy viuda), señora Elsa Marina Isa, unidos a través del vínculo del matrimonio en fecha 24 de octubre de 1952.

De aquella feliz unión matrimonial doña Elsa evoca momentos inolvidables que permanecen imborrables en su mente y en su corazón, dibujándose en su rostro un velo de ternura, de nostalgia y de dolor al recrear aquel hermoso día de su boda y los detalles de la recepción llevada a cabo en casa de sus padres, ubicada en la calle Duarte en San José de Ocoa. No puede evitar irrumpir en llanto cuando habla de su compañero de toda una vida, describiendo con verdadero orgullo y plena satisfacción el momento en el que celebraron sus bodas de oro (50 años de casados).

En lo que respecta a la actividad política, don Sando participó en el Movimiento Catorce de Junio (**1J4**), fundado y liderado por Manuel Aurelio Tavárez Justo (Manolo) y sólo participó en este movimiento político, pues al salir de éste, tras la muerte de su líder, jamás volvió a involucrarse en esa actividad, consagrándose exclusivamente a los negocios y a su vida familiar.

En el año mil novecientos noventa y uno (1991) fundó junto a sus hijos la compañía MARMOTECH, ubicada en Madre Vieja Norte de la Provincia de San Cristóbal, con ramificaciones en otros puntos del país, la que se dedica a la explotación de piedras, tales como mármol, granitos, entre otras.

Persona de férreas convicciones cristianas, por lo que era común verlo frecuentar su Iglesia Católica y como devoto de la Virgen María era cosa normal observarlo participar en la procesión de cada 21 de enero, a la que asistía de manera ininterrumpida.

Hombre de acrisolados valores cristianos y dueño de una vocación de servicio y de una entrega a toda prueba, solidario como el que más y amigo sincero. Entre sus más cercanos amigos se encontraban William Tejeda, Freddy Read, Mon Báez, Mignolio Pujols, entre otros, con los que se le acostumbraba ver platicando en nuestro parque central en amenas, edificantes e interesantes tertulias.

En 1994 se trasladó a la Ciudad de Santo Domingo adonde partió para acompañar y acompañarse de sus hijos, donde un infarto cardíaco le va a arrancar la vida el jueves 26 de mayo del dos mil cinco (2005) despidiéndose del mundo terrenal a los 78 años de edad, dejando enlutado al pueblo de Ocoa y a su familia, la que aún llora su partida.

Durante toda su vida se caracterizó por ser una persona de buen vivir y precisamente de esa manera murió, cumpliéndose en él el adagio que reza que *"quien bien vive, bien muere"*.

Sando jamás protagonizó ningún tipo de escándalo ni hizo nunca un mal a nadie, sino todo lo contrario. Vivo paradigma de la sociedad dominicana y muy especialmente de la sociedad ocoeña, hombre de bien y modelo a seguir por las generaciones actuales y las del porvenir.

Padre anegado y ejemplar que inculcó en sus hijos los valores de la honestidad y del trabajo, del amor al prójimo y que sembró la semilla fecunda de los valores familiares.

Muy a pesar de que tuvo que marcharse a Santo Domingo jamás se desligó de su pueblo, siendo cual siempre fue, un digno hijo de San José de Ocoa, pueblo que siempre tuvo y tiene en Sando Subero a un ejemplo de munícipe que prestigia aun después de la muerte el nombre bien ganado de esta tierra manielera.

Hoy, no obstante no tenerlo físicamente entre nosotros, sus recuerdos nos invaden y sus aportes se levantan imponentes para atestiguar la grandeza de su obra y las condiciones excepcionales mostradas a lo largo de toda su vida; vida consagrada a las mejores causas de su pueblo, el que siempre tuvo en don César Augusto Subero Cabral (Sando) a uno de sus mejores hijos.

Sus restos mortales descansan en el Cementerio La Altagracia del sector Pueblo Abajo del Municipio de San José de Ocoa.

Allí se encuentra sepultado el cuerpo exánime de un verdadero ocoeño que prestigió durante toda su fecunda existencia el nombre de San José de Ocoa, siendo motivo de orgullo no sólo para su distinguida familia, sino para toda nuestra gente.

**Luis José Quinn Cassidy
(Padre Luis)**

*"Hay hombres que luchan un día y son buenos.
Hay otros que luchan un año y son mejores.
Hay quienes luchan muchos años y son muy buenos.
Pero hay los que luchan toda la vida.
Esos son los imprescindibles".*

Bertolt Brecht
(Escritor y pensador alemán)

Luis José Quinn Cassidy
(Padre Luis)

El jueves doce (12) de enero del año mil novecientos veintiocho (1928) nació en New Castle (Inglaterra) el niño Luis José, fruto de la unión matrimonial de los señores David Quinn y María Cassidy (fallecidos); niño que con el transcurrir inexorable del tiempo se habría de convertir en un mensajero de la Buena Nueva de Dios y de igual manera en un coloso del trabajo social y en un ferviente abanderado del desarrollo de San José de Ocoa.

El matrimonio Quinn-Cassidy solamente procreó dos hijos, siendo éstos Luis José (nuestro Padre Quinn) y Miguel, pero su hermano menor falleció debido a la ingesta de un remedio casero que su abuela le había preparado con aceite de higuereta con la esperanza de contrarrestar un fuerte dolor de estómago, pero jamás se imaginó que con él estaba arrancándole la vida a su nieto. De manera que al Padre Quinn no le sobrevivieron ni sus padres ni su hermano.

En 1932, con apenas 4 años de edad su padre moría en su tierra de origen y fue su abuela la que se encargó de su cuidado, llevándolo a la Ciudad de Toronto (Canadá) para continuar sus estudios primarios iniciados en el Colegio Duke Of York (Inglaterra) en el que permaneció por alrededor de cuatro años. Ya en Canadá, pasó a la Escuela San Miguel y tiempo después a la Escuela Coral de Monseñor Ronan, durando dos (2) años en cada una de estas, respectivamente.

Una vez concluida la educación básica se inscribió en el Colegio San Miguel en el que realizó sus estudios intermedios o bachillerato, cerrando de esta manera el ciclo de la educación media, preparándose para su vocación definitiva... el sacerdocio.

Desde temprana edad sintió el deseo de hacerse sacerdote, y de formación cristiana, no vaciló en inscribirse en la Universidad de los Padres Scarboro; universidad en la que se dedicó a estudiar decididamente, estudios que jamás abandonó hasta graduarse, siendo ordenado sacerdote en 1952, viendo así convertido en realidad su sueño de ser un servidor del Señor, condición que cumplió con creces, siendo un sacerdote a tiempo completo, dueño de un corazón gigante y poseedor de una fuerza de voluntad inquebrantable y de una vocación de servicio a toda prueba.

Un año después de ser ordenado sacerdote, en 1953, inició un largo peregrinaje en sus funciones sacerdotales, siendo enviado a Santo Domingo, pasando 6 meses en la Parroquia de Haina; un año en la Parroquia Nuestra Señora de Regla de Baní e igual período en Yamasá (Monte Plata). En estos trajines transcurren tres (3) años al cabo de los cuales regresó a Canadá, en donde se dedicó a estudiar cooperativismo, estudios que realizó durante un año y cuyos resultados pondría en práctica más adelante.

Concluidos dichos estudios de cooperativismo regresó a Santo Domingo de donde vino a San José de Ocoa, permaneciendo aquí un año, pasando luego a la comunidad de Guerra donde permaneció varios meses, al igual que en Hato Mayor, regresando a Baní por segunda ocasión e igualmente por segunda ocasión regresó a Ocoa, pasando desde aquí al Municipio de Padre Las Casas (Azua), comunidad a la que arribó el día cinco (5) del mes de julio del año mil novecientos sesenta (1960).

Su presencia en la comunidad sureña de Padre Las Casas se prolongaría por alrededor de cuatro años y medio, regresando a San José de Ocoa, pero esta vez de manera definitiva, lo que se produjo **el jueves 26 de agosto de 1965**.

Su llegada a San José de Ocoa se puede catalogar como una verdadera bendición del Señor, un regalo del Todopoderoso, y es que tan pronto llega a nuestra comunidad inicia una fructífera labor social a través de la Asociación para el Desarrollo de San José de Ocoa (ADESJO), institución de la que se convierte más que en Director Ejecutivo en bujía inspiradora y en timonel, luchando por el desarrollo de esta comunidad a la que entregó todas sus fuerzas, sus sueños y sus anhelos, cumpliendo coherentemente con su enunciado, que en él fue una praxis, de que la vida sea buena, abundante y para siempre.

Pero en lo que respecta a la vida religiosa se puede decir que con su llegada a San José de Ocoa se produjo una especie de relanzamiento y remozamiento de la iglesia, puesto que supo insuflarle aliento, llevándola a todos los rincones de la geografía ocoeña, sacándola del pequeño espacio en el que se encontraba enclaustrada ya que sólo llegaba a la zona metropolitana de la población y su presencia en el aérea rural era prácticamente nula.

Templo de la Parroquia San José (Iglesia Católica), ubicado en la calle Duarte esquina Andrés Pimentel, Municipio de San José de Ocoa.

Pronto empezaría a evidenciarse su liderazgo, asumiendo con entusiasmo, dedicación y entrega el trabajo social, siendo siempre un preocupado por el bienestar de su pueblo y a pesar de haber nacido en Inglaterra y desarrollarse en Canadá, tan pronto llegó al país se sintió ser dominicano y muy especialmente ocoeño de corazón, lo que explica que tiempo después el Estado Dominicano le concediera la nacionalidad privilegiada mediante Decreto No. **514-96**, de fecha 1 de noviembre de 1996.

Es que no pudo haber sido de otra manera, pues se trataba de un ser humano excepcional, de dotes extraordinarias, dueño de una inmensa obra social realizada a lo largo de los años que le hizo merecedor del cariño, la admiración, el respeto y el agradecimiento eternos de todo un pueblo que valoró sus inconmensurables aportes.

No creemos exagerar cuando decimos que su obra no resiste parangón, ya que inspirado en el noble ideal de aportar al desarrollo de su pueblo emprendió un largo camino de realizaciones y fueron muchos los acueductos rurales que se construyeron, los que han hecho posible que nuestra gente del campo no tenga que cargar el agua de lugares lejanos en los lomos de un animal y sobre los suyos mismos; son muchos los retretes (letrinas) construidos en las diferentes comunidades ocoeñas, las clínicas rurales, escuelas, (las que a su vez sirven de refugio en tiempos de fenómenos naturales), lo mismo que varios centros comunitarios construidos en toda la geografía ocoeña.

Pero además, el Padre Quinn hizo posible, conjuntamente con otros hijos meritísimos de nuestra comunidad y desde La Junta, que Ocoa esté comunicada con sus diferentes comunidades tras la construcción de cientos de kilómetros de caminos vecinales; del mismo modo se construyó un Comedor Económico con el que se ha logrado que muchos de nuestros humildes munícipes puedan conseguir su comida a bajos precios, obra esta última en cuya construcción jugó un papel estelar el Dr. José Martínez Castillo, en su condición de Administrador de la Lotería Nacional, haciendo valiosos aportes para su edificación.

También se instalaron mucho más de 300 sistemas de energía solar en viviendas, clínicas, escuelas y centros comunales; en fin, son muchas las obras que este nuncio del Señor emprendió y consiguió para su pueblo.

Fue el Padre Quinn el que tuvo la decisión de impulsar la educación primaria en el Colegio Nuestra Señora de la Altagracia, inaugurado en el año 1964, vale decir, un año antes de su llegada definitiva a Ocoa. Siempre estuvo convencido de que la educación es la piedra angular del desarrollo de los pueblos. Del mismo modo se convirtió en soporte y motivador del Centro Educativo Padre Arturo, inaugurado el 20 de mayo de 1967, en el que se crearon las áreas de Costura, Joyería, Ebanistería, Artes Manuales, Arte Culinario, entre otras, haciéndose presente dicho centro en distintas comunidades de la provincia.

Otro aporte de particular importancia realizado por nuestro admirado Padre lo constituyó el de haberse erigido en el primer propulsor del movimiento cooperativo ocoeño, del que surgieron la Cooperativa de Ahorros y Crédito Paraíso Recobrado, la Cooperativa Agropecuaria Santa Cruz, Inc., la Socorro Mutuo (cooperativa funeraria) y la Cooperativa de Consumo Ocoa, poniendo en práctica los conocimientos adquiridos en Canadá, ciudad norteamericana en donde se dedicó al estudio del cooperativismo, como hemos señalado precedentemente.

Pero además, fue pieza indispensable para que hoy Ocoa disfrute de varias conquistas logradas gracias a su esfuerzo y a su gestión, siendo el padrino de hermosas y múltiples iniciativas a favor de este pueblo por el que dio alma, vida y corazón y cuyo amor se manifestó a lo largo de una interminable lista de ejemplos, y es que sencillamente el Padre Luis José Quinn hizo de su vida y del trabajo social un apostolado.

Cobra en él una fuerza inmensa la expresión que reza que *"jamás sirvieron a la sociedad los sacerdotes que no supieron ser hombres*", pues su fe no se quedó atrapada en las cuatro paredes del templo, sino que terminada una celebración eucarística se despojaba de la sotana, se ponía las botas y partía a las más apartadas comunidades ocoeñas a hacer realidad la Buena Nueva de Dios, pasando de la teoría a la práctica, siendo un sacerdote a tiempo completo en el amplio sentido de la palabra.

Siempre fue un protector de los recursos naturales y como persona preocupada inició los trámites para empezar a involucrar a la gente en la construcción de terrazas de bancos, zanjas de laderas, barreras vivas y muertas, como una forma efectiva de minimizar los daños que provoca la erosión de la tierra.

Se embarcó en la construcción del canal de riego de El Rincón del Pino, comunidad situada en la parte norte de nuestro Municipio de San José de Ocoa.

El referido canal comprendió una extensión de siete (7) kilómetros, construido para beneficiar a 50 familias y que sería destruido por los embates del Ciclón David (31/08/1979), momentos en que irrigaba 600 tareas de tierra en esa laboriosa comunidad, lo que representó un duro golpe para aquellas humildes familias, no sólo en la parte material, sino también en la sentimental ya que aquella obra que destruía dicho fenómeno natural era la esperanza de aquellos comunitarios y era del mismo modo su obra, a la que se integraron bajo la orientación de *ayuda mutua y esfuerzo propio*, que ha sido siempre la filosofía de la Asociación para el Desarrollo de San José de Ocoa.

Entre otros logros en este sentido podemos citar el Proyecto MARENA (Manejo de Recursos Naturales), proyecto auspiciado por el gobierno dominicano y la Agencia para el Desarrollo (AID) y que abarcó las cuencas de los ríos Ocoa y Las Cuevas. Logró que el Banco Central de la República Dominicana le financiara el Proyecto de Reforestación de la micro cuenca Arroyo Parra, el cual se extendió por 32 kilómetros cuadrados (k2), beneficiando a 552 familias, además de la instalación de 86 sistemas de riego, 35 colectivos y 51 individuales, *"lo que ha permitido la irrigación de 13,040 tareas de tierra, beneficiando a 997 familias"*, entre otras iniciativas llevadas a realización bajo la égida de este paladín del desarrollo de San José de Ocoa.

Indudablemente y sin pretender caer en la exageración podemos afirmar que el Padre Quinn es dueño de una trascendental obra social que hacen de él, aun desde la tumba, el más vivo ejemplo de lo que es la autogestión y bajo sus sabias orientaciones Ocoa vio cuajar una inmensa cantidad de obras, conseguidas estrictamente por nuestro inolvidable Padre Quinn.

Pero muy *por encima de toda esa obra material, sin duda ejemplar y sumamente importante, el Padre Quinn nos enseñó que sólo a través de la educación y del trabajo nuestro pueblo puede seguir adelante e hizo posible el que creamos en nuestro porvenir, pues su obra espiritual es mucho más gigantesca que su obra material, por lo que cometeríamos el peor de los errores si lo circunscribiéramos de manera exclusiva a su obra material, puesto que su obra espiritual como digno hijo de Dios, del mismo modo resulta trascendental.*

Un bello gesto de desprendimiento y abnegación realizado por el Padre Quinn, entre tantos otros, fue cuando puso en peligro su vida al ordenarle al conductor de una pala mecánica que la abandonara de inmediato ya que su vida corría peligro y al negarse el responsable conductor a cumplir con su mandato, le gritó mucho más fuerte, advirtiéndole que era una orden y una vez bajado éste de aquel aparato de trabajo que pendía de una cañada, tomó el guía en sus manos, logrando llevarlo a tierra firme. Cuando el conductor le preguntó que por qué arriesgó su vida de esa manera y no lo dejó a él, el Padre le contestó que lo hizo porque él (el conductor) tenía una familia y si moría la dejaría huérfana y en cambio él (el Padre) no dejaría a nadie en la orfandad.

Del mismo modo, una indescriptible y contundente manifestación de humildad y de amor por este pueblo fue el hecho de que en una oportunidad le pusieron como condición para permanecer en Ocoa ser degradado a Diácono y sencillamente aceptó tal degradación jerárquica, no moral, con el interés de permanecer en su pueblo, pues fueron varios los intentos que se llevaron a cabo para trasladarlo a otro lugar, pero siempre se negó, lo mismo que Ocoa, que se paró en dos pies impidiendo tales propósitos.

Su obra ha sido reconocida por deferentes instituciones y gobiernos, destacándose entre sus más sobresalientes reconocimientos: el otorgamiento de la nacionalidad privilegiada por parte del gobierno dominicano el 1-11-1996; la condecoración por el gobierno de Canadá con la Orden de Canadá el 1-03-1995; el Doctorado Honoris Causa otorgado por la O&M; el premio "Heriberto Pieter" otorgado por APEC y el premio "Brugal Cree en su Gente", reconociendo la labor de la Asociación para el Desarrollo de San José de Ocoa, a través de su persona.

José Manuel Arias M.

El Padre Quinn en momentos en que conduce una Pala Mecánica, en trabajos habituales desde la Asociación para el Desarrollo de San José de Ocoa.

Del mismo modo, la Cámara de Diputados de la República Dominicana le hizo entrega de un pergamino de reconocimiento en un acto público, lo mismo que el Senado de la República que lo declaró Padre Protector de la Provincia de San José de Ocoa; ambos actos celebrados en el Municipio de San José de Ocoa.

Asimismo, su madre iglesia le reconoció a través del Sumo Pontífice, el Papa Juan Pablo II (QEPD), con la Santa Cruz del Vaticano, en una vistosa ceremonia celebrada en nuestra parroquia, contando dicha celebración con la presencia del Nuncio Apostólico de su Santidad, monseñor Timoti Brogglio y al cual se dio cita una cantidad inmensa de feligreses. Pero también la Universidad Autónoma de Santo Domingo (UASD) se hizo presente en la lista de reconocimientos, declarándolo Profesor Honorario de la Facultad de Humanidades, en un hermoso acto celebrado en nuestro Palacio Municipal y que contó con la presencia del pleno del Consejo Universitario, encabezado por su rector magnífico, a la sazón el licenciado Roberto Reyna, en lo que fue uno de los actos más solemnes celebrados en San José de Ocoa en toda su historia, y el profesor universitario, Rafael Nino Féliz, escribió un libro (poemario) en su honor, donde plasma su admiración a este siervo de Dios, en 78 poemas, alusivos a los setenta y ocho (78) años de vida del Padre Luis José Quinn Cassidy, que era su edad al momento de la publicación del libro en el año dos mil seis (2006).

El entusiasmo y la dedicación con que se entrega a las labores pronto le ganarían el seudónimo de Guayacán (en franca alusión a esa madera que se caracteriza por ser sumamente fuerte), pues nunca vaciló cuando se trató de ayudar a su gente.

De carácter fuerte, de elevada reciedumbre, de convicciones profundas y bien definidas, es de igual modo un digno paradigma para la sociedad dominicana y muy especialmente para la sociedad ocoeña, que el mejor reconocimiento que le puede tributar es caminar sobre sus huellas, asumiendo con verdadero fervor la lucha en defensa de su pueblo, su patria chica, San José de Ocoa, como lo hizo a través de los años nuestro adorado Padre Quinn.

Ejemplo de dignidad, abnegación, sacrificio y entrega, símbolo de la solidaridad, trabajador incansable, gladiador invencible, soñador y sin la más mínima de las dudas un verdadero representante del Creador en la tierra.

El jueves 11 de octubre de 2007, tras una larga operación de corazón abierto en la Ciudad de Miami, falleció a los 79 años de edad, dejando enlutado y con el alma literalmente hecha pedazos a todo nuestro pueblo, el que llora amargamente y sin consuelo su partida y el que en una demostración contundente de cariño desfiló en masa junto a su cuerpo exánime hasta darle cristiana sepultura el viernes 19 del mismo mes y año antes citados, produciéndose el más concurrido funeral jamás presenciado por nuestra gente en toda su historia.

Su partida nos dejó sumergidos en un océano de lágrimas y se tornan lúgubres los días para los hijos de esta comunidad al ver partir a este símbolo de la redención y del progreso. Él, que supo superar cada una de las difíciles pruebas que la vida le deparó se marchó de este mundo terrenal y aunque ya no lo tenemos físicamente entre nosotros, sus recuerdos nos invaden y permanecerán imborrables en nuestros corazones.

Nunca antes ningún acontecimiento había lacerado más y causado mayor tribulación al alma colectiva de nuestro pueblo, y es que su amor por Ocoa no encontró fronteras jamás, y de hecho, sus últimas palabras fueron: *"tengo que vivir porque amo a mi pueblo"*. Sus restos yacen en el templo de su Iglesia Católica.

La multitud desfila junto al cadáver del Padre Quinn el miércoles 17 de octubre de 2007, cuando fue trasladado a Ocoa en horas de la tarde.

Al momento de enterarnos de su triste fallecimiento tras una llamada telefónica en horas de la noche de ese día 11 de octubre de 2007 nos encontrábamos en la Ciudad de Santo Domingo y aturdidos por la fúnebre noticia y sin tener con quien desahogarnos, sólo acertamos a escribir lo siguiente:

"Hola Quinn, a mí ha llegado la fúnebre noticia de que tu corazón ha dejado de latir y que ya no podré escuchar tu sermón dominical en el que denunciaste las grandes desigualdades e injusticias sociales, levantando tu voz en defensa de nuestra gente, por la que tanto luchaste.

Me niego a creerlo, me resisto a creer que ya no podré verte conversar en la puerta del templo al finalizar la misa y que no escucharé tu voz junto al coro parroquial entonar cánticos de esperanza y de fe, y que no volveré a verte sonreír, como cuando lo hacías ante los niños para con un gesto agradarlos, cual siempre se te observó.

No puedo ni quiero creer que no te escucharé enunciar tu deseo de que la vida sea buena, abundante y para siempre y que no te encontraré y desfilaré contigo en la procesión en la que siempre participaste.

No Quinn, no quiero imaginarme el dolor que sienten nuestras comunidades al saber que su principal aliado se ha marchado de este mundo terrenal, dejándole el alma hecha trizas por el dolor.

No puedo creer que ese gladiador que supo vencer todos los obstáculos y que penetró los más remotos lugares, que tocó y abrió todas las puertas, hoy se despide de un pueblo por el que como nadie luchó.

Me niego a creer que tu cuerpo yace exánime en un frío sarcófago que hoy parte con tus restos mortales al postrer asilo, a la gélida sepultura, a la huesa final, y que ya no estarás a la vanguardia de la lucha por nuestras eternas reivindicaciones sociales, en defensa de nuestras masas depauperadas y permanentemente marginadas, las que dieron sentido, esencia y razón de ser a tu fructífera existencia.

Me niego a aceptar que el Guayacán que se mantuvo incólume y templado ante todos los valladares y cuya fuerza nos animó en tantas ocasiones, hoy se apaga, aunque claro está, te apagas físicamente, pero tu espíritu nos guiará para seguir las huellas dejadas por ti a lo largo de toda una vida comprometida y consagrada al servicio de los demás.

Sí, tú, que llegaste a Ocoa para no salir jamás, que soportaste toda intención de traslado y todo cuanto intentó sacarte de tu pueblo, hoy tenemos que decirte adiós, pero este adiós es un hasta luego, porque aunque te marchas físicamente siempre vivirás en nuestros corazones y tu luz será la antorcha que nos iluminará siempre y sobre tu ejemplo se levantarán las presentes y futuras generaciones. Hasta luego Quinn!!"

Preciso es destacar que si muchos fueron los reconocimientos recibidos en vida por el Padre Quinn, todos más que merecidos, tras su muerte física los mismos han seguido y seguirán llegando, pues no es para menos tratándose del gigante que fue.

Es el caso de la Ley 159-13 que designa con el nombre de Corredor Ecológico Padre Luis Quinn la carretera Cibao-Sur que une el Municipio de Piedra Blanca en la Autopista Duarte con el Municipio de San José de Ocoa, de fecha 29 de noviembre de 2013, cuyas consideraciones señalan, entre otros aspectos:

"Que el Padre Luis Quinn desempeñó por más de cuatro décadas una labor de mucha trascendencia en los ámbitos espiritual, social, económico, ambiental y cultural de San José de Ocoa, por lo que su nombre y su recuerdo han quedado gravados en la mente y corazón de cada uno de los habitantes de esa provincia". Señala además la parte considerativa de la ley de marras *"Que uno de los grandes desvelos de este insigne sacerdote fue comunicar, mediante carreteras apropiadas a esta productiva provincia de San José de Ocoa con el resto del país, así como enlazar todas sus comunidades, para lo cual construyó junto a las organizaciones comunitarias más de 400 kilómetros de carreteras y caminos vecinales en esa zona montañosa"*, y algo que no podía faltar en dicha pieza legislativa porque es una verdad irrefutable, fue destacar, como lo hizo *"Que el Padre Luis Quinn jugó un papel protagónico en la conservación de los recursos naturales y el medio ambiente de San José de Ocoa y algunas provincias vecinas..."*; proyecto de ley en el que jugó un papel estelar el **Lic. Carlos Castillo Almonte**, a la sazón Senador de la República en representación de la

Provincia de San José de Ocoa, así como los diputados Francis Mancebo y Esther Minyetty. (Cuatrienio 2010-2016)

De igual manera, otro importante reconocimiento fue el de convertir la casa curial en un museo, denominada La Casa de Los Recuerdos del Padre Luis Quinn, que dicho sea de paso *"forma parte de la Ruta del Tesoro del Guayacán, primera ruta ecoturística habilitada en la provincia San José de Ocoa por la institución rectora del ecoturismo"*, vale decir, el Fondo de Desarrollo Ecoturístico de la Provincia de San José de Ocoa (FONDEPROSJO), siendo su Director Ejecutivo el Lic. Rafael Read (Rafelín), entidad esta creada mediante la Ley 151-04, de la autoría del **Lic. Pedro José Alegría Soto**, en ese entonces Senador de la República en representación de la Provincia de San José de Ocoa. (Cuatrienio 2000-2004)

Ligado a éstos existe una variedad de reconocimientos, los que al pasar de los años seguirán haciéndose porque su obra fue sencillamente inmensa y trascendental; obra que le llevó a ganarse y contar aun desde la tumba con el mejor de los premios, que lo es el cariño, el amor y la eterna y grata recordación de su gente, por la que siempre luchó, la que jamás podrá borrarlo de su corazón.

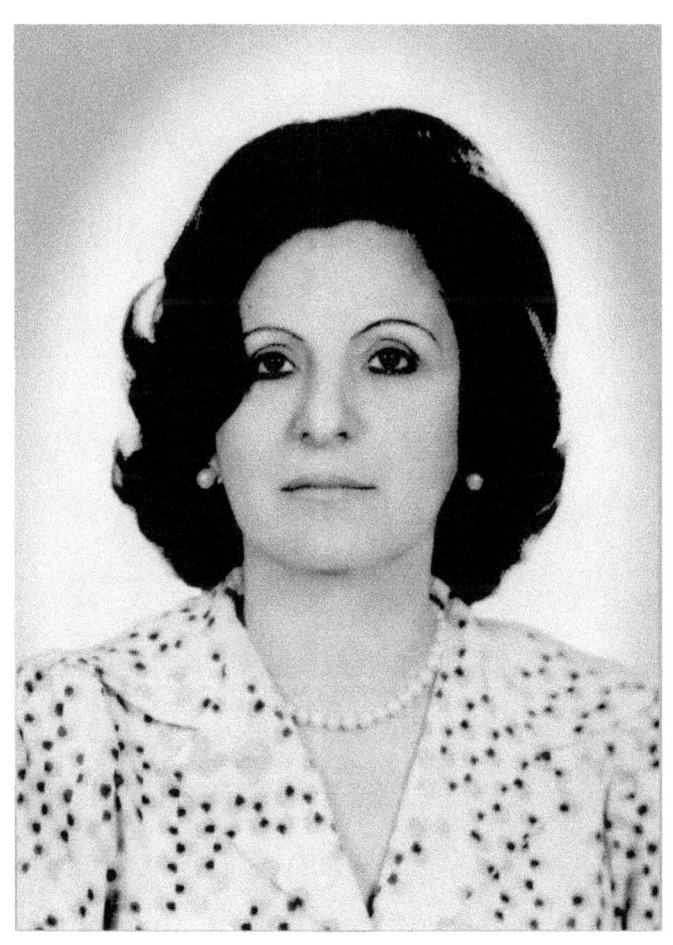

**Carmen Isa Isa
(Titina)**

"Es más fácil obtener lo que se desea con una sonrisa que con la punta de una espada".

William Shakespeare
(*Poeta y dramaturgo inglés*)

**Carmen Isa Isa
(Titina)**

El lunes veintiséis (26) de noviembre del año 1928, La Sultana del Este, San Pedro de Macorís, abría sus puertas de par en par para dar formal bienvenida a la niña a la que sus padres bautizarían con el nombre de Carmen, hija de los señores Jorge Elías Isa y Emilia Isa (fallecidos), ambos de origen libanés (Medio Oriente).

El matrimonio Isa-Isa procreó 11 hijos, de los cuales Titina es la novena, siendo sus hermanos Josefa Emilia, Rafael Emilio, Manuel Emilio, Engracia, Luz María, Tomasina, Elsa Marina, Jorge Elías, Tomás Antonio y Carime Isa Isa, de los cuales sólo sobreviven en la actualidad, además de Titina, su hermana Elsa Marina. La Dra. Carime Isa, que le cupo el mérito de ser la primera mujer cirujana de la Rep. Dom., falleció el 05/11/2016, siendo sepultada en San José de Ocoa.

Tras su nacimiento en San Pedro de Macorís la entonces niña Carmen Isa Isa sería trasladada a San José de Ocoa a mediados del año 1931, pueblo que la acogió sin pensar siquiera que aquella criatura llena de ingenuidad, de candor y de ternura que en la ocasión arribaba a nuestra comunidad, tiempo después se habría de convertir en una de sus mejoras hijas. Ya en nuestro pueblo cursa sus estudios primarios en la Escuela Luisa Ozema Pellerano, otrora Escuela Julia Molina (madre del dictador Trujillo).

Terminados sus estudios primarios, Carmen Isa vuelve a San Pedro de Macorís en donde cursa el bachillerato en la Escuela Normal culminando en 1945; en ésta su ciudad natal realiza estudios comerciales (Mecanografía y Recepción) y en la Escuela Marcela Vargas de la misma ciudad realiza cursos de pintura, entre otros.

Luego de concluidos sus estudios secundarios en su ciudad natal, Titina Isa regresa a la comunidad de San José de Ocoa, pueblo en el que se dedica al magisterio durante cuatro (4) años aproximadamente, impartiendo el séptimo (7mo.) curso en la escuela en la que realizara sus primeros estudios, esto es, en la Escuela Luisa Ozema Pellerano, destacándose en el magisterio por su formación académica y moral, ganándose la admiración de todo nuestro pueblo; admiración que con el discurrir de los años se agiganta mucho más y con su especial manera de ser ha cautivado a la comunidad ocoeña, por eso goza desde siempre del cariño, el respeto y la admiración de todos los que le conocen, y es que su dulce manera de ser, su elevado grado de educación y su delicado y finísimo trato para con los demás hacen de nuestra querida Titina una persona sencillamente agradable y una ocoeña ejemplar.

Sedienta de conocimientos no descansa en la búsqueda de su preparación y en las postrimerías de la década del cuarenta, en mil novecientos cuarenta y nueve (1949) específicamente, la señorita Titina cual gaviota extiende sus alas y zarpa a la Ciudad Capital para inscribirse en la Universidad de Santo Domingo, tiempo después Universidad *Autónoma* de Santo Domingo (UASD);

universidad ésta en la que en 1954 se invistió en la graduación del jueves 28 de octubre, conquistando el doctorado en Farmacia y Ciencias Químicas.

Durante su permanencia en la Ciudad de Santo Domingo y mientras realizaba sus estudios universitarios residió en el Colegio Santo Domingo (Internado) dirigido por monjas americanas, lo que explica su sentir e inclinación por la fe católica y el toque cristiano con que se desempeña esta hija de Dios.

Graduada el 28 de octubre de 1954, como hemos señalado, regresa a San José de Ocoa empezando así una fructífera labor, iniciando una nueva vida; vida ligada desde entonces y hasta la fecha a todas las iniciativas tendentes a mejorar las condiciones de vida de su querido pueblo al que le ha dedicado sus mejores años, poniendo en cada tarea, en cada acción, alma, vida y corazón.

Su activa participación empieza a granjearle la admiración y el respeto, participación esta que la catapultaría al pináculo del prestigio social, emergiendo como la primera de nuestras regidoras, función que desempeñó con alto espíritu de responsabilidad y decoro, tal y como nos lo afirmó el Dr. Mignolio Pujols, distinguidísimo hijo de esta tierra manielera (ya extinto), quien a la razón se desempeñaba como Síndico Municipal de la gestión en que nuestra Titina Isa fungía como miembro de nuestro cuerpo edilicio, ejerciendo sus funciones con estricto apego a la ley, de forma honorífica, de la misma forma en que lo hicieron sus compañeros de la Sala Capitular de ese entonces, que fueron dicho sea de paso, el Dr. Américo Martínez, José Ramón Tejeda (Crispín), William Odalís Tejeda Romero (Lilita) y William Read.

De manera que al hablar de esta distinguida hija de nuestra comunidad nos referimos a una persona con una elevada vocación de servicio y de una férrea formación, y ciertamente no podía ser de otra manera puesto que viene de las entrañas mismas de una respetable familia, como lo es la Isa, sin duda alguna una de las familias más honorables y unidas con que cuenta y ha contado siempre nuestra comunidad.

Desde el año 1962 y hasta la fecha la Dra. Carmen Isa (Titina) regentea la Farmacia Nueva instalada por los hermanos Américo Martínez, distinguido galeno de nuestro pueblo y el señor Eusebio Martínez (ambos fallecidos).

No albergamos la más mínima de las dudas de que si buscamos en las páginas de la historia de nuestro pueblo siempre hallaremos la figura de esta abanderada de la paz y la justicia social ligada a todo lo que tiene que ver con el bienestar colectivo de su comunidad, y es precisamente esa participación y esa especial y sin igual manera de ser las que la hacen merecedora de todo el cariño, de todo el amor, de toda la simpatía de San José de Ocoa; real y efectivamente ella constituye un vivo ejemplo de sencillez, de abnegación y de ternura, por eso los ocoeños siempre hemos visto y tenido en nuestra querida Titina a una amiga por su solidaridad, a una hermana por su trato y a una madre por su devoción.

La señorita Titina es un digno paradigma y no por mera casualidad ha recibido múltiples reconocimientos, entre los cuales podemos citar, los siguientes: Reconocimiento otorgado por la Generación del 40, institución que la reconoció el 25 de abril de mil novecientos noventa y ocho (1998) por su fecunda labor; el 17 de enero del año 2003 el Presidente de la República, a la sazón el Ing. Hipólito Mejía Domínguez, la distinguió con la Medalla al Mérito Civil, así como varias instituciones de nuestra provincia, entre las que podemos citar al Club de Jóvenes Renacer, el Cuerpo de Bomberos Civiles, la Asociación de Estudiantes Universitarios Ocoeños, Inc.; institución ésta que en un justo reconocimiento le dedicó su *XXXIII Semana Cultural*, celebrada en el mes de agosto del año 2003, entre otras, las que la han reconocido por sus aportes, su colaboración y su trayectoria.

En mil novecientos cuarenta y seis (1946) se convirtió en virreina del gran reinado del sur; en fin, varios reconocimientos y distinciones, entre las cuales adquiere significativa importancia la de ser poseedora, como lo es, del cariño, el respeto y la admiración de todo un pueblo que le distingue y que la coloca en la galería de honor de nuestras más distinguidas hijas.

En la actualidad nuestra admirada Titina se desempeña como vicepresidenta del Centro de Rehabilitación de San José de Ocoa, es fundadora junto a otras personalidades de la Fundación Tony Isa (Fundación que lleva el nombre de su hermano, ya ido físicamente de entre nosotros) y de la cual es asesora; es miembro fundadora de la Asociación para el Desarrollo de San José de Ocoa (ADESJO), fue presidente de la Congregación Hijas de María, grupo de la Iglesia Católica, entre otras importantes funciones asumidas y desempeñadas cabalmente por esta hija meritísima de nuestro pueblo.

Nuestra sinigual Titina se ha desempeñado como miembro del Consejo Parroquial de la Parroquia San José y como fiel devota y entusiasta feligrés ha desarrollado una encomiable labor. Del mismo modo participó activamente en los inicios del Colegio Nuestra Señora de la Altagracia. Como anécdota vale señalar que junto a otras educadoras de nuestro pueblo, entre ellas Rosa Erminda Martínez (Rosita) se dedicó a la tarea de visitar casa por casa para convencer a los padres de que enviaran a sus hijos a estudiar, ya que se negaban a ello, argumentando que era peligroso debido a que por ahí pasaban las guaguas de transporte y que era la entrada principal de nuestro pueblo, lo que era y es cierto, pero gracias a esta tarea los niños empezaron a visitar el colegio fundado en los primeros años de la década del 60.

Dueña de una importante formación cultural e intelectual lograda no sólo a través de la lectura, sino de la vida, viajando por diferentes partes del mundo, visitando países de diversos continentes, codeándose con otras culturas, lo que le ha posibilitado robustecer su acervo, haciendo honor a la expresión cervantina de que *"el que lee mucho y anda mucho, ve mucho y sabe mucho"*.

Su casa ha sido lugar de encuentros y de importantes reuniones, recibiendo en ella a distintas personalidades de la vida pública nacional, entre ellos a presidentes de la República en ejercicio, como fue el caso del Ing. Rafael Hipólito Mejía Domínguez y del Dr. Leonel Antonio Fernández Reyna, así como a sus respectivas primeras damas.

Sin embargo, muy a pesar de haber estado ligada al glamour de la "alta clase social" de la mano de su sobrino "hijo", el Dr. Jorge Subero Isa, ex presidente de la honorable Suprema Corte de Justicia, del mismo modo se ha mantenido involucrada con los más depauperados y humildes hijos de nuestra comunidad, los que siempre han tenido en la señorita Titina y en su casa, una amiga, un refugio.

Residencia de la Familia Isa-Isa, ubicada en la calle Duarte entre las calles Altagracia y Manuel de Regla de Pujols, San José de Ocoa, lugar donde vivieron y crecieron los hijos de los señores Jorge Elías Isa y Emilia Isa, padres de la señorita Titina.

A propósito del Dr. Jorge A. Subero Isa, el mismo ha expresado: *"Mi educación y formación se la debo a Titina"*.

Ciertamente se trata de una colaboradora entusiasta de todo cuanto procure el bienestar de nuestro pueblo, solidaria como la que más y poseedora de un trato exquisito que logra hacer sentir especial a todos a quienes trata. De igual manera hace galas de detalles tan importantes, que si bien en otros pasan inadvertidos ella los toma para darles su verdadero sentido.

Esos detalles de los que es poseedora esta distinguida ocoeña se pueden apreciar cuando cae enfermo o fallece un pobre de solemnidad del pueblo de San José de Ocoa, adonde acude a llevar su solidaridad y su consuelo, pues como hija de Dios y devota de la Virgen María tiene un corazón gigante para amar, como ha quedado evidenciado durante toda su vida. De igual manera, comprometida con su Iglesia Católica, se le observa religiosamente en el templo de la misma, la que visita permanentemente.

Nuestra querida Titina ha utilizado las oportunidades que le ha dado la vida para contribuir con los demás, siendo el canal adecuado para que humildes jóvenes de nuestra comunidad lleguen adonde sin su ayuda les habría resultado muy difícil llegar.

Toda una vida dedicada al servicio de los demás, toda una trayectoria de colaboración y de entrega desinteresada, por su altruismo, por su finísima manera de ser, por estar ligada a todas las iniciativas de nuestro pueblo, por ser parte esencial de la galería de honor de los hijos distinguidos de este pueblo y por sus aportes al desarrollo del mismo la Dra. Carmen Isa constituye, simboliza y representa toda una reserva moral y un paradigma para la sociedad dominicana y muy especialmente para el pueblo de San José de Ocoa.

**Juan Ramón Báez Pimentel
(Mon)**

> *"El único hombre que nunca se equivoca es el que nunca hace nada".*
>
> ***Johann Wolfgang Goethe***
> ***(Escritor alemán)***

Juan Ramón Báez Pimentel
(Mon)

El viernes seis (6) de septiembre del año mil novecientos veintinueve (1929) nació en la Ciudad de San José de Ocoa el niño Juan Ramón, hijo del matrimonio formado por los señores Agustín Báez Medina (hijo) y Altagracia María Pimentel Tejeda (fallecidos); niño que con el paso de los años se habría de convertir en uno de nuestros más distinguidos hijos, ligado desde siempre a los más genuinos intereses de nuestro pueblo y dueño de una gigantesca labor social que lo sitúa en lo sublime de la galería de honor de San José de Ocoa.

Don Mon, como se le llamaba cariñosamente, fue el mayor de una familia de 9 hijos procreados por la unión matrimonial Báez-Pimentel, siendo sus hermanos Rafael Agustín, Dolores Germania, Altagracia Ozías (fallecida), Ana Aurora, Idalsia Iselsa, Loyola Guillermina (fallecida), Andrés y Ludovino (este último igualmente fallecido), además de sus hermanos paternos Diógenes y Zoila (fallecida).

Vio discurrir su niñez entre la población de San José de Ocoa y la comunidad de Río Abajo, en la que además de a sus tareas de estudiante se dedicaba junto a su padre a las labores agrícolas.

Realizó sus estudios primarios en la Escuela José Trujillo Valdez y en la Escuela de Río Abajo, haciendo hasta el cuarto curso entre los años 1936 y 1941, año en que regresó nuevamente a Ocoa para terminar la educación básica. Sediento de conocimientos y aplicado como el que más se hace bachiller en dos ramas distintas entre los años 1953 y 1961, logrando ser bachiller en Ciencias Físicas y Matemáticas en el Liceo Nocturno Particular de San José de Ocoa y en Filosofía y Letras en el Liceo José Núñez de Cáceres de la misma ciudad.

Con el corazón pletórico de emoción evocó ante nosotros sus años de mozalbete cuando practicaba deportes, destacándose como jugador de beisbol, jugando la tercera base y en los jardines, además de jugar softball y voleibol.

Logró un extenso currículum puesto que siempre fue un desvelado por su preparación, lo que explica su exquisita y esmerada formación académica, contando en su haber con una inmensidad de cursos extracurriculares que fortalecieron su preparación intelectual.

De 1962 a 1972 realizó seis cursos sobre supervisión escolar con una duración de tres meses cada uno, patrocinados por la UNESCO y la UNICEF y en el año 1963 se recibió de licenciado en Ciencias de la Educación (Pedagogía) en la Universidad Nacional Pedro Henríquez Ureña (UNPHU) en la que también brilló su estrella al graduarse con honores (Magna Cum Laude).

El sábado 24 de octubre del año 1959 contrajo nupcias con la distinguida joven Dastenia Pujols, oriunda de San José de Ocoa y con la que va a procrear a sus hijos Seila, Yojanny, Patricia y Juan Ramón (Guari) Báez Pimentel, aunque contaba también como a su hija a Santa Pujols, pariente de su esposa a la que dio protección y cariño, criándola en el seno de su hogar.

El señor Juan Ramón Báez Pimentel (Mon), junto a su distinguida esposa (hoy viuda), señora Dastenia Pujols.

Continúa su preparación y en el año 1975 realizó un curso de Educación Sexual (APEC), Santo Domingo, participando en ese mismo año en el seminario de orientación sobre cursos por correspondencias (IDEI), Santo Domingo y en 1976 realizó un seminario sobre Ecología, celebrado en Virginia, Estados Unidos de Norteamérica.

Pronto se inclinaría por el magisterio y los cursos realizados en esta rama irán a fortalecer su vocación de maestro, participando en 1979 en el curso de Administración de Personal (Psicología Industrial Dominicana), Santo Domingo; seminario sobre Análisis de la Educación Primaria y de Adultos, Santo Domingo. En

1980 realizó un curso de Administración Educativa impartido en la Universidad Complutense de Madrid (España), patrocinado por el Ministerio de Educación de España y la Oficina de Educación Iberoamericana (OEI).

El licenciado Juan Ramón Báez (Mon) fue posiblemente uno de los maestros que más posiciones alcanzó dentro del Sistema Educativo Dominicano, pasando desde las más humildes posiciones hasta las más encumbradas, y lo más destacable es que tuvo una cerrera ascendente, desempeñada escalafón a escalafón, iniciando toda esta importante y brillante carrera en el año 1947.

Precisamente en 1947 fue nombrado Maestro Normal de la Escuela de Emergencia de Los Peña, San José de Ocoa, el día 17 de junio, con un sueldo de 18 pesos, tal y como pudimos observar en su nombramiento, el que como persona altamente organizada conservaba en su poder.

Durante los años 1949 y 1950 se desempeñó como director de la escuela primaria de Sabana Larga; de 1950 a 1953 fue Secretario de Inspección de Educación; de 1953 a 1956 maestro de la escuela nocturna Educación de Adultos; en 1956 fue nombrado Inspector de Pesos y Medidas (Santo Domingo y Montecristi); en ese mismo año y hasta 1961 Inspector de Segunda Clase de la Caja Dominicana de Seguros Sociales (Santo Domingo y San José de Ocoa).

En el año 1961 y hasta 1963 se desempeñó como maestro del Liceo José Núñez de Cáceres de nuestra comunidad; liceo del que tiempo después sería director, específicamente de 1963 a 1965; en 1966 y hasta el 1975 fue nombrado Inspector de Educación en Neiba y San José de Ocoa.

Fue fundador del Liceo Particular Nocturno de nuestra comunidad (gratuito) y en el que se desempeñó como maestro durante los años de 1973 a 1975. Pero de 1974 a 1975 laboró como maestro del Liceo José Núñez de Cáceres (segunda etapa); de 1975 a 1977 fue Director Regional de Educación en Azua y Nagua; en 1977 fue miembro de la Comisión Nacional de Reforma de la Educación Primaria. En ese mismo año y hasta 1978 fungió como Subdirector General de Educación Secundaria e igualmente en ese mismo año fue designado miembro de la Comisión de Elaboración del Estatuto General de Educación Secundaria.

No creemos estar equivocados cuando afirmamos que fue dueño de un extenso currículum, pero tampoco creemos errar cuando decimos que en él tuvimos a uno de los más destacados hijos de San José de Ocoa, persona con capacidad sobrada, por lo que nadie apegado a la verdad podría poner en duda que si nos sentáramos a enumerar los hijos destacados de nuestro pueblo necesariamente su nombre deberá ser tomado en cuenta, colocándolo en lugar privilegiado.

Pero siguiendo con su vida en el campo de la educación, debemos anotar que como reconocimiento a toda esa trayectoria, en el año 1979 fue designado Oficial Mayor de la otrora Secretaría de Estado de Educación, Bellas Artes y Cultos (SEEBAC), luego Secretaría de Estado de Educación (SEE) y hoy Ministerio de Educación (MINERD), continuando con una carrera de ascenso al ser nombrado en ese mismo año Secretario General de la Secretaría de Educación, cargo en el que permaneció hasta 1982 cuando fue jubilado mediante el Decreto No. **3352**, de fecha 30 de junio de 1982, emitido por el entonces

Presidente Constitucional de la República Silvestre Antonio Guzmán Fernández (fallecido el 4 de julio de 1982).

Esta jubilación le fue notificada a través del Oficio Circular No. 23, en carta fechada el 12 de julio de 1982 y en la que el entonces Secretario de Estado de Educación, Bellas Artes y Cultos (SEEBAC), Dr. Julio Ibarra Ríos, entre otras cosas, dice lo siguiente: *"deseo expresarle mi reconocimiento por la ardua labor rendida a la Secretaría de Educación, Bellas Artes y Cultos, durante largos años"*. Señalando de igual forma: *"Espero que las generaciones presentes y futuras vean en usted un ejemplo de entrega y sacrificio"*, al tiempo que le expresaba que *"las puertas de esta Secretaría permanecen abiertas para usted como señal de aprecio y respeto"*.

En el campo local, en el año 1994 se desempeñó como regidor presidente del honorable Ayuntamiento Municipal de San José de Ocoa, jugando allí un importante papel que lo llevó a convertirse en vicepresidente de la Liga Municipal Dominicana, a la que como organismo rector de los ayuntamientos le solicitaba que lo auditaran todos los años, pero que vista y apreciada su honorabilidad sólo fue auditado en una oportunidad, pasando por el lodo sin caer en el fango, como dijera el poeta.

Cuando decimos que el licenciado Ramón Báez siempre estuvo ligado a las más genuinas iniciativas a favor de San José de Ocoa no lo decimos como una simple expresión, sino basado en su inmensa hoja de servicio social que se puede apreciar con facilidad cuando leemos dentro de sus actividades extracurriculares, como son, entre otras muchas, las siguientes: primer presidente de la Cruz Roja

Juvenil Escolar en Ocoa (1946); corresponsal del periódico El Caribe durante 15 años (de 1950 a 1965); jefe Roberts Scout, Ocoa (1953 a 1955); fundador y director del periódico "La Voz de la Montaña", periódico que vio la luz en 1952, siendo éste dicho sea de paso el tercer periódico en toda la historia de San José de Ocoa, precedido por "La Montaña", cuya primera edición se remonta al 29 de diciembre de 1928, dirigido por don Manuel de Regla Pujols (Titín) y por "La Voz de Ocoa", de 1944, dirigido por el profesor Ramón Gaspar.

Juntos dos símbolos de la Asociación para el Desarrollo de San José de Ocoa (ADESJO); el Padre Quinn y el Lic. Juan Ramón Báez.

Miembro de la Conferencia San Vicente de Paúl desde 1958 hasta el último día de su vida; miembro fundador de la Asociación para el Desarrollo de San José de Ocoa (ADESJO), institución que nació el 12 de julio de 1962, bajo la égida del Padre José Antonio Curcio, como hemos dicho anteriormente, siendo don Mon elegido presidente de la misma en 1964, permaneciendo en dicha posición hasta 1976; en 1983 fue elegido presidente por segunda ocasión de la asociación de marras, desempeñándose en esta posición hasta el 1993 (de manera honorífica); institución en la que realizó una encomiable labor, por lo que fue elegido en varias oportunidades. Tiempo después y durante varios años ocupó el cargo de Encargado del Departamento de Recursos Humanos de dicha institución de servicio, cargo que ostentó hasta el final de sus días, aunque en licencia en los últimos meses por su estado de salud.

Vicepresidente del Club de Leones Ocoa en 1970; en 1977 mientras ocupaba el cargo de Director Regional de Educación en Azua pasó a ser miembro del mismo club en esa provincia, uniéndose por igual a una hermosa iniciativa que hoy rinde sus frutos al formar parte del Comité Pro Universidad Tecnológica del Sur (UTESUR) en Azua y un año antes contribuyó con la fundación del Club de Leones Ocoa, esta vez en su segunda etapa, dándole vida a tan importante institución de servicio que había entrado en un letargo.

En mil novecientos ochenta y tres (1983) este distinguido hijo de nuestro pueblo creó la escuela para niños pobres "María José", siendo en ese mismo año fundador del recinto universitario de CETEC (Centro de Estudios Tecnológicos) fundado por doña Margarita Páez, quien era a la sazón Subsecretaria de Estado de Educación, siendo Mon el director de dicho centro. Para infortunio de San José de Ocoa este centro apenas funcionó por poco más de un año. Pero Mon Báez, como siempre preocupado por la educación de los hijos de San José de Ocoa, emprendió junto a otros ocoeños importantes gestiones para traer una extensión universitaria a nuestro pueblo, logrando el ofrecimiento que le hiciera Jimmy Pastoriza de traer a Ocoa una extensión de la Pontificia Universidad Católica Madre y Maestra (PUCMM), lo que no prosperó debido a que el costo de los créditos resultaba inalcanzable para una comunidad pobre como la nuestra.

Sin embargo, el hecho de que este proyecto no cuajara no desanimó en lo más mínimo al licenciado Ramón Báez, sino todo lo contrario y se continúan haciendo diligencias en aras de lograr tener en Ocoa una extensión universitaria, lo que se logró finalmente al conseguir con el Dr. José Rafael Abinader traer a nuestro municipio una extensión de la Universidad Organización y Métodos (O&M), la que se había fundado en 1966 y que llegó a nuestro pueblo en marzo de 1985, emergiendo don Mon Báez como fundador y director de dicha extensión, pasando a ocupar el cargo de Inspector General, cargo que desempeñó durante largos años y el cual ostentaba al momento de su muerte y en el que no ha sido sustituido.

En el año de mil novecientos ochenta y seis (1986) fungió como miembro de la Junta Municipal Electoral de San José de Ocoa; de 1986 a 1987 presidente del Consejo Interinstitucional para la vivienda de bajo costo (CII-Viviendas) en la Ciudad de Santo Domingo, alcanzando la vicepresidencia de la Junta Directiva Nacional de la Asociación de Rehabilitación durante los años de 1993 a 1997, repitiendo en el mismo cargo en el año 2001.

Otra iniciativa importante del licenciado Juan Ramón Báez fue la de haber fundado el 1 de septiembre de 1992, junto a otros hijos de nuestra comunidad, la Escuela de Bellas Artes Dr. Ramón Guerrero, en la que se educa a una cantidad de niños y jóvenes de nuestro pueblo y que sirve de semillero donde se cultiva el relevo generacional de nuestra legendaria Banda Municipal de Música y se instruye a los amantes de la música y el arte. Dicha escuela cuenta con su propia Banda Juvenil.

Pero además, otro de sus logros importantes y trascendentales fue el de haber logrado junto a un grupo de verdaderos hijos y amigos de nuestro pueblo la elevación de Ocoa a la categoría de provincia, fungiendo como presidente de la Comisión Ocoa Provincia (Comité Gestor) lo que se logró con la promulgación de la Ley No. 66, de septiembre del año 2000, siendo erigida como provincia a partir del 14 de enero de 2001, en acto celebrado en nuestra Parroquia San José.

Si buscamos los periódicos de los primeros años de la década del 60 de seguro que encontraremos varios artículos producidos por él solicitando que Ocoa fuera elevada a la categoría de provincia y explicando las razones por las que nuestro pueblo era merecedor de tal elevación, por la que empezó a luchar desde los primeros años de la década del 50, viendo este sueño hecho realidad en el año dos mil uno (2001), como hemos señalado.

Escribió varios artículos en periódicos locales, regionales y de circulación nacional, como es el caso de Tiempo del Maniel, producido por el Lic. Wilfredo Tejeda Castillo; El Ocoeño, del periodista Fremio Ortiz; El Nacional, El Caribe y La Verdad del Sur. Es autor de un ensayo sobre la Nuclearización Educativa de la República Dominicana (premiado por la Oficina de Educación Panamericana).

En 1987 publicó la obra *"**Sueños y Realidades de 20 años**"*, en la que describe los principales acontecimientos de San José de Ocoa, haciendo un recuento desde la fundación de La Junta, los estragos producidos por el Huracán David y la Tormenta Federico y otros temas, dejando pendiente de publicación tres obras relacionadas con la educación, las tradiciones y la vida religiosa (católica) de San José de Ocoa.

Su obra ejemplar, su labor gigantesca y su destacada y brillante trayectoria fueron reconocidas por una amalgama de instituciones que le entregaron múltiples reconocimientos, como es el caso del premio al honor del magisterio "Pedro Henríquez Ureña", otorgado por el presidente Antonio Guzmán, placa de reconocimiento al magisterio ocoeño; ganador en mil novecientos noventa y dos (1992) del premio APEC al magisterio "Federico Henríquez y Carvajal", placa de reconocimiento de la entonces Secretaría de Deportes (hoy Ministerio de Deportes); de la Asociación Dominicana de Rehabilitación, de la Generación del 40, del benemérito Cuerpo de Bomberos Civiles de San José de Ocoa y de las Juntas Distritales (hoy Ayuntamientos Municipales) de Rancho Arriba y Sabana Larga; placa de reconocimiento entregada por el Club de Leones Ocoa, Inc., reconocimiento de la Universidad Tecnológica del Sur (UTESUR), entre otros reconocimientos.

Hay sin embargo uno de estos reconocimientos que por la polémica que se suscitó merece ser comentado, y es que cuando en 1982 recibe el premio Honor al Magisterio Pedro Henríquez Ureña se encontraba compitiendo con otros candidatos de la estatura de la licenciada Ivelisse Prats Ramírez, catedrática universitaria y alta dirigente en ese entonces del PRD, la que alegaba que se le había hecho fraude para que no ganara la codiciada distinción, argumentando que se le había entregado el premio a un desconocido, y don Mon se sobrepuso a esa situación, al punto de que cuando se le preguntó sobre la posición de Prats Ramírez, pese a que lo estaba intentando descalificar, demostró una admirable madurez y humildad y su respuesta fue que si él hubiese sido jurado vota por ella, pues siempre voló como águila y jamás como mosca.

Tanto fue el escándalo que se produjo tras aquel reconocimiento que el licenciado Emigdio Moronta, en su condición de Subsecretario Técnico de Educación se vio precisado a salir al frente con unas declaraciones en defensa de este ocoeño a carta cabal.

Con esa actitud asumida por el Lic. Juan Ramón Báez su figura logró por vía de consecuencia adquirir una mayor dimensión, al tiempo que ratificaba con creces el porqué había sido la persona seleccionada para ganar aquel premio de Honor al Magisterio.

Preciso es señalar que, de igual forma, la Asociación Dominicana de Profesores (ADP), Seccional San José de Ocoa, le dedicó su Semana de Regocijo Magisterial, conjuntamente con su esposa, hoy viuda Dastenia Pujols, la que del mismo modo reúne los méritos necesarios para tal dedicatoria, pues se trata de una maestra y distinguida munícipe de San José de Ocoa; semana esa celebrada en el mes de julio del año 2014, la cual tuvo una hermosísima y emotiva ceremonia de clausura en el salón Padre Quinn del Palacio Municipal, donde acompañado de su esposa y parte de sus hijos recibió una demostración contundente de admiración, respeto y cariño. De hecho, ese sería uno de los últimos actos de su vida pública donde le vimos participar antes de enfermar.

Es que ciertamente era normal verlo integrado a las diferentes actividades realizadas en nuestro pueblo, contribuyendo en todo cuando fue necesario para el desarrollo y la buena imagen de San José de Ocoa, al igual que en las actividades religiosas (misas) celebradas en nuestra parroquia, en la que resultaba igualmente normal observarlo en compañía de su compañera de vida Dastenia Pujols.

Tal y como hemos referido en líneas precedentes, al momento de su triste fallecimiento se desempeñaba como Encargado del Departamento de Recursos Humanos de la Asociación para el Desarrollo de San José de Ocoa (ADESJO) e Inspector General de la extensión de la O&M en nuestro municipio.

En sus momentos libres gustaba de ver los juegos de beisbol y baloncesto y junto a su adorada Dastenia veía discurrir los días en la quietud de su hogar, amante de la lectura, conversador agradable y persona de trato exquisito y altamente respetuoso.

Aquejado de salud, retirado ya de las labores diarias la muerte le va a sorprender la madrugada del miércoles 15 de octubre el año dos mil catorce (2014), contando con 85 años de edad, siendo velado en la Funeraria Mamá Rita, ubicada en la calle Manuel de Regla Pujols, No. 14 de esta Ciudad de San José de Ocoa.

Sus restos mortales, luego de una misa de cuerpo presente en el templo de su Iglesia Católica recibieron cristiana sepultura en el Cementerio La Altagracia del sector Pueblo Abajo del Municipio de San José de Ocoa, donde le acompañó una multitud apesadumbrada ante tan irreparable y dolora pérdida.

Su triste fallecimiento dejó un profundo pesar no sólo en sus familiares sino en sus amigos, relacionados y en todos los que le conocieron; en fin, en todo el pueblo, lo que no era para menos tratándose de un munícipe de las dimensiones de Juan Ramón Báez Pimentel, indiscutiblemente uno de los hijos más destacados y comprometidos con el desarrollo de San José de Ocoa, el que *si bien pudo exhibir una obra de vida sencillamente ejemplar, con contribuciones tangibles en el terreno de los hechos, su legado alcanza mucho más que eso, pues como sabio orientador fue del mismo modo padre de muchas iniciativas y proyectos que otros echaron a andar*.

Tras su sentido fallecimiento varios reconocimientos se han hecho en su honor, cual es el caso del Club de Leones Ocoa, Inc., el que con motivo de su 39 aniversario reconoció su labor, lo mismo que su Asociación Dominicana de Rehabilitación, Inc., Filiar San José de Ocoa, con la Licda. Luz María Ramírez en la Presidencia de la misma, la que le dedicó su Asamblea General Ordinaria, celebrada el 20 de marzo de 2015 en las instalaciones del Centro Padre Arturo; reconocimientos que estamos seguros seguirán siendo llevados a cabo, pues su obra, como hemos dicho, fue sencillamente ejemplar.

**Altagracia Thelma Sánchez Castillo
(Thelma Sánchez)**

> "*La educación es, tal vez, la forma*
> *más alta de buscar a Dios*".
>
> **Gabriela Mistral**
> (*Escritora chilena*)

Altagracia Thelma Sánchez Castillo
(Thelma Sánchez)

El miércoles dieciocho (18) de septiembre del año mil novecientos veintinueve (1929) nació en la comunidad de Nizao (San José de Ocoa), Altagracia Thelma, hija de los señores Braulio Sánchez y María del Socorro Castillo (fallecidos), siendo la primera y única hembra de tres hijos procreados por el matrimonio Sánchez-Castillo y fueron sus hermanos Braulio Álvaro y José Sánchez Castillo.

La niñez de esta destacada hija del pueblo de San José de Ocoa discurrió en un ambiente tranquilo y acogedor al lado de sus padres, los que le inculcaron los verdaderos valores y definen lo que serían sus normas de comportamiento en los caminos de la vida; vida ligada a los más nobles y genuinos intereses del pueblo dominicano y de su pueblo de San José de Ocoa, cargada de humildad y de ternura, siendo faro de luz para la sociedad ocoeña que tuvo en doña Thelma a una de sus más destacadas maestras.

Cursó sus primeros estudios en su comunidad natal (hoy Distrito Municipal Nizao-Las Auyamas) alcanzando el tercer grado de primaria, trasladándose luego al Municipio de San José de Ocoa en donde terminó la educación básica en la entonces Escuela Julia Molina, haciendo el bachillerato en el Liceo José Núñez de Cáceres.

Desde muy temprano se inclinó por el magisterio, es así como inició sus estudios de educación, graduándose de Maestra Normal en San Cristóbal, dando de esta forma nacimiento a una fructífera labor en el campo fértil de la educación, profesión que abrazó con ardor y esmero y a la que va a dedicar toda su vida.

Altagracia Thelma Sánchez Castillo se inició como maestra en su comunidad de Nizao en la que laboró durante el año mil novecientos cincuenta y cinco (1955), pasando al año siguiente a la Escuela de El Naranjal en la que va a permanecer hasta el año 1991 cuando fue trasladada a la Escuela Nueva (hoy Santa Báez) en la que se desempeñó como maestra, alcanzando luego por sus méritos y su entrega la Subdirección de dicho centro educativo, siendo la directora su amiga y compañera Ramona Liriano Hernández.

El miércoles 12 de noviembre de 1952 se unió en matrimonio con el señor Roberto Santana Peguero (fallecido el día 27 del mes de mayo del año 2006), joven oriundo de la comunidad de El Naranjal y a quien conoció en el año de mil novecientos cincuenta y uno (1951) en Nizao y con el que va a procrear a sus hijos Roberto, Francis Amauris, Braulio Taylor, Nioves de la Altagracia y Abraham Oreste Santana Sánchez, los que conjuntamente con sus nietos constituyeron su más preciado tesoro en la vida; su mayor riqueza.

De formación cristiana, devota de la Iglesia Católica va a formalizar a través de ésta su unión matrimonial, lo que llevó a efecto en el año dos mil tres (2003) en ceremonia celebrada por el Padre Luis José Quinn en la Parroquia San José de esta Ciudad de San José de Ocoa.

Con su esfuerzo y dedicación, conjuntamente con su esposo, esta meritísima hija de la comunidad ocoeña logró hacer de su familia una de las más distinguidas de San José de Ocoa y del país, haciendo de sus hijos cinco dignos y destacados profesionales, como es el caso por ejemplo, de su primer hijo, el licenciado Roberto Santana Sánchez, figura de dimensión nacional que alcanzó incluso la Rectoría de la prestigiosa Universidad Autónoma de Santo Domingo (UASD), además de ser *el único dominicano que ha ocupado por tres ocasiones la Presidencia de la Federación de Estudiantes Dominicanos (FED)*, tras ser elegido en iguales oportunidades.

Doña Thelma fue sencillamente una dama de la educación dominicana y dejó sus mejores años en las aulas, siendo forjadora de una inmensa cantidad de jóvenes estudiantes que siempre tuvieron en ella a una verdadera educadora, en la que el concepto de la educación cobra una gran fuerza y sin duda ella representó y formó parte de una generación de profesores abnegados, de esos que se desviven por la educación de sus alumnos, viendo en éstos más que a simples estudiantes a sus hijos, lo que explica su vocación y entrega total a la formación de todos cuantos pasaron por sus manos benditas de maestra ejemplar.

En interés de dotar a sus alumnos de la mejor formación va a participar en varios cursos de capacitación, lo que explica su esmerada formación. Dentro de estos cursos de capacitación realizados por nuestra querida Thelma podemos mencionar, entre otros, los siguientes: curso taller sobre Metodología del Lenguaje al Servicio de la Comunicación; Estudios Sociales, Matemática, Ciencias Naturales, dirigidos a maestros de tercer y cuarto grados de primaria, realizado en San José de Ocoa en fecha 17 de julio del año mil novecientos ochenta y uno (1981); curso taller sobre Enseñanza Multigrado, celebrado en fecha 23 de abril del año mil novecientos ochenta y dos (1982); curso taller sobre Producción, Uso y Evaluación de material didáctico, realizado en la sede del núcleo en la comunidad de El Naranjal, siendo este nuevo curso certificado por la entonces Secretaría de Estado de Educación, Bellas Artes y Cultos (SEEBAC) durante el Gobierno de Concentración Nacional del Dr. José Salvador Omar Jorge Blanco (1982-1986), en fecha 27 de mayo del año mil novecientos ochenta y tres (1983); del mismo modo curso taller dirigido a maestros realizado el día 9 de marzo del año mil novecientos ochenta y cuatro (1984), entre otros cursos no menos importantes.

Su destacada labor en el magisterio no pasó inadvertida, siendo reconocida y premiada por la entonces Secretaría de Estado de Educación, institución que la reconoce *"Por sus aportes y abnegada labor al servicio del magisterio nacional y del país, formando generaciones de dominicanos sobre los fundamentos de la verdad, la ciencia, la sabiduría y del sentido de sus responsabilidades ciudadanas"*, en un hermoso y significativo acto celebrado en la Ciudad de Santo Domingo el día 30 de junio del año mil novecientos ochenta y uno (1981).

Pero no sólo recibió el reconocimiento de la entonces Secretaría de Estado de Educación, sino también de su propio gremio, vale decir, la Asociación Dominicana de Profesores (ADP), la que reconoció su fecunda trayectoria y sus significativos aportes a la educación dominicana y de San José de Ocoa, al homenajearla *"Por su noble y admirable labor docente"*, en fecha 30 de junio del año mil novecientos ochenta (1980), lo mismo que *"en reconocimiento al mérito y antigüedad en el servicio"* el mismo día y mes, pero del año mil novecientos ochenta y cinco (1985).

De igual manera doña Thelma Sánchez fue reconocida por otras instituciones y por el pueblo mismo de San José de Ocoa que valoró y valora su ardua labor y sus significativos aportes a la educación dominicana y de nuestro pueblo, y es que para esta abnegada maestra la enseñanza fue su gran pasión en la vida y con su admirable peregrinar por las sendas de la educación dejó su nombre grabado de manera especial, siendo una auténtica maestra y para sus alumnos mucho más que eso, una madre, pues fue dueña de un depurado y fino trato que hizo que quienes la conocieran le tributaran respeto y admiración.

Precisamente por esas condiciones extraordinarias que adornaron a nuestra querida educadora Thelma Sánchez, la Asociación de Estudiantes Universitarios Ocoeños, Inc. (ASEUNO) le dedicó su XXXV Semana Cultural, leyéndose en el texto que utiliza para fundamentar dicha dedicatoria, lo siguiente: *"Hoy, en reconocimiento a su fecunda trayectoria y a su abnegada labor docente a favor de la sociedad dominicana y de manera muy especial de San José de Ocoa, la Asociación de Estudiantes Universitarios Ocoeños, Inc. (ASEUNO), convencida de que con esto realiza un acto de justicia y que se distingue a sí misma como institución, dedica con indescriptible orgullo, esta su XXXV Semana Cultural, a esta gloria de la educación dominicana, maestra Thelma Sánchez"*. (**El texto entre comillas es nuestro**).

Ella simbolizó y sintetizó la esencia de la verdadera maestra, de la insigne educadora, siendo comparable con lo más genuino de las glorias de la educación ocoeña de todos los tiempos y no creemos exagerar cuando afirmamos que ante su ejemplo y su hoja de vida debemos concluir que estamos en presencia de una persona que dio por la educación sus mejores años, poniendo un esmerado empeño en la formación de sus alumnos, tanto dentro como fuera de las aulas, lo que en más que profesora la convirtió en una destacada educadora de la sociedad dominicana y muy especialmente, para gloria de nuestra comunidad, en una maestra ejemplar de la sociedad ocoeña, sin duda alguna merecedora de todos los reconocimientos recibidos por su destacada trayectoria docente.

Una vez retirada de las aulas, lo que se produjo en el año 2005, doña Thelma se fue a su casa a esperar los trámites de su merecida jubilación, y ciertamente que en la tranquilidad de su hogar ella pudo sentir la plena satisfacción de haber sido una maestra laboriosa y dedicada, hija, esposa y madre ejemplar y de igual manera orgullo para San José de Ocoa y para el país, paradigma de la juventud y gloria de la educación dominicana.

Su muerte se produjo el miércoles 20 del mes de marzo del año 2013, donde aquejada de salud va a morir a los 83 años de edad, dejando un terrible dolor en su familia, en la clase magisterial ocoeña y en su pueblo en sentido general. Sus restos mortales descansan en el Cementerio Cristo Salvador del Barrio San Antonio del Municipio de San José de Ocoa.

**Tomás Antonio Isa Isa
(Tony)**

"Hay muertos que van subiendo cuanto más su ataúd baja".

Manuel del Cabral
(Poeta y escritor dominicano)

Tomás Antonio Isa Isa
(Tony)

El miércoles veintisiete (27) de noviembre del año mil novecientos veintinueve (1929) nació en la Ciudad de San Pedro de Macorís el niño Tomás Antonio, hijo de los señores Jorge Elías Isa y Emilia Isa (fallecidos), siendo el penúltimo de una prole de once (11) hijos procreados por la unión matrimonial Isa-Isa.

En 1934 contando con apenas cinco (5) años de edad sus padres llegan a San José de Ocoa, trayendo consigo a su familia, con lo que se inicia la vida de este ser humano excepcional en nuestro pueblo, su pueblo, por el que va hacer tantos y significativos aportes, siendo indiscutiblemente uno de los hijos más notable de nuestra comunidad a lo largo de toda su historia.

Tony, como cariñosamente se le empieza a conocer, desde sus primeros años mostró gran inclinación por la fe católica, participando activamente en las actividades de la iglesia, en la que fuera bautizado el 21 de enero del 1940, siendo a la sazón sacerdote de nuestro pueblo el Reverendo Rafael Vachón de la Cueva.

Trabajador incansable que se inició en las labores comerciales y agrícolas para contribuir con su familia de la que fue guía junto a sus padres, al punto que abandonó sus estudios para dedicarse a las faenas productivas.

Su inclinación por el trabajo se puso de manifiesto desde muy temprana edad, laborando desde jovencito en el entonces Bar Jimaní, propiedad originalmente de su hermano Manuel Emilio Isa Isa (Mocho), hasta que tiempo después fue adquirido por el banilejo Adriano Ortiz, quien a su vez estaba casado con la joven Lesbia Pimentel, hermana de Adrianita, hijas a su vez de don Héctor Pimentel. Posteriormente dicho establecimiento comercial fue adquirido por el señor Amílcar Báez, pasando a llamarse Bar Tres Rosas, en honor a sus tres hijas Isabelita, Onicia y Donis, teniendo como administrador al señor Miguel Ángel Pimentel Castillo (Pururú), el que dicho sea de paso estuvo casado con la señora Luz María Isa Isa.

En el caso de Tony hay que destacar que precisamente por esa incursión en los negocios emergió como administrador del entonces Restaurant Marién, así como propietario del otrora Teatro Radhamés, pasando a partir del año 1961 a denominarse *Cine Rhand* en honor al joven Pericles Emilio Castillo Perelló (*Rhand*), único varón del matrimonio de los señores Emilio Castillo y Negra Perelló, dicho sea de paso sus suegros en ese entonces, lo que quiere decir que Rhand por su parte era cuñado de Tony.

El sábado 18 de agosto del año mil novecientos cincuenta y uno (1951) contrae nupcias con la joven Theany Violeta Castillo Perelló, en ceremonia celebrada en el templo católico, siendo casados por el Reverendo Roberto Hymus. Con la distinguida joven oriunda de San José de Ocoa va a procrear a sus hijas Altagracia Emilia y Theany Emilia Isa Castillo, siendo desde siempre un esposo ejemplar y un padre abnegado.

Vista del Hogar de Ancianos San Antonio, ubicado en la calle 16 de Agosto del Municipio de San José de Ocoa. Fue ideado por el sacerdote Roberto Hymus, con el que colaboró por muchos años el señor Tomás Antonio Isa.

Su vocación de servicio, su entrega y su altruismo no encontraron fronteras jamás, pues siempre se desveló por ver prosperar a su pueblo, de ahí que siempre estuvo ligado a los más genuinos intereses de San José de Ocoa, pueblo por el que diera lo mejor de sí durante toda su fecunda existencia.

Como prueba inequívoca de lo que fue su accionar en éste, su pueblo, cabe destacar que fue uno de los pilares y piezas indispensables para lograr la construcción del Centro Educativo Padre Arturo, trabajando arduamente para ver aquel sueño convertido en realidad; centro éste que toma su nombre del sacerdote Arturo Mackinnon, el que estuvo en nuestra comunidad en los primeros años de la década del sesenta (60) y quien muriera vilmente asesinado en la Provincia de Monte Plata el martes 22 de junio de mil novecientos sesenta y cinco (1965), mientras se dirigía a hablar con las autoridades a favor de humildes campesinos apresados injustamente.

Del mismo modo Tony se integró conjuntamente con un grupo de jóvenes de nuestro pueblo y constituyeron la Sociedad San Vicente de Paúl, emergiendo en el año 1958 como su primer presidente, cuando se funda dicha sociedad, la cual ha realizado significativos aportes a San José de Ocoa y que hoy, a más de 50 años de fundada, continúa rindiendo sus frutos. Cabe destacar que precisamente desde esta entidad social luchó tenazmente para construir y luego mantener el Hogar de Ancianos San Antonio, donde se da alojamiento a muchos de nuestros envejecientes, donde además de las atenciones materiales, reciben del mismo modo amor y ternura.

El señor Tomás Antonio Isa (Tony) en momentos en que compartía con su gran amigo, el Padre Luís Quinn.

De la mano del Padre Arturo trabajó denodadamente en coordinación con la Organización Canadiense "CARI" en labores caritativas en beneficio de nuestros munícipes más menesterosos, y es que cuando se hablaba de ayudar a los demás nunca faltó la mano solidaria y amiga de este hombre extraordinario, poseedor de una elevadísima vocación de servicio y de un espíritu de entrega a toda prueba, por lo que los ocoeños siempre le dispensaron y tributaron cariño, admiración y respeto; sentimientos que indiscutiblemente se mantienen vivos en los corazones de cada uno de los hijos de este pueblo.

El señor Tomás Antonio Isa (Tony) mientras participaba en la procesión, junto a su amigo, el Padre Quinn.

Tony fue un devoto de la fe católica y como tal siempre estuvo ligado a las actividades de su parroquia, pues siempre se preocupó y luchó por la evangelización de los ocoeños, siendo miembro fundador del grupo "Acción Católica", grupo éste que luego pasaría a llamarse Los Caballeros de San José, cuerpo de orden de nuestra parroquia, desempeñándose además como coordinador y asesor del Movimiento Familiar Cristiano (MFC).

Pero su obra no se circunscribió a esto exclusivamente ya que también se destacó como uno de los propulsores del movimiento cooperativista de nuestro pueblo, emergiendo como un gran colaborador de la Cooperativa "Socorro Mutuo", de la "Cooperativa de Ahorros y Créditos" y de otras que se dedicaban a las ventas populares.

De igual manera, creemos preciso destacar que su ciclópea obra social se ensanchó aún más desde la Asociación para el Desarrollo de San José de Ocoa (ADESJO), convirtiéndose en el primer presidente de dicha institución de servicio durante el período comprendido entre los años 1962-1964; trabajo que siguió fortaleciéndose de la mano de su amigo, el Padre Luis Quinn, junto al cual realiza otras obras sociales de inmensas proporciones y las que han arrojado grandes y significativos beneficios a nuestro pueblo.

Su prestigio, ganado con su esfuerzo, su dedicación y su trabajo a beneficio de San José de Ocoa pronto lo llevarían a ocupar otras importantes posiciones, llegando incluso a ser diputado en dos períodos consecutivos durante los años de 1970 a 1978, desde donde se destacó por su colaboración, cual siempre actuó, siendo un celoso guardián de los mejores intereses de nuestro pueblo.

En cuanto a su vida social hay que destacar que siempre participó en cuantas actividades e iniciativas de avanzada de nuestro pueblo se presentaron, siendo también un miembro prominente del prestigioso Club Rotario Ocoa; miembro de Rotary International, "fundada en Chicago en 1905 como la primera organización mundial de clubes dedicada al servicio voluntario" por Paul Harris.

Cuando su pueblo lo necesitó siempre estuvo ahí, siempre dijo presente, como lo hizo en mil novecientos setenta y nueve (1979) cuando el Huracán David y luego la Tormenta Federico azotaron con furia salvaje a nuestra comunidad, destruyendo gran parte de San José de Ocoa, siendo en ese momento mucho más intensa su entrega.

Persona de una insuperable vocación de servicio, solidario como el que más y sin la más mínima de las dudas un ocoeño auténtico que siempre estuvo a la altura de las circunstancias cuando su patria chica lo necesitó.

No por casualidad Tony gozó del aprecio y la admiración de los ocoeños que siempre vieron en este abanderado de las mejores causas de nuestro pueblo a un vivo ejemplo de entrega, amor, sacrificio y desprendimiento, además, dueño indiscutible de una sensibilidad humana y de una meridiana sencillez, llevando desde siempre una vida tranquila, ligada como hemos dicho a las mejores causas de esta comunidad que como regalo del Todopoderoso le diera acogida siendo apenas un niño.

Toda una vida de servicio a favor de nuestra gente, vida cargada de amor, cariño y entrega; entrega que jamás tuvo límites puesto que se dio por entero a este pueblo, lo que explica el porqué un grupo de buenos ocoeños se unió para constituir el 31 de agosto de 1998 la Fundación Tony Isa, que es una hermosa manera de mantener incólume aún más en la conciencia de nuestra gente su legado, su accionar, su vida.

Su obra no ha pasado inadvertida, siendo reconocida por varias instituciones de nuestra comunidad y del país, alcanzando su destacada obra social ribetes tan notables y sobresalientes que incluso el tirano Trujillo le entregó en una oportunidad la Orden de Duarte, Sánchez y Mella, en reconocimiento a su gran labor.

Nadie podrá negar jamás que ante la egregia figura de Tomás Antonio Isa nos encontramos ante uno de nuestros mejores hijos, que supo entregarse sin reservas a este pueblo y que fue desde siempre un vivo ejemplo a seguir, paradigma de la sociedad dominicana y de la comunidad de San José de Ocoa, la que siempre lo recordará y que siempre llevará grabado en lo más profundo de su corazón. Hijo meritísimo de nuestra tierra que por consecuencia del destino ya no tenemos físicamente entre nosotros producto del fatal accidente automovilístico del que fuera objeto el sábado 27 de agosto de 1994, terminando así su fructífera existencia terrenal.

Su muerte conmovió a todo San José de Ocoa y parte del país, siendo reseñada por el periódico Hoy, en la Sección El País, de fecha lunes 29 de agosto de 1994, Pág. 14, el cual bajo el título: *"Entierran restos de ex diputado Antonio Isa"* expresaba lo siguiente: *"Fueron sepultados ayer en el cementerio municipal de San José de Ocoa, los restos del empresario y ex diputado Tomás Antonio Isa, quien murió la tarde del sábado pasado en un accidente de tránsito"*. (Sic)

Continúa diciendo el texto noticioso: *"Isa, quien a la hora de su muerte se desempeñaba como presidente de la Junta Pro-Desarrollo de la comunidad de San José de Ocoa, murió en el Hospital Darío Contreras, en la capital, donde fue llevado en estado grave, luego de deslizarse el carro que conducía placa 166-216"*. Más adelante se lee: *"De acuerdo al informe policial el accidente que costó la vida a Isa, quien fue diputado del Partido Reformista Social Cristiano (PRSC) por la provincia Peravia en los períodos 70-74 y 74-78, se produjo en el kilómetro catorce de la carretera Baní-San Cristóbal"*. (Sic)

En otra parte de la noticia de marras producida por Francisco de los Santos, redactor de Hoy, se lee lo siguiente: *"Su cadáver fue velado len (sic) la funeraria Sánchez, localizada en la calle del mismo nombre esquina General Cabral de San José de Ocoa, de donde partió el cortejo fúnebre hacia el local de la Junta Pro-Desarrollo, donde fue expuesto en capilla ardiente. Luego de ahí, los restos de Tony fueron llevados a la iglesia Nuestra Señora de la Altagracia, de la indicada localidad, donde se ofició una misa de cuerpo presente, y luego sepultados en el cementerio municipal de San José de Ocoa"*. (Sic)

Su muerte física llenó de nostalgia y de dolor a todos sus familiares y a toda la comunidad ocoeña que siempre tuvo en Tony a uno de sus más auténticos hijos y su deceso enlutó a las diversas comunidades de Ocoa como de toda la región sur del país, donde también llegó su mano solidaria y amiga a través de diversas iniciativas desarrolladas desde La Junta. Precisamente el periódico de dicha región, denominado Actualidad Sur, en su página 6, de fecha 5 de septiembre de 1994, escribió: *"Al cierre de esta edición nos enteramos de la muerte trágica del dirigente comunitario ocoeño Tomás Antonio Isa. Tony era un hombre de extraordinarias cualidades humanas. Trabajador incansable por el desarrollo de su natal San José de Ocoa, especialmente desde la Junta para el*

Desarrollo, de la cual era presidente al momento de morir en un accidente automovilístico". (Sic)

En otra parte de la reseña que hiciera ese periódico sobre Tony se decía: *"Como político se distinguió ese caballero por ser respetuoso de las ideas de los demás lo que le valió el afecto de todos los ocoeños y de múltiples personalidades que le trataron y apreciaron su extraordinario valor. Tony deja más que a su familia, a todo Ocoa en un mar de llanto, que solo su ejemplo de hombre puro, adornado de una cualidad humana insuperable, puede contribuir a superar este momento casi desesperante"*. (Sic)

Concluye dicha reseña de la muerte de Tony con las siguientes palabras: *"Nuestras condolencias sinceras a sus hermanas, esposa, hijas y al pueblo de San José de Ocoa, que en fin de cuentas es el gran perdedor"*. (Sic)

Tras su muerte, su iglesia en aras de honrar su memoria y eternizar su recuerdo designó con su nombre el Salón Parroquial, situado en la parte lateral derecha del templo católico, ubicado en la intersección formada por las calles Duarte y Andrés Pimentel.

De hecho, su imagen fue pintada en la pared de dicho salón que da al frente de la puerta lateral derecha de dicho templo, lo que constituye un hermoso gesto para con alguien que dio toda su vida al servicio de San José de Ocoa.

Preciso es destacar que la referida pintura es una obra de Juan Ernesto Guerrero (Nestico) y Eddy Díaz, artistas ocoeños que trabajaron con esmero para lograr con maestría pintar la imagen de este destacado hijo de nuestra tierra, lo que a su vez sirve para que quienes no lo conocieron físicamente tengan la oportunidad de ver su rostro, en el que siempre se dibuja una sonrisa, lo que en él era costumbre.

Del mismo modo una calle del sector La Vigía de nuestro Municipio de San José de Ocoa honra su memoria con su nombre, pues no es para menos tratándose de una figura como la de nuestro querido Tony Isa.

Como referencia anecdótica, en una ocasión el autor visitó la residencia de don Tony Isa, ubicada en la calle Duarte esquina Colón del Municipio de San José de Ocoa, adonde acudimos en busca de una colaboración económica para una rifa que en honor al Día de las Madres había organizado el hoy desaparecido Equipo de Promoción Humana (EPH) fundado por el profesor José Francisco Mateo (ya fallecido) y tras conversar con ese coloso de la colaboración y entrega nos despedimos con su ayuda en las manos, que para los fines fue una buena contribución, y al abandonar su casa doblamos hacia la calle Colón en dirección sur-norte quedando sorprendidos cuando escuchamos la voz de don Tony que nos llamaba y al acercarnos nos dijo: *"mire joven, disculpe la pequeña colaboración que le hice, pero aquí tiene este dinero que tenía en otro bolsillo y no me había percatado"*.

El hecho de que ya habiendo dado su colaboración se tomara la molestia de pararse de su asiento y salir a buscarnos para ampliar su contribución nos pareció un hermoso gesto y que dejó claro para nosotros que este hijo de nuestro pueblo se desvivía por ayudar a los demás.

Por actuaciones como esta y por otras tantas más es que nuestra gente jamás logrará olvidarse de este hijo de Dios y es que en nuestro querido e inolvidable Tony Isa se cumple a la perfección la sentencia lapidaria del poeta Manuel del Cabral, cuando expresara que: *"hay muertos que van subiendo cuando más su ataúd baja"*.

Su obra, su recuerdo, su vida y su trayectoria constituyen un válido paradigma ya que se trata de una persona que dejó sus huellas marcadas de manera imborrable en el pueblo de San José de Ocoa, razón por la que siempre vivirá en el corazón de nuestra gente, pues ciertamente, tal y como expresó el apóstol de la libertad cubana, José Martí: *"La muerte no es verdad cuando se ha cumplido bien la obra de la vida, porque aunque truéquese en polvo el cráneo pensador, aún perviven las ideas que se elaboraron"*, y esas palabras dichas hace ya tanto tiempo cobran una vigencia espantosa en Tomás Antonio Isa.

Como se ha dicho, luego de ser velado en la Funeraria Sánchez y su cuerpo ser puesto en capilla ardiente en las instalaciones de La Junta, su cadáver fue llevado al templo de la Iglesia Católica donde recibió una misa de cuerpo presente. Sus restos mortales descansan en el Cementerio La Altagracia del sector Pueblo Abajo del Municipio de San José de Ocoa, muriendo a los 64 años de edad.

**Felipe Antonio Isa Pimentel
(Tonino)**

> *"Es mejor el uso de las riquezas que la posesión de ellas".*
>
> ***Fernando de Rojas***
> (***Escritor español***)

Felipe Antonio Isa Pimentel
(Tonino)

El sábado cinco (5) de julio del año mil novecientos treinta (1930) nació en la comunidad de San José de Ocoa el niño Felipe Antonio, hijo de los señores Felipe Isa Subero (don Yamil) y Gloria Pimentel (fallecidos), siendo el segundo de un total de siete (7) hijos procreados por la unión matrimonial Isa-Pimentel.

Este destacado trabajador social realizó sus estudios en su pueblo natal de San José de Ocoa y se graduó de Tenedor de Libros en el Instituto Comercial García García, de Santo Domingo de Guzmán (*este último primer inquisidor que tuvo la isla*), instituto en el que tiempo después se investiría en el área de Mecanografía.

Dueño de una vocación de servicio a toda prueba y de un elevado espíritu de solidaridad que se manifestó durante el discurrir de su vida, siendo parte estelar de variadas y sanas iniciativas a favor de San José de Ocoa.

Don Tonino Isa se unió en matrimonio con la doctora Celia Sosa con la que procreó a su hijo Yamil Antonio Isa Sosa (Yamilín) y luego se casa con la señora Carmen Castillo, con la que procrea a sus hijos Felipe y Fernando Isa Castillo, uniones éstas con las que tuvo tres (3) de sus cinco (5) hijos; todos dignos hijos de sus padres.

Don Tonino junto a sus padres Gloria Pimentel (Yoya) y Felipe Isa Subero (don Yamil) a ambos extremos. Al centro, su entonces esposa Celia Sosa, con quien procreó a su hijo Yamil Antonio Isa Sosa (Yamilín), al que carga en sus piernas.

Persona ligada durante toda su vida al deporte del cual fue un gran soporte, pues siempre fue uno de los primeros colaboradores, desempeñándose como presidente de la Asociación Ocoeña de Beisbol durante veinte años de manera ininterrumpida y le cupo el honor de haber sido la persona clave para conseguir con el Dr. Balaguer la construcción del Complejo Deportivo de San José de Ocoa, haciendo posible que los ocoeños contaran con tan importante obra en la que se han vivido felices e inolvidables momentos, especialmente en el play de beisbol (conocido como el amateur).

Preciso es destacar que en la consecución del referido Complejo Deportivo, del mismo modo jugó un papel muy importante el señor Fernando Isa, hermano de don Tonino, quien se desempeñaba como Diputado.

Como fundamentación de tal aseveración, trascribimos íntegramente el siguiente texto: "En Abril de 1975 en la inauguración del Campo de beisbol del Distrito Municipal de Matanzas, Baní, el Lic. Fernando Isa, Diputado al Congreso Nacional por San José de Ocoa, entonces Prov. Peravia, y su hermano Felipe Antonio Isa (Tonino), Presidente del  Ayuntamiento del Municipio de Ocoa, acordaron solicitar al Presidente Dr. Joaquín Balaguer, la Adquisición de los terrenos donde se practicaba solamente beisbol, con una extensión de 12,000 m2. El entonces Secretario de Estado de Deportes Ing. Juan Ulises García Saleta presente en el acto, nos refirió que se solicitara una área de 36,000 m2, para que San José de Ocoa se les dotara de un complejo deportivo, que abarcara no solamente el beisbol, sino además que se construyeran instalaciones para la práctica del basquetboll, softball, Atletismo, play de pequeñas ligas, además de oficinas y salón de hospedaje. Este terreno fue prestado personalmente al Lic. Fernando Isa para la práctica del beisbol, por el distinguido Munícipe Dr. William Read C., con la promesa de que el gobierno se lo comprara para tales fines, y el valor pagado por estos terrenos o sea los 36,000m2 fue por la suma de RD$100,000,00, valor incalculable si hoy fueran adquirirse. Esta suma fue pagada a insistencia del Lic.

Fernando Isa dos días antes de la entrada del nuevo gobierno del PRD el 16 de Agosto del 1978" (Sic). Se refiere al gobierno encabezado por el señor Silvestre Antonio Guzmán Fernández.

De manera que como se puede observar en el referido texto, merece nuestra eterna gratitud el Ing. Juan Ulises García Saleta (Wiche), a la sazón Secretario de Estado de Deportes, por ser la persona que sugirió a los hermanos Fernando y Felipe Isa la solicitud de un área más extensa para además del play de beisbol construir un Complejo Deportivo con otras facilidades. A propósito de don Wiche, valer decir que nació en Santo Domingo el 25 de octubre de 1925 y falleció en un accidente automovilístico en la autopista 6 de Noviembre, próximo a San Cristóbal, el 26 de mayo de 2004, a los 79 años de edad, reconocido como "el padre del olimpismo dominicano". Falleció en una triple colisión provocada por un auto que penetró de manera repentina a la citada vía y provocó el accidente al promediar las 11:30 de la mañana".

En cuanto a la actividad política, don Tonino alcanzó diferentes posiciones, ocupando el cargo de regidor del honorable Ayuntamiento Municipal de San José de Ocoa; cargo que desempeñó de manera estrictamente honorífica durante catorce (14) años consecutivos (1968-1982), llegando a ser presidente de la Sala Capitular de dicho Cuerpo Edilicio.

Se desempeñó como Ayudante Civil del Presidente de la República, de igual modo de forma honorífica, esto durante los años de mil novecientos sesenta y seis (1966) a mil novecientos setenta y ocho (1978), manteniendo siempre una actitud de bajo perfil, pero dueño de un corazón gigante cuando se hablaba de ayudar, lo que quedó evidenciado con creces durante toda su vida.

En lo que respecta a la radiodifusión preciso es destacar que fue una de la áreas en las que Tonino se destacó, emergiendo como el pionero de la comunicación, al fundar la primera empresa radiofónica de nuestro pueblo, a la que pone por nombre Radio Ocoa, emisora que transmite en los 1100 Kgs. en Amplitud Modulada (AM) y a través de la cual se transmitían para la época y desde siempre los encuentros celebrados en el Complejo Deportivo. Como nuestra irrefutable de esto, la Asociación Dominicana de Radiodifusores (ADORA) llevó a este hijo de una de las familias más notables y respetadas con que cuenta San José de Ocoa a formar parte de su Consejo Directivo.

Local ubicado en la entrada Sur-Norte del Municipio de San José de Ocoa, donde funciona Radio Ocoa, nuestra primera emisora, fundada por el señor Felipe Antonio Isa (Tonino).

Pero además, Felipe Antonio Isa Pimentel (Tonino) fungió como director de la Defensa Civil en San José de Ocoa desde donde realizó una encomiable labor a beneficio de toda la población; igualmente presidió el Club Ocoa, Inc., siendo también vicepresidente de los Boy Scout a nivel nacional y el benemérito Cuerpo de Bomberos Civiles de San José de Ocoa le concedió el rango de oficial honorífico. De manera que es don Tonino poseedor de una incalculable labor social que lo sitúa como uno de los ocoeños más distinguidos durante toda nuestra historia.

Don Yamil Isa en momentos en que recibía el premio "Horacio Álvarez Saviñón" por parte del Consejo Nacional de Hombres de Empresas, con motivo de sus 50 años como empresario. Fundador y Presidente de la Compañía Felipe Isa C por A (La Factoría).

En cuanto a los negocios, don Tonino se desempeñó como miembro del Consejo Directivo de la Compañía Felipe Isa C por A (La Factoría), propiedad de su padre y que funcionaba en el sector El Rastrillo de nuestro municipio, en la que muchos ocoeños se ganaban el sustento de sus familias. Además se desempeñó como administrador del Centro Turístico Rancho Francisco del que fuera su propietario junto a su hermano Fernando Isa, al comprarlo a la Familia Subero en el año mil novecientos setenta y cinco (1975) y el que se convirtió en la mayor atracción turística de la región sur y en uno de los lugares más frecuentados por los vacacionistas de los diferentes puntos geográficos del país. Permaneció en poder de la Familia Isa hasta finales del año dos mil tres (2003) cuando fue vendido a los actuales propietarios.

Vista de las instalaciones del Centro Turístico Rancho Francisco, ubicado en la carretera Padre Billini, a la entrada y salida de San José de Ocoa.

En don Tonino tuvimos a un vivo ejemplo de comportamiento y un paradigma de la entrega, la solidaridad y la colaboración. ¿Quién no recuerda el equipo doble A (AA) de San José de Ocoa patrocinado por Rancho Francisco, La Factoría o Radio Ocoa? Es que Tonino fue un desvelado por el deporte al que apoyó tanto o más de lo que pudo en aras de ver crecer a la juventud ocoeña con cuerpo sano y mente sana.

Pero muy a pesar de que ya no lo tenemos físicamente entre nosotros, sus recuerdos se yerguen imponentes en el dintel del tiempo y todos sus aportes, su entrega desinteresada y su condición de ciudadano y de munícipe ejemplar, ni el tiempo ni nada lograrán borrarlos jamás, sino que por el contrario, seguirán aun desde ultratumba iluminando la conciencia del pueblo de San José de Ocoa por el que tanto luchó.

Eso fue Felipe Antonio Isa Pimentel (Tonino), un destacado ocoeño, padre ejemplar y trabajador incansable y quien descendiera a la fría sepultura el lunes 20 de diciembre del año mil novecientos noventa y nueve (1999), a la edad de 69 años.

Su cadáver fue velado en la Funeraria Sánchez y luego de una misa de cuerpo presente en el templo de la Iglesia Católica, que dicho sea de paso fue oficiada por el Padre Quinn, quien pese a hallarse algo indispuesto de salud decidió celebrar la misa por tratarse de un munícipe tan distinguido como don Tonino Isa. Sus restos mortales recibieron cristiana sepultura en el Cementerio La Altagracia del sector Pueblo Abajo del Municipio de San José de Ocoa.

**Cecilia Smith Larose
(Sor Cecilia)**

> *"¡Lávense, purifíquense! ¡Aparten de mi vista sus obras malvadas! ¡Dejen de hacer el mal! ¡Aprendan a hacer el bien! ¡Busquen la justicia y reprendan al opresor! ¡Aboguen por el huérfano y defiendan a la viuda!".*
>
> *Isaías 1, 16-17*
>
> *La Biblia*

Cecilia Smith Larose (Sor Cecilia)

El jueves uno (1) de enero del año mil novecientos treinta y uno (1931) nació en Berkshire, Vermont, Estados Unidos, la niña Cecilia, hija de los señores Ferdinand Smith y Mary Luise Larose, quienes procrearon 11 hijos en total; 7 hembras y 4 varones, siendo Cecilia la séptima hija de dicha unión matrimonial.

Desde los primeros años de su niñez sintió una gran pasión por la vida religiosa, visitando de la mano de sus padres la iglesia de su comunidad, allí se va forjando lo que sería su vocación, pues aquellas actividades religiosas le llamaban poderosamente la atención.

Sus estudios primarios los inició a la edad de siete (7) años en la escuela pública de su ciudad natal (Berkshire), completando su capacitación media en la Escuela Católica St. Albans, v. t., culminando así sus estudios de bachillerato, cerrando de esa manera ese ciclo educativo en su formación académica, lo que hizo de manera satisfactoria, puesto que siempre fue muy aplicada.

Pero antes de concluir la educación media Cecilia se fue a trabajar a casa de una profesora, la que con sus locuciones marcaría su inclinación por los enfermos, ya que aquellas expresiones le llegaban a lo más profundo de su alma. Su profesora decía que de enfermarse algún día le gustaría que la llevaran al Hospital Bishop De Goesbriand (primer obispo de Vermont) porque trabajaban hermanas que vestían de blanco y sin quizás proponérselo esas palabras interpretaban sus sentimientos y recogían sus verdaderas aspiraciones, las cuales consistían precisamente en servir a los enfermos, lo que llevó a la práctica entregándoles a éstos su dedicación y cariño, y es que, de profunda sensibilidad humana, Cecilia hizo de los problemas de sus enfermos sus problemas, como lo hizo durante toda su vida y de lo que por tantos años fue testigo y beneficiario San José de Ocoa.

Una vez termina sus estudios de bachillerato, tocada por el Señor, decide ingresar al convento de las Religiosas Hospitalarias de San José, contando con 18 años de edad, ingresando a dicho convento específicamente el día 2 de octubre del año mil novecientos cuarenta y nueve (1949).

Se trataba de un momento especial para la vida de Cecilia, y no era para menos puesto que se trataba de una decisión que enrumbaría su vida por otros senderos y una decisión de tanta importancia constituía un paso trascendental en su vida y precisamente evocó ante nosotros el día en que sus padres se trasladaron al convento con ella, viaje que hicieron en compañía de sus tres hermanas menores, las que cantaron y se mostraron muy felices durante el viaje, lo que no ocurría con sus padres, que se mostraban nostálgicos y entristecidos. Fueron recibidas con mucho cariño por las hermanas del Convento de Burlington y así comenzó todo, un domingo "Día del Señor"; frase esta que es usada diecinueve veces en el Antiguo Testamento.

Sus padres, muy a su pesar de la alegría que mostraba su hija no pronunciaron palabra alguna y llegada la hora se despidieron afligidos lo que entristeció a Cecilia, pues la nostalgia es normal en toda despedida, pero segura de que aquella era su vocación se integró a su nuevo hogar y a su nueva vida, pasando al proceso del Postulado, que consiste en conocer la consagración, la vida de los santos, las reglas y todos los pormenores del convento, en lo que puso especial atención.

En el Convento de Burlington estudió la vida religiosa, historia de la congregación, historia de la iglesia, reglas de la congregación y la vida de los santos propiamente dicha. Empezó sus estudios de Enfermería en la Escuela Jeanne Mance School of Nursing, graduándose en mil novecientos sesenta y cinco (1965).

Precisamente el uno (1) de abril de ese año, luego de haber aprobado el examen exigido por el Estado recibió la llamada de su supervisora, quien le comunicó que la enfermera guía de Pediatría había renunciado de forma definitiva, invitándola a pasar por la oficina de la directora, la que le comunicó que quedaba designada como Encargada del Departamento de Pediatría, convirtiéndose aquella designación en el primer empleo o nombramiento de nuestra querida hermana Cecilia Smith, permaneciendo allí durante una década y media, siendo aquellos, según sus palabras, los quince (15) años más felices de su vida religiosa; años aquellos durante los cuales realizó varios cursos de Pediatría, Neurología, entre otros cursos igualmente importantes. *"La referida escuela* *donde estudió enfermería nuestra querida hermana Cecilia lleva ese nombre en honor a **Jeanne Mance**, hija de una familia francesa culta, radicada en Canadá, que se dedicó al cuidado de los enfermos".*

Tiempo después fue trasladada de Burlington, abandonando con dolor y tristeza aquel hospital en el que realizara tan importante y productiva labor, llegando al Estado de Maine para trabajar en el hospital de allí, pasando seis (6) meses en ese pequeño centro de salud prestando sus servicios a los enfermos por los que siempre sintió y mostró un cariño especial y un profundo amor.

Estando laborando en dicho hospital del Estado de Maine, la Supervisora Provincial de Montreal, en una visita a su nuevo lugar de trabajo le preguntó que si estaba dispuesta a ir a la misión que tenían en San José de Ocoa, a lo que Cecilia le contestó que no sabía qué tipo de lugar, gente, trabajo y lengua encontraría allí (Ocoa), pero después de realizar un curso de español en el Instituto de Berlitz en Ottawa y un curso de Missiología contestó afirmativamente a la propuesta que le hiciera la supervisora de venir a San José de Ocoa.

Es así como en el año 1973 se produjo el arribo a nuestra comunidad de Sor Cecilia Smith, encontrándose con hermanas a las que no conocía, recordando a Sor Patricia Cuddihy, Sor Teresa Mann, Fredonia, Mary José y Sor Ruth, que habían llegado dos semanas después. En este ambiente inició una encomiable labor que pronto la llevaría a conquistar el cariño y el aprecio de todo un pueblo que siempre tuvo en Cecilia a una enviada del Señor, solidaria, entregada y dispuesta, sirviéndole a su comunidad con una sonrisa dibujada en su rostro.

Mientras se encontraba en Ocoa viaja a Santiago de los Caballeros, permaneciendo allí durante dos meses, recibiendo un curso de capacitación sobre la historia de la República Dominicana y un curso de español, regresando nuevamente para dedicarse de manera total al trabajo social en beneficio de nuestro pueblo.

Una vez adquiridas las nociones básicas del idioma español inició con la hermana Fredonia el primer Centro de Vacunación en San José de Ocoa, conociendo a nuestra gente humilde y sobre todo a los niños. Como nota jocosa, se recuerda que al pesar a los niños puesto que el idioma español era nuevo para ella, al indicar el peso de éstos decía: *"pesa 9 libros, por decir 9 libras"* ya que confundía estos términos.

A poco tiempo de estar desempeñándose en su nueva misión recibió la triste noticia del fallecimiento de su adorada madre, partiendo con el alma hecha jirones a la Ciudad de Vermont para despedir a su progenitora, regresando con el corazón destrozado por el dolor dos semanas después, reintegrándose a sus labores cotidianas.

Pasa el tiempo y Cecilia se convierte en la directora de enfermería de nuestro Hospital San José, lo que aceptó complacida ya que se identificada plenamente con este trabajo, por lo que dio respuesta positiva a la propuesta que le hiciera el Dr. Ricardo Velázquez, quien a la sazón se desempeñaba como director de dicho centro asistencial.

Allí Cecilia desarrolló una hermosa labor brindando su mano amiga y solidaria a tantas personas necesitadas, niños, madres y ancianos, llegando incluso a visitarlos a sus propias casas y recordaba con cariño y agrado el trabajo en el hospital y a todos los médicos, las enfermeras y a todo el personal en sentido general, a los que extrañaba profundamente.

También en la comunidad de Arroyo Caña del Municipio de Rancho Arriba de la Provincia de San José de Ocoa se dio a sentir su mano solidaria. Empezó a visitar a esa humilde comunidad viajando todos los jueves con el doctor Medina, así como con su querida amiga Milita, a dar consultas de medicina general en las que había días en los que atendían entre sesenta (60) y setenta (70) pacientes y además de dichas consultas llevaban los medicamentos, vacunas y una vez al mes llevaban un odontólogo hasta que Salud Pública nombró el primer médico para hacer su pasantía en Arroyo Caña, que fue el doctor Héctor Báez (Cuquito); de esta manera y de forma paulatina las clínicas fueron teniendo sus médicos y sus auxiliares de enfermería.

En esta laboriosa comunidad de Arroyo Caña, al igual que en San José de Ocoa en sentido general, Cecilia realizó una formidable labor, ganándose para siempre un sitial en el corazón de toda nuestra gente.

En la iglesia llevó la comunión a los enfermos en sus hogares, los visitaba, empezó el programa de cuidado a los pacientes con VIH, conjuntamente con el Padre Jaime, con la Pastoral de Salud, trabajó en La Legión de María (grupo de la iglesia) y también colaboraba en la decoración del templo, trabajo que realizaba junto a la distinguida dama Bélgica López.

De los momentos especiales durante su vida en San José de Ocoa recordaba el nacimiento de las siamesas Clara Altagracia y Altagracia Clara Rodríguez Moris, en 1973, parto que fue realizado en el Hospital San José por el doctor Ricardo Velázquez, aunque la separación se llevó a cabo en Philadelphia por el Dr. Everett Koop, quien encabezó la Junta Médica compuesta por 23 galenos y aunque todo fue un éxito en cuanto a la separación, tiempo después moría asfixiada Clara Altagracia al *"atragantársele un grano de habichuela en la tráquea"*, llenando de luto y de dolor a toda la comunidad que a través de su colaboración y sus oraciones había hecho posible la separación de los cuerpecitos de aquellas siamesas ocoeñas.

Entre sus vivencias recordaba, entre otras cosas, el hecho de haber recibido en ese mismo año de su llegada a Ocoa el apoyo incondicional del Padre Quinn, así como el haber recibido y atender en 1980 a los grupos de hermanas que nos visitaban desde los Estados Unidos para realizar aquí importantes proyectos y evocaba con tristeza lo que vivió como consecuencia del Huracán David, que nos azotó de forma inmisericorde el 31 de agosto de 1979, como hemos anotado anteriormente.

Otro de los momentos que recordaba con devoción fue el inicio del trabajo de los odontólogos en 1985 para llevarle salud dental a nuestros comunitarios y se manifestaba agradecida y feliz cuando recordaba el reconocimiento que le hiciera la Embajada de los Estados Unidos, en acto celebrado en el 2001; año este en el que también pasaría por un momento triste, tras la partida del Hospital San José de la hermana Ana Iluminada Núñez (Theany).

Su arduo trabajo social, su entrega total y desinteresada y su alta sensibilidad humana, así como su hermosa trayectoria de lucha a beneficio de diferentes comunidades ocoeñas y su probada vocación de servicio le reservan un lugar privilegiado en el corazón de nuestra gente, que con nostalgia la vio marcharse en octubre de 2001, cuando Cecilia empezó una nueva misión en la Provincia Sánchez Ramírez (Cotuí), en el Hogar de Ancianos Inmaculada Concepción.

En dicho hogar se desempeñó como directora y estamos seguros de que por igual su trabajo fue ejemplar, pues pletórica de alegría y entusiasmada con este oficio que tanto le apasionaba entregaba en cada acción alma, vida y corazón, cual siempre fueron sus características como verdadera sierva del Señor.

Tan pronto descubrió su vocación se integró por completo a llevar la Buena Nueva de Dios y agradecida del Todopoderoso, al igual que el profeta Isaías, abrió sus brazos al Padre Celestial y expresaba: *"aquí estoy Señor para hacer tu voluntad"*.

A pesar de que, como hemos dicho, ya no la teníamos entre nosotros debido a su traslado en el 2001 a la hermana Provincia Sánchez Ramírez, su impronta quedará grabada indeleblemente y su estrella brillará en este terruño que tanto disfrutó de su solidaridad, su entrega y cariño y de sus desinteresados aportes, haciendo de Ocoa su segunda patria, pueblo del que decía extrañar a sus hermanas, a los empleados del Hospital San José, a los enfermos y envejecientes por los que siempre se preocupó, y sobre todo el cariño de tanta gente buena de este pueblo.

Esta noble sierva del Señor murió el día 15 del mes de enero del año 2016, a la edad de 85 años. Sus restos mortales descansan en el Cementerio de Fanny Allen en Burlington, Vermont, Estados Unidos.

**Luis Ney Subero Cabral
(Güicho)**

> *"Las virtudes más grandes son aquellas que más utilidad reportan a otras personas".*
>
> ***Aristóteles***
> (*Filósofo y científico griego*)

Luis Ney Subero Cabral
(Güicho)

El sábado doce (12) de septiembre del año mil novecientos treinta y uno (1931) nace en la Ciudad de San José de Ocoa el niño Luis Ney, fruto de la unión matrimonial de los señores Francisco Subero Sáber (de origen Libanés, nacido en Venezuela) y Eladia Dévora Cabral, oriunda de nuestro pueblo (fallecidos) siendo el menor de una familia de cinco (5) hijos procreados por la unión matrimonial Subero-Cabral y son sus hermanos Dignorah (fallecida), Homero, Farida (fallecida) y Sando Subero Cabral, este último igualmente fallecido.

Su niñez transcurrió de manera normal propia de la mayoría de los niños de su época y de su ambiente, entre las tareas y rutinas de estudiante, jugar y los quehaceres asignados por sus padres.

Realiza sus estudios primarios y secundarios en su ciudad natal, alcanzando el grado de bachiller, egresado de la Escuela Normal semi oficial, estudiando en horario nocturno. Para entonces los estudiantes eran evaluados o examinados en Ocoa a fin de año por una delegación procedente de Baní y aquellos que quedaban con materias pendientes tenían que ir a aquella ciudad para resolver su situación, o mejor dicho, para pagar la materia pendiente.

Se inicia en la vida productiva formalmente como empleado de la entonces Secretaría de Estado de Obras Públicas y Comunicaciones en la Ciudad de Santo Domingo, pero como persona amante de su pueblo, además de tener su gente aquí, venía todos los fines de semana, lo que deja bien claro que este ocoeño destacado jamás se ha alejado de su pueblo, y no por casualidad hoy por hoy constituye un símbolo de trabajo, hombre ligado desde siempre a las actividades comerciales, lo mismo que al deporte en sus años juveniles.

Cuando se va a Santo Domingo discurría el año 1961, pero resulta que sólo permaneció como empleado de Obras Públicas por alrededor de diez (10) meses aproximadamente, pues en mil novecientos sesenta y dos (1962) regresa a Ocoa para ya no salir jamás debido a que en ese año el señor Pepe Castillo le arrendó una panadería que a la sazón se encontraba ubicada en la calle Andrés Pimentel esquina Luperón, la que arrendó por un año, iniciando de esa manera una carrera ligada al comercio y de manera específica al digno negocio de la panadería, en el que permanece en la actualidad aunque no en la misma manera dada su edad y su estado de salud, y a cincuenta y cuatro (54) años de aquel arrendamiento, aunque ayudado por la familia, principalmente por su esposa y su hijo Yasser, la realidad es que don Güicho continúa dentro de su negocio.

Cuando consultó con su padre sobre la panadería de Pepe Castillo y le habló de sus planes de arrendarla éste no vaciló en darle su visto bueno, lo que hizo complicado y feliz ya que no se acostumbraba a ver lejos a su más pequeño fruto, por lo que como era de esperarse, no hubo inconveniente alguno al respecto.

Vencido el contrato con don Pepe Castillo, Güicho se ve en la necesidad de buscar una solución, por lo que decidió construir su propio local, lo que logró gracias a su esfuerzo y a su trabajo constante, edificando en el solar que le otorgara su padre la ya tradicional "Panadería Güicho", la que abrió sus puertas al público de manera formal en el mes de julio de 1964.

Mientras vivía en la residencia de sus padres, puesto que aún no tenía casa propia, opta por hacer un préstamo a la Asociación de Ahorros y Préstamos Peravia por un monto de cinco mil pesos (RD$5,000.00), pagaderos a 20 años, con cuotas mensuales de 52 pesos, los que pagó religiosamente, al punto que honró dicho compromiso mucho antes de lo pactado.

Sonriente, aunque algo nostálgico al recordar esos años dorados, nos cuenta sobre el precio del pan para aquella época, manifestando: *"yo vendí el primer pan a un precio de 85 por un peso y se vendía un saco de esos grandes de azúcar lleno de pan por 5 pesos, pero esos sacos cogían casi 500 panes"*.

El viernes veintinueve (29) de noviembre del año mil novecientos sesenta y tres (1963) se une en matrimonio a la distinguida dama ocoeña Lovelia Soto; dama ésta a la que había conocido en la escuela y de la que se enamoró y no descansaría hasta convertirla en su esposa, deseo que fue correspondido por ella, pues los dos habían sido flechados por Cupido, llevando a la realidad su hermoso sueño matrimonial en una vistosa ceremonia realizada en el templo de la Parroquia San José siendo casados por el Padre Arturo Mackinnon. Con la señora Lovelia Soto don Güicho va a procrear a sus hijos Mercedes Eladia, Luis

Francisco y Yasser Manuel Subero Soto, todos dignos hijos de sus padres.

Don Güicho Subero y doña Lovelia Soto mientras comparten en un evento social. Unidos en matrimonio el 29 de noviembre de 1963.

Pero resulta que la vida de este hijo de nuestra tierra no se circunscribe a los negocios y a la vida familiar de manera exclusiva; no, hay otra faceta en su vida que es de igual manera de ensueños y es en el aspecto deportivo, ya que Güicho Subero es sin la más mínima de las dudas uno de los grandes deportistas con que ha contado San José de Ocoa a través de los años y si lo ubicamos en su principal posición dentro del beisbol, que fue la de lanzador, hay que concluir necesariamente diciendo que nos encontramos ante un gigante del montículo, por lo que en el beisbol su estrella brilló de forma extraordinaria y sobresaliente.

Don Güicho se inició en el beisbol en el año 1944 jugando con el equipo "Futuras Estrellas", específicamente en el "play" ubicado donde hoy se encuentra el cuartel del Departamento Policial de San José de Ocoa y donde jugaba frente al combinado "11 de Enero", pasando en 1948 a jugar con equipos más grandes que jugaban en el local donde se construyó la Escuela Julia Molina (hoy Luisa Ozema Pellerano).

Jugando allí participó en el campeonato regional sur, siendo ésta la primera vez que Ocoa tomaba participación en dicho evento regional amateur, dirigido por Gallego Muñoz, un santiaguero que fungió como mánager del combinado ocoeño debido a que Ocoa no contaba con suficientes jugadores de ese nivel, por lo que sólo participaron 5 jugadores nativos, siendo además de Güicho Subero, Miguelo Subero, Vinicio Rojas, Chelo Núñez y Haim Soto.

El papel desempeñado por Güicho fue sencillamente espectacular y más que como lanzador también se desempeñaba como center field, y es que además de poseer un brazo privilegiado contaba con un bate respetado.

En ese primer campeonato de la región sur celebrado en mil novecientos cuarenta y ocho (1948) participaron San Cristóbal, Baní, Azua, San Juan, Barahona y San José de Ocoa, que dicho sea de paso quedó subcampeón de dicho torneo y Azua se alzó con el campeonato.

Su destacada actuación en el beisbol amateur doble A se desarrolló desde el 1948 hasta el 1962, exceptuando el año 1952, año en que se suspendió el campeonato debido a la celebración en Cuba de la Serie Mundial Amateur, en esa ocasión en su entrega XXXIII, siendo la calidad de don Güicho Subero tan evidente que le mereció ser seleccionado para ir como lanzador a reforzar el equipo dominicano en dicha mundial y en la que logró una buena participación.

Dentro del aspecto deportivo y muy especialmente en lo que respecta al beisbol, su deporte favorito, cultivó una carrera llena de éxitos y cargada de satisfacciones, las que se ponen de manifiesto cuando lo vemos narrar, cargado de orgullo y alegría, los pormenores de su bella trayectoria, destacando entre sus más memorables momentos la vez en que se enfrentó al equipo representativo de Baní en el año mil novecientos cincuenta (1950) y le lanzó un excelente partido, sin permitir hit ni carrera (no hit no run) y como si todo aquello fuera poco, ese mismo día, pero en el juego de la tarde, bajó del center field y le tiró tres entradas más en blanco.

En el año mil novecientos cincuenta y uno (1951) se enfrentó al equipo de Haina que contaba con figuras de la dimensión de Mateo Rojas Alou (Mateíto) y Felipe Rojas Alou (ex jugador y ex manager de Grandes Ligas) y en nueve (9) entradas lanzadas apenas permitió un hit, ganando el partido una carrera por cero (1-0).

Del mismo modo recuerda que en el año mil novecientos cincuenta y tres (1953) se enfrentó al combinado de Nizao de Baní y le tiró nada más y nada menos que 17 entradas, perdiendo el juego tres carreras a dos (3-2), tras un error cometido por Titilo Sierra, que a pesar de ser lanzador, ante la escasez de jugadores y vista la duración del encuentro había sido colocado en la inicial.

Durante su brillante carrera se enfrentó a grandes equipos saliendo con éxito y por la puerta grande, como lo hizo cuando se enfrentó al equipo de la Marina de Guerra, ganándole en 9 inning al no permitir ninguna anotación; en la comunidad de Manzanillo se enfrentó al hoy inmortal del deporte Juan Marichal.

Es que ciertamente don Güicho tenía condiciones sobradas para jugar en el beisbol profesional, pues no por casualidad el equipo de Las Águilas Cibaeñas se interesó en sus servicios aunque la firma no prosperó debido a la negativa de su padre.

Sus importantes logros en la arena deportiva no han pasado de forma inadvertida, pues su labor ha sido reconocida, entre otras instituciones, por la Generación del Siglo XX; por el Comité Selección del Equipo Todos Estrellas; por la Asociación Deportiva y Cultural, Los Cañeros del Sur y por el Ayuntamiento del Municipio de San Cristóbal.

Pero además, en reconocimiento a su destacada labor y a su brillante carrera ha sido reconocido por la Liga Luis Lara de San José de Ocoa; por el Comité de Las Viejas Glorias del Beisbol de Azua, así como por la Asociación de Ocoeños Residentes en los Estados Unidos y los Ocoeños Residentes en el Exterior le dedicaron un torneo de softball celebrado en la Ciudad de Nueva York y aunque en sus primeros años solamente jugó beisbol, una vez retirado de éste se dedicó al softball, donde también se destacó.

El Ayuntamiento de San José de Ocoa, en un justo reconocimiento a su impecable trayectoria lo declaró Lanzador Derecho del Siglo XX, en acto celebrado el 27 de agosto del año 2000. Además, los primeros juegos municipales de San José de Ocoa, celebrados en el año 1985, organizados por la entonces Secretaría de Estado de

Educación Física y Recreación (SEDEFIR) fueron dedicados a este hijo de nuestro pueblo. Por esas razones ya expuestas, al momento de llegar a Ocoa la antorcha de los Juegos Nacionales de Monte Plata 2006, los organizadores no vacilaron en escogerlo para que sea el primero en desfilar con la misma.

De manera que al hablar de este munícipe distinguido del pueblo de San José de Ocoa estamos hablando de uno de nuestros destacados hijos, de uno de nuestros mejores deportistas y al mismo tiempo a un destacado hombre de trabajo.

Aquejado de salud y de los achaques propios que consigo traen los años, don Güicho ve pasar los días en la quietud de su hogar, viendo su negocio prosperar de la mano de su benjamín, Yasser Manuel, el que ha seguido los pasos de su padre, no sólo en lo que respecta a los negocios, sino en varias facetas de su vida.

En la actualidad, como hemos dicho y en las condiciones indicadas, de la mano de su hijo y de su esposa, don Güicho no se ha alejado de su panadería, ubicada desde el 1964 en la calle Duarte esquina 27 de Febrero, en la que es normal observarlo junto a su adorada esposa Lovelia Soto, y al igual que ayer, sigue siendo una persona de trato agradabilísimo.

**Rafael Ricardo Velázquez Linares
(Dr. Velázquez)**

Isabel Ricarda Velázquez Chavero.
(De Velázquez)

"La ciencia más útil es aquella cuyo fruto es el más comunicable".

Leonardo Da Vinci
(***Pintor, escultor e inventor italiano***)

Rafael Ricardo Velázquez Linares (Dr. Velázquez)

El miércoles veintisiete (27) de enero del año mil novecientos treinta y dos (1932), fruto de la unión matrimonial de los señores Ricardo Velázquez Estremera y Carmen María Linares Chanlate (QEPD), nace en la Ciudad de Santo Domingo el niño Rafael Ricardo, siendo el menor de un total de ocho (8) hijos procreados por la unión matrimonial Velázquez-Linares.

Al doctor Velázquez le sobreviven tres hermanos, Luis, Carmen Miledis y Carlos Rafael, pues ha visto despedirse de este mundo a Gilberto, Irma Magalis, María Teresa y Miguel Horacio.

Sus estudios primarios los realiza en la Escuela Luisa Ozema Pellerano de su ciudad natal (Santo Domingo), a la cual ingresó en el año mil novecientos treinta y siete (1937), es decir, contando con cinco (05) años de edad, pasando luego a la escuela intermedia Cristóbal Colón de la misma ciudad.

De familia de humilde estrato social, Ricardo Velázquez tuvo que abandonar las aulas por un año debido a que su padre no podía costearle los estudios, año que aprovecha para trabajar como auxiliar en el Centro de Telecomunicaciones de Santo Domingo, ingresando, al tenor de sus palabras, a "*la primera Escuela Normal nocturna del país, la Eugenio María de Hostos*", teniendo el honor de emerger como "*el primer estudiante inscrito de dicha escuela*", contando con 16 años de edad, convirtiéndose esa inscripción en un importante acontecimiento, "*siendo reseñado por el periódico La Nación*".

En el año 1954, mientras se desempeñaba como empleado en el Telégrafo, se gradúa de bachiller y puesto que el horario de trabajo no le permitía ingresar a la universidad, sediento de conocimientos aprovecha ese año para hacer un bachillerato en Filosofía y Letras.

Al año siguiente participa en un concurso de pintura que patrocinó la Alcoa Exploration, concurso en el que evidenció su talento en la rama de las artes, al obtener un premio de 150 pesos, los cuales le permitieron inscribirse en la entonces Universidad de Santo Domingo, logrando que en el trabajo (Telégrafo) le cambiaran el horario de labores, graduándose de médico en octubre de 1961, año de la caída de la tiranía de Trujillo, el que, dicho sea de paso, pagó su última inscripción en la universidad.

Precisamente el 25 de noviembre del mismo año (1961), tras investirse, es nombrado como médico de pasantía en el Hospital Francisco Moscoso Puello; en mil novecientos sesenta y dos (1962) es nombrado médico residente y luego médico ayudante de Urología, donde labora durante cuatro (4) años al lado del Dr. Frank Miniño, pasando luego al Hospital Elías Fiallo de la Ciudad de Pedernales ocupando el cargo de subdirector, laborando allí por espacio de dos meses hasta ser trasladado a San José de Ocoa en las postrimerías del año 1966.

Su arribo a este al que es desde entonces su pueblo se produce cuando el Dr. Lojingo Alcántara le llama, estando el Dr. Velázquez en Pedernales, y le informa que había una vacante de médico ayudante y que si le interesaba podía venir a Ocoa, a lo que el doctor Velázquez accedió de manera complacida.

El doctor Lojingo Alcántara fue un prestigioso galeno oriundo de la comunidad de Las Auyamas, San José de Ocoa, fundador y propietario del Centro Médico Alcántara y González de la Ciudad de Santo Domingo, fallecido en fecha 27 de febrero de 2016, a la edad de 86 años.

El sábado 5 de noviembre de 1966 el Dr. Velázquez contrae nupcias con la joven y colega suya Lourdes del Pilar Henríquez Jáquez, con la que se traslada a nuestro pueblo y con la que forma una hermosa familia, integrada por sus hijos Ana Isa, Ricardo José, Carmen Albertina y Carlos Rafael Velázquez Henríquez.

A su compañera de vida la conoció en el Hospital Moscoso Puello de la Ciudad de Santo Domingo cuando Lourdes al igual que él se desempeñaba como médico ayudante, realizando allí una importante labor, al punto que el personal del hospital le hizo entrega de sendos diplomas en reconocimiento a su dedicación y a su trabajo a favor de dicho centro asistencial.

Antes de aceptar la propuesta del Dr. Alcántara de venir a San José de Ocoa lo consultó con su Dulcinea, y de acuerdo ambos, deciden casarse y venir a nuestro pueblo, siendo desde entonces, muy a pesar de haber nacido en Santo Domingo, dos ocoeños auténticos a los que nadie regatea esa condición ya que han dedicado sus vidas y sus profesiones a servirle a nuestra gente.

Transcurre el tiempo y el Dr. Velázquez participa en 1969 en el segundo curso de adiestramiento de programas de planificación familiar, siendo designado en ese mismo año encargado de la primera clínica de planificación familiar del Hospital San José; hospital del que sería director a partir de 1971, tras la renuncia del Dr. Carlos Sención Noboa, permaneciendo allí por un período de 15 años, esto es, hasta el 1986, cuando es jubilado a solicitud suya por antigüedad en el servicio, dedicándose desde entonces a la medicina privada.

Es así como funda junto a los doctores Giordano Mancebo y Sención Noboa el Centro Médico Ocoa, el cual operaba en el segundo nivel del edificio ubicado en la intersección 27 de Febrero con Sánchez, donde funcionó por algún tiempo nuestro Palacio de Justicia y más recientemente la Gobernación Provincial. Desde 1991 aproximadamente se desempeña como director propietario de la Clínica Arias de San José de Ocoa, fundada ésta en 1948 por el distinguido y altamente solidario doctor Ramón Arias (Mon) siendo una de las primeras clínicas privadas de la República Dominicana.

Participa además en el curso de Atención Médica y Hospitalaria en 1972, curso Técnicas de Administración Moderna y Desarrollo de la Capacitación para dirigir, ambos cursos realizados en el año 1973, en el The Johns Hopkins Hospital de la Ciudad de Baltimore (USA); curso de Biología de la Producción Humana en 1977, entre otros cursos no menos importantes, los que han contribuido con su formación y aunque médico general, posee conocimientos importantes adquiridos de forma empírica y teórica, aunque de manera autodidacta, como es el caso de Urología, Cirugía y Ginecología y Obstetricia. El doctor Velázquez es un estudioso de las ciencias de la salud en las que tiene 35 años de ejercicio y más que médico, es un amigo sincero de sus compueblanos, los que siempre han recibido sus mejores atenciones.

En el año mil novecientos setenta y ocho (1978) participa en el primer curso de Actualización de Ginecología Oncológica; en mil novecientos ochenta y tres (1983) realiza curso de post grado en Cancerología y Ginecología celebrado en la Ciudad de Santo Domingo. En ese mismo año realiza un curso de Análisis Transaccional.

Sin embargo, además de la medicina, hay otra área del saber humano que constituye su gran pasión... la pintura, en la que se inició en la Escuela de Bellas Artes de Santo Domingo, inscribiéndose en ésta cuando cursaba apenas el sexto grado de la educación primaria, cosechando importantes éxitos en la misma.

A pesar de ser la pintura su gran pasión lamenta que no ha podido dedicarse a la misma con todo el tiempo y la dedicación que este arte exige, pero no vacila en afirmar que le hubiera gustado haberla podido estudiar con mayor profundidad.

No obstante, este distinguido hijo de nuestro pueblo dice aspirar a que al final de sus años pueda dedicarse por completo a su gran pasión, lo que hasta ahora no ha podido hacer debido a que desde que llegó a Ocoa los quehaceres inherentes a su profesión se lo han impedido, además de sus vínculos con varias instituciones de servicio de nuestro pueblo a las que pertenece, desde las cuales aporta a San José de Ocoa en diversas áreas. Dicho lo primero no creemos errar al decir que el Dr. Velázquez es médico por profesión y pintor por vocación.

Ricardo Velázquez mientras pinta un cuadro en nuestro parque central, en el que se observa en plena concentración para lograr llevar al lienzo la creatividad artística que caractriza sus trabajos.

No obstante, en el mundo del lienzo y el pincel ha cultivado algunos éxitos, al punto que se cree que la primera exposición de pintura efectuada en San José de Ocoa fue realizada por el Dr. Velázquez, en fecha 17 de octubre de 1970 y la que fue patrocinada por el Club Activo 20-30 (miembros de 20 a 30 años) y del cual fue su primer presidente. Dicha exposición se desarrolló en los salones del otrora Club Ocoa, Inc.

Ha desarrollado una importante labor a beneficio de San José de Ocoa a través de los años y además de servirle como médico y como director del Hospital San José, siendo un galeno ejemplar, también ha desarrollado una encomiable labor social desde diversas instituciones, como es el caso, por ejemplo, del Club de Leones Ocoa, Inc., del cual ha sido presidente en dos oportunidades, siendo además miembro fundador. (Cabe destacar que precisamente en su condición de médico director de nuestro hospital realizó el parto de las siamesas Clara Altagracia y Altagracia Clara Rodríguez Moris).

Igualmente es un eterno preocupado por el medio ambiente y los recursos naturales, es por eso que en el año 1994, junto a un grupo de compueblanos, constituyó la Fundación Ecológica Ocoeña (FUNDECO) y ha participado de manera militante y entusiasta en múltiples y diversas iniciativas no menos importantes, como es el caso del apoyo que ha dado al naciente carnaval ocoeño, siendo el primer Rey Momo, que es como se denomina al rey del carnaval. (*El **Rey Momo** es uno de los personajes centrales que presiden varios carnavales en América Latina, principalmente en Brasil y en el carnaval de Barranquilla, Colombia. Cada carnaval tiene su propio Rey Momo, a quien se le suele entregar las llaves de la* *ciudad. En Brasil, tradicionalmente, un hombre alto y gordo es elegido para interpretar dicho papel. Como Rey Momo del carnaval de Barranquilla se elige anualmente a un hombre, generalmente mayor, que ha estado estrechamente ligado a la festividad).*

El Dr. Ricardo Velázquez, que como humano tiene sus virtudes y defectos, entendemos ha desarrollado una importante labor a favor de la medicina en San José de Ocoa, siendo por tanto un destacado representante de la clase médica dominicana, y como persona hay que decir que es un hombre de trato agradable, gentil y amistoso.

En la actualidad continúa al frente de la Clínica Arias donde se ofrecen los servicios de Medicina Interna, Pediatría, Ortopedia, Cardiología y Ginecóloga y Obstetricia, entre otros.

Dueño de una destacada hoja de servicio social y cuya labor ha sido reconocida por múltiples instituciones locales, nacionales e internacionales, como es el caso de Leones Internacionales; la Dirección General de Promoción de la Juventud (hoy Ministerio de la Juventud), así como de otras instituciones.

No creemos equivocarnos cuando decimos que ante el Dr. Ricardo Velázquez nos encontramos en presencia de un buen ciudadano, un digno representante de su clase, un ocoeño auténtico y uno de nuestros buenos hijos.

**Mario Ernesto Lara Villalona
(Mario Lara)**

"Todo lo que se hace por amor, se hace más allá del bien y del mal".

Friedrich Wilhelm Nietzsche
(Filósofo alemán)

Mario Ernesto Lara Villalona
(Mario Lara)

El martes veinticinco (25) de octubre de mil novecientos treinta y dos (1932), la unión matrimonial formada por los señores José Ernesto Lara y María del Jesús Villalona (ambos fallecidos) trajo a la luz del mundo en el Municipio de Baní al niño Mario Ernesto, quien con el transcurrir del tiempo habría de convertirse en una de las figuras más importantes de la Provincia de San José de Ocoa.

Esto así debido a que como regalo del Creador, Mario Ernesto Lara Villalona se trasladaría a San José de Ocoa tiempo después, lo que llevó a efecto el día cuatro (4) de abril del año 1944, contando con 12 años de edad, siendo apenas un mozalbete.

Estudió en la Escuela José Trujillo Valdez, la cual para la época estaba ubicada en la calle Sánchez esquina Mella, recibiendo una esmerada educación de sus maestros, entre los que recordaba y evocaba con cariño y nostalgia, en una especie de añoranza, a la Dra. Carmen Isa (nuestra querida Titina), Farida Subero (compañera de vida del Dr. Américo Martínez, ambos fallecidos) y a Guillermo Sención, entre otros; escuela ésta en la que alcanzará más tarde el significativo grado de bachiller, compartiendo, entre otros compañeros, con Alsacia y Dastenia Pujols.

Don Mario, como se le conoció en San José de Ocoa, fue padre de ocho hijos, cuatro de los cuales son producto de la unión matrimonial con la distinguida dama Mirtha Encarnación (hoy viuda), con la que contrae nupcias el martes cuatro (4) de abril del año mil novecientos setenta y dos (1972), es decir, específicamente al cumplirse el 28 aniversario de su fecundo arribo a nuestra comunidad, producido éste, como hemos señalado, el 4 de abril de mil novecientos cuarenta y cuatro (1944).

Don Mario Lara junto a su distinguida esposa (hoy viuda), señora Mirtha Encarnación, compañera que estuvo a su lado hasta el último día de su vida.

Admirado por todos los que tuvieron el honor de conocerle, llega a nuestro pueblo a trabajar farmacia con su tío paterno Guarionex Lara (Neno), quien se había instalado en Ocoa procedente de Baní en el año mil novecientos treinta y nueve (1939), con lo que quedó sellada su vocación por esta ocupación. Su tío Neno era propietario de la Farmacia Oriental, la que luego sería propiedad de don Mario Lara.

Con la ayuda de su tío Guarionex Lara instalaría años más tarde, específicamente en el año mil novecientos sesenta y tres (1963), su primer establecimiento comercial, con lo cual inició su autonomía en el complejo mundo de los negocios, pues ese año el señor José Roa, propietario de la que a la sazón era la Farmacia San José le propone venderle la misma, a lo que don Mario accedió de manera inmediata, procediendo a la firma del contrato de venta en la que participaron como testigos sus entrañables amigos Plinio Sánchez Pimentel, Titito Pimentel y Ducho Martínez (fallecidos), este último, padre de la distinguida educadora Rosa Erminda Martínez. Es así como en el año mil novecientos sesenta y tres (1963) nació la histórica y ya legendaria Farmacia Mario, de indescriptible valor e importancia para los ocoeños.

Farmacia Mario, ubicada en la intersección formada por las calles 16 de Agosto y Sánchez del Municipio de San José de Ocoa, inaugurada en 1963 por don Mario Ernesto Lara Villalona.

Al adentrarnos en la vida de este coloso de la colaboración nos damos cuenta de la grandeza de la que fue poseedor, el cual desde su arribo a San José de Ocoa no hizo más que servirle de entero corazón a los ocoeños y a través de su farmacia contribuyó de manera resuelta y altamente significativa con los munícipes de este pueblo, llevando consuelo a sus dolores, alegrías a sus nostalgias y ánimo a sus desesperanzas.

Son innegables sus aportes y como nota a destacar señalamos los importantes y vitales operativos médicos realizados por don Mario Lara desde su farmacia, entre los que se incluyen los realizados en las distintas comunidades ocoeñas, entre otras, El Pinar, Río Abajo, Sabana Larga, Las Caobas y Los Corozos, por los años de 1968, en los cuales era común verlo en compañía de Leonel Ortiz, más que compadre y compañero, su amigo.

La vida y la obra de don Mario no se circunscriben únicamente a su farmacia, pues en otras áreas sus aportes no fueron menos importantes, pudiendo señalar dentro de sus aportes tangibles, la adquisición del local donde funcionaría el Bar Topacio en Sabana Larga desde 1967 y que fue para la época el lugar predilecto de esa localidad y que contribuyó notablemente con la dinamización de la vida social de dicha comunidad.

El Bar Topacio fue creación auténtica de él "y hasta el nombre mismo es originalmente suyo", el cual colocó a su bar en honor a esa piedra preciosa. Nos referimos al Bar Topacio como tal, puesto que antes existía en dicho local el Bar Yudelkis, propiedad del señor Elpidio Soto, el que colocó ese nombre en honor a su hija.

Pero siguiendo con el Bar Topacio, este legendario bar no era sólo un lugar de diversión, más que eso se constituyó en una vía expedita para expandir su obra social.

Dicho establecimiento comercial organizó el primer reinado de esta laboriosa comunidad cuando la década del 60 arribaba a su postrimería. Además, el Bar Topacio regalaba juguetes a los niños y útiles a las madres en sus respectivos días festivos. Como nota curiosa de este bar, hay que señalar que aún conserva los abanicos de techo que se instalaron en su construcción en mil novecientos sesenta y siete (1967), como nos contó don Mario.

Pero no piensen que todo termina ahí; no, don Mario Lara fue además para esa época propietario del Hotel Restaurant Marién (ubicado en la periferia de nuestro parque central) al que visitaba con asiduidad y en el que se inició como Gerente Administrador. Del mismo modo, fue propietario de la Barra América, Farmacia Oriental y el edificio donde hoy funciona la Farmacia Milagros (ubicada entre las calles 16 de Agosto y Las Carreras) fue propiedad suya; de manera que estamos en presencia de uno de los hijos de nuestra comunidad que realizó mayores aportes en todos los órdenes a beneficio de su pueblo de San José de Ocoa.

Contribuyó significativamente con el deporte de nuestro pueblo y de seguro habrán de recordar los que tales aportes vieron y vivieron al legendario equipo de la Farmacia Mario; combinado al que proveía de sus útiles y que diera grandes logros a nuestra comunidad, como el de haber obtenido el primer lugar en un torneo de beisbol de la región sur del país, lo mismo que cuando derrotó en San Francisco de Macorís al equipo Las Estrellas de Julián

Javier y en Bonao al equipo de Elías Sosa, entre otros éxitos y otras emociones no menos especiales.

El equipo de la Farmacia Mario estaba dirigido por el distinguido deportista Aride Sánchez (en cuyo honor la Liga de Softball de nuestro municipio lleva su nombre) y estaba integrado por los siguientes jugadores: Luis Aguasvivas, Fremio Pimentel, Tibín Ortiz, Kimao Pimentel, Chago Pujols, Danilo Sánchez, Luis Báez, entre otros. Además, don Mario fue el pionero en Ocoa en lo que respecta a las cuñas radiales en las transmisiones deportivas.

La figura excelsa de este filántropo popular adquirió ribetes en todos los órdenes y esa destacada contribución lo hizo merecedor del cariño y el respeto de San José de Ocoa, pero no tan sólo de los ocoeños, sino además de importantes figuras de la vida política nacional, como fue el caso del Dr. Joaquín Balaguer, quien percatado de su proyección y su aceptación le ofreció en el año mil novecientos sesenta y seis (1966) la candidatura a Síndico por el Partido Reformista Social Cristiano (PRSC), lo que éste rechazó pese a contar con amplias posibilidades de salir ganador; de hecho, tras no aceptar, dicha candidatura recayó en Joaquín Sánchez quien resultó electo en dicho certamen electoral.

Preciso es destacar que lo mismo había hecho el profesor Juan Emilio Bosch Gaviño (30/06/1909-01/11/2001) en el año de mil novecientos sesenta y tres (1963), ofreciéndole la candidatura a la Sindicatura por San José de Ocoa, a lo que tampoco accedió nuestro querido y admirado Mario Ernesto Lara Villalona, rechazando así la propuesta que le hiciera el autor de Composición Social Dominicana.

Sus significativos aportes fueron reconocidos por los ocoeños, quienes le dispensaron gran admiración y deferencia, lo mismo que por las instituciones de San José de Ocoa, recibiendo múltiples reconocimientos en los que se destaca la obra llevada a cabo por este abanderado del bienestar de nuestra gente, aunque sabemos que jamás habrá reconocimiento que pueda equipararse con la magnitud de su obra.

Mario Ernesto Lara Villalona (Mario Lara), muy a pesar de haber nacido fuera de nuestra tierra, fue sin la más mínima de las dudas un ocoeño a carta cabal y su orgullo por este pueblo, su alegría de sentirse y saberse ocoeño motiva al más escéptico y desanimado, si lo hubieran visto como lo vimos nosotros, evocar con fuerza hercúlea extraída de lo más recóndito de su corazón, expresiones como éstas:

"Yo soy ocoeño.
Me bauticé aquí.
Mi cédula la saqué aquí.
Todos mis hijos son ocoeños".

Fueron expresiones como éstas las que nos permitieron apreciar cuán elevado se encontraba en don Mario Lara el sentimiento sublime de la ocoeñidad, de este gran hijo de nuestra patria, y es que la patria no es un concepto abstracto, etéreo; la patria es un sentimiento, pero es más que eso, es compromiso, deber, entrega, dedicación; en fin, la patria es responsabilidad compartida para contribuir con sus necesidades y demandas, cual siempre hizo este querido hijo de nuestra comunidad, demostrando en el terreno de los hechos su amor por éste que le diera acogida y del que hizo su pueblo.

Puesto que la patria dominicana está constituida por todos y cada uno de los dominicanos que la amamos y la defendemos, somos de opinión de que aquellos hijos que se dedican a servirla en cuerpo y alma durante toda su vida son sus verdaderos hijos. Eso fue precisamente don Mario Lara, fuente de vida y esperanza para los hijos de San José de Ocoa; pueblo al que llegara para ya no salir jamás y al que sirvió tanto a través de los años, ocupando en el mismo y en el corazón de nuestra gente un lugar privilegiado.

Ese cariño inmenso de su pueblo, más que merecido, quedó evidenciado en múltiples ocasiones y circunstancias, mostrando siempre una eterna gratitud a la figura de don Mario Lara.

Su muerte se produjo el lunes 17 del mes de septiembre del año dos mil doce (2012), contando con 79 años de edad, causando un gran dolor en toda su familia y en toda la población.

Su cadáver fue velado en la Funeraria Sánchez, ubicada en la calle del mismo nombre, número 60, casi esquina General Cabral de nuestro municipio. Sus restos mortales descansan en el Cementerio Cristo Salvador del Barrio San Antonio de esta Ciudad de San José de Ocoa.

**Onixia Daysy Rojas Matos
(Daysy Rojas)**

> *"Nuestro gran error es intentar obtener de cada uno en particular las virtudes que no tiene, y desdeñar el cultivo de las que posee".*
>
> ***Marguerite Yourcenar***
> (***Escritora de lengua francesa***)

Onixia Daysy Rojas Matos
(Daysy Rojas)

El lunes siete (7) de noviembre del año mil novecientos treinta y dos (1932) vio la luz del mundo por primera vez en la comunidad de San José de Ocoa la niña Onixia Daysy, hija de los señores Nicio A. Rojas y Luz María Matos (fallecidos), siendo la menor de todas sus hermanas y la penúltima de los hijos procreados por la unión matrimonial Rojas-Matos.

La unión matrimonial formada por los señores Nicio A. Rojas y Luz María Matos procreó un total de seis (6) hijos, siendo éstos Elsa Teotiste, Luz Patria, Adelfa Mireya, Norma María, Rafael Vinicio y naturalmente nuestra querida Onixia Daysy Rojas Matos, de los cuales sólo sobrevive en la actualidad Adelfa Mireya.

Esta distinguida hija de nuestro pueblo realizó sus estudios primarios en San José de Ocoa, graduándose de bachiller en el Liceo José Núñez de Cáceres de la misma ciudad, en la modalidad de Filosofía y Letras, recibiendo parte de su formación, la que luego quedaría evidenciada en las aulas y en su vida, mostrando un digno comportamiento.

El sábado 5 de enero del año 1957 se unió en matrimonio a César Bienvenido Soto Castillo, joven compueblano que conociera en el año de 1950 y con el que forma su familia, procreando a sus hijos César Bienvenido, Judy Nicelia y Luz Onixia Daysy Soto Rojas, de los cuales lograron hacer tres dignos profesionales.

Se inició en el magisterio en mil novecientos cincuenta y seis (1956) impartiendo docencia en la escuela del hoy Distrito Municipal de La Ciénaga, en donde permaneció durante 11 años, es decir, hasta mil novecientos sesenta y siete (1967); año en que fue trasladada o promovida a la Escuela Luisa Ozema Pellerano, pasando luego al Liceo José Núñez de Cáceres, específicamente el día 27 de octubre del año mil novecientos setenta y seis (1976) y en el que laboró durante veintiséis (26) años de manera ininterrumpida, esto es, hasta el año dos mil dos (2002) cuando fue jubilada. (La Ley 66-97, orgánica de Educación, en su artículo 170, dispone que: *"Para los fines de la presente ley, se entiende como jubilación el beneficio que permite al personal de educación continuar recibiendo ingresos al retirarse de sus labores, como consecuencia exclusiva de la protección por antigüedad en la prestación de servicios..."*).

Durante su fructífera trayectoria en la educación se caracterizó por el cumplimiento cabal de sus funciones, asumiéndolas con responsabilidad y denodado espíritu de abnegación, haciendo del magisterio un sacerdocio y de la enseñanza un apostolado.

A pesar de haber sido nombrada como maestra en San José de Ocoa, ávida de conocimientos y consciente de la importancia de la capacitación se matriculó en la

Universidad Nacional Pedro Henríquez Ureña (UNPHU), en la que se recibió de licenciada en Ciencias y Letras en el año mil novecientos ochenta (1980).

Onixia Daysy Rojas Matos dedicó toda su vida a la educación del pueblo de San José de Ocoa y sus significativos aportes lograron incidir en sus estudiantes a los que les inculcó los verdaderos valores y principios éticos que deben ser la nota distintiva de un ciudadano comprometido con su país, con su patria.

Del mismo modo se desempeñó por algún tiempo como suplente del Presidente de la Junta Municipal Electoral de San José de Ocoa, en donde realizó un digno trabajo, caracterizándose siempre por el fiel cumplimiento de sus funciones.

Sus importantes aportes a través de la educación durante cuarenta y seis (46) años de labor y entrega no pasaron de manera inadvertida, recibiendo varios reconocimientos a lo largo de su destacada carrera en el magisterio de instituciones como Los Reformadores de una Realidad, en el año 1992.

Igualmente, fue reconocida por la primera y segunda promociones del Plan de Reforma del Liceo José Núñez de Cáceres de nuestro municipio; de la entonces Secretaría de Estado de Educación y Cultura en 1997, tiempo después Secretaría de Estado de Educación (hoy Ministerio de Educación); también fue reconocida como Maestra al Mérito en el año 2001, año éste en el que recibió una placa de reconocimiento del liceo ya citado y en el 2005 el centro propiamente dicho la reconoce nueva vez obsequiándole una pintura en su honor.

Jubilada desde el año 2002, como ya hemos dicho, y por consiguiente retirada de las aulas en las que dejó sus mejores años, Daysy Rojas se dedicó a los quehaceres propios del hogar, pues más que maestra paradigmática, fue del mismo modo madre y esposa ejemplar.

Indudablemente la profesora Daysy Rojas representó para Ocoa y para el país una reserva moral, y es que más de cuatro décadas y media forjando el futuro del país, que son los estudiantes, dedicando alma, vida y corazón, la hicieron merecedora, como lo fue, del cariño, el respeto y la admiración de todos y cada uno de los ocoeños que sabíamos teníamos en esta honorable educadora de toda una vida a un digno paradigma para la sociedad y del mismo modo a una hija ejemplar que tanto aportó a la educación de San José de Ocoa.

Su muerte aconteció el martes 26 del mes de agosto del año dos mil ocho (2008), a la edad de 75 años. Sus restos mortales descansan en el Cementerio La Altagracia del sector Pueblo Abajo del Municipio de San José de Ocoa.

Ese día murió físicamente una maestra abnegada de nuestro pueblo, la que siempre vivirá en nuestros corazones por sus valiosos aportes a través de la educación, lo mismo que por su trayectoria, un verdadero ejemplo de ciudadana ejemplar.

Ramona Liriano Hernández
(Ramonita)

"A veces sentimos que lo que hacemos es tan sólo una gota de agua, pero el mar sería menos si le faltara una gota".

Madre Teresa de Calcuta
(***Premio Nobel de la Paz, 1979***)

Ramona Liriano Hernández
(Ramonita)

El miércoles veintidós (22) de noviembre del año mil novecientos treinta y nueve (1939) nació en Hato Mayor la niña Ramona, hija de los señores Manuel Liriano y Mercedes Hernández (fallecidos), siendo la séptima de un total de (9) hermanos y a la que el destino le reservaba un destacado papel dentro del Sistema Educativo Nacional, muy especialmente en San José de Ocoa.

Ramona Liriano realizó sus estudios primarios en la Escuela Bernardo Pichardo de su natal Hato Mayor y el bachillerato en el Liceo César Nicolás Penson de la misma provincia. Estudió educación en el Vicente Moscoso Puello, de La Sultana del Este, San Pedro de Macorís, haciendo un profesorado en la Universidad Autónoma de Santo Domingo (UASD).

Se inició como maestra en la Escuela Rural de El Guayabal, ubicada a tres kilómetros de la zona metropolitana de Hato Mayor, pasando luego a impartir docencia en Las Espinas de Guayabo Dulce perteneciente a la misma provincia, trasladándose en el año mil novecientos setenta y uno (1971) a San José de Ocoa, pasando a trabajar en el hoy Distrito Municipal de La Ciénaga hasta el año mil novecientos setenta y cinco (1975), año en que regresó al Municipio de San José de Ocoa laborando en una humilde escuelita-hogar ubicada en ese entonces en la calle Salvador Alcántara.

Guiada por su ardiente pasión por la educación, en el año mil novecientos setenta y seis (1976) decidió fundar la Escuela Nueva, junto a un grupo de profesores, dentro de los cuales se encontraban Kenia Maribel Hernández, Cecilia Lara, Elisa Sánchez y Ramón Castillo (fallecido), refundiendo la denominada escuela-hogar; escuela que funcionó en un primer momento en una casa de familia ubicada en la calle Colón esquina San José, en donde permanecerá hasta el año mil novecientos ochenta y ocho (1988) cuando fue inaugurada la que luego se llamaría Escuela Santa Báez y que cuenta con una matrícula importante de profesores y de la que doña Ramona se desempeñó como directora desde su fundación en 1976, como hemos señalado precedentemente, hasta el 2006; año de su jubilación.

A pesar de que se desempeñó como directora de la Escuela Nueva (hoy Santa Báez), durante los primeros cinco años cobraba el sueldo de maestra, no como directora, mostrando mayor interés por la escuela que por ella misma, demostrando que ciertamente se trataba de una maestra en el más estricto sentido de la palabra.

El miércoles uno (1) de enero del año mil novecientos cincuenta y ocho (1958) se casó con su compueblano René de la Cruz Torres, con quien procreó a sus hijos Lidia Matilde, Mercedes, José René y Sonia Elizabeth (esta última ya fallecida), pero a pesar de haber traído de su vientre cuatro criaturas decía tener miles de hijos, que son los estudiantes que pasaron por sus manos y que se encuentran diseminados por toda la geografía nacional, lo que dada su gentileza y su ternura alcanzó ribetes de certeza, puesto que quienes pasamos por sus manos no teníamos otra manera de verla que no fuera como a una verdadera madre.

Su amor por la educación al igual que por su escuela, de la que fue celosa guardiana, fueron las causas para que permaneciera por largos años laborando en el centro que fundara y del que le resultó muy difícil retirarse, pues entendía que había (hay) que luchar por el país.

De carácter definido y fuerte, aunque de trato dulce y delicado, no transigió nunca en lo concerniente al cuidado de sus flores y en la limpieza del centro, lo que le permitió mantener su escuela en uno de los primeros lugares del país en lo que tiene que ver con la higiene y el cuidado de la misma.

Doña Ramona llevaba una vida muy activa, siendo miembro de la Iglesia Católica, formando parte del grupo La Renovación, del Consejo Parroquial de la misma, perteneció además al Comité Permanente de Carnaval y fue parte de la Filial de Rehabilitación.

Poseedora de un don de convencimiento el cual se explicaba en su sabia y educada forma de corregir a los demás. Cargada de ternura y delicadeza, sin dejar de lado su autoridad, logró sus propósitos a través de sus sanos y atinados consejos. Decía estar absolutamente convencida de que sólo a través de la educación los pueblos pueden lograr su desarrollo, debido a que es éste el medio más eficaz para superarse.

Toda una vida entregada en cuerpo y alma a la educación, cosechando una amalgama de reconocimientos, destacándose entre otros, los siguientes: la obtención de la medalla al mérito, entregada por la entonces Secretaría de Estado de Educación, siendo reconocida por la Regional y el Distrito Educativo 03-03 y el propio Poder Ejecutivo le hizo entrega de una medalla ordenada por decreto. También fue premiada por su ardua labor por parte de asociaciones de padres y tuvo siempre los mayores de los reconocimientos, que fueron el cariño, el respeto y la admiración de todo un pueblo que valoró su trayectoria y sus aportes y que da gracias al Creador por hacer posible que llegara a nuestra comunidad. Igualmente la Asociación Dominicana de Profesores (ADP) en San José de Ocoa le dedicó la Semana de Regocijo Magisterial en el año dos mil siete (2007).

Desvelada por la educación y defensora a ultranza de sus estudiantes y de sus maestros, tuvo la gallardía de cuestionar en una oportunidad a un Secretario de Estado de Educación, al preguntarle que qué pretendían hacer con los niños que no podían asistir a la escuela, con los que las condiciones económicas no les permitían ir a las aulas a recibir el pan de la enseñanza, lo que dice mucho de su amor por los niños y su apego irrestricto a la educación.

Después de más de tres décadas y media de su fructífera labor en San José de Ocoa, doña Ramona Liriano se confesaba muy feliz por el trabajo realizado durante todos esos años y aunque vivió muchos momentos aciagos y difíciles, supo superarlos, saliendo airosa de cada uno de ellos. Esta abnegada dama del magisterio de nuestro pueblo y del país se confesaba por igual satisfecha de haberlo dado todo por la educación y decía que sería educadora hasta descender a la tumba, por eso decía que *"cada vez que le pasamos la mano por la cabeza a un niño y le corregimos algo, estamos educando"* y es que doña Ramona dedicó sus mejores años a la educación del pueblo dominicano y muy especialmente de San José de Ocoa, entregando su vida de manera total al Sistema Educativo Nacional.

Toda una vida de servicio la hizo merecedora del respeto y la admiración de un pueblo al que le dio tanto a cambio de ver educados a tantos niños y jóvenes de la República Dominicana y de San José de Ocoa de manera particular, que fue su pueblo, y aunque nacida en Hato Mayor fue una ocoeña que prestigió el Sistema Educativo Dominicano y que elevó a lo alto la noble tarea de educar.

Maestra de maestros, esperanzadora, solidaria, respetuosa, cariñosa y sutil, maestra abnegada, madre y esposa ejemplar que a lo largo de su vida predicó y educó más que con la palabra con el ejemplo, haciendo honor durante toda su vida a la expresión que reza que: *"La mejor manera de decir es hacer"*.

Ya retirada de las aulas en las que dejó lo mejor de su vida, la parca le va a sorprender al sufrir un infarto, muriendo el día 3 de abril del año 2010, a las 7:20 minutos de la noche, mientras recibía atenciones en el Centro Médico Otorrino, ubicado en la calle 27 de Febrero de la Ciudad de Santo Domingo, Distrito Nacional. Sus restos mortales descansan en el Cementerio Cristo Redentor de la referida ciudad.

Sus aportes en el campo de la educación, así como en otros órdenes son sencillamente insoslayables y de suma importancia y significación para nuestra provincia, lo que explica que la Escuela Básica del Barrio San Antonio haya sido designada con su nombre (*a propuesta nuestra*), decisión adoptada en asamblea popular celebrada en el salón de actos del Liceo José Núñez de Cáceres. Dicha planta física fue oficialmente inaugurada el jueves 8 de septiembre de 2016, por el Presidente Constitucional de la República, Lic. Danilo Medina Sánchez.

Con dicha designación se reconoce y se hace justicia a la obra de una insigne educadora que prestigió durante toda su vida la actividad docente, dejando su impronta grabada con letras de oro en la Dirección de la Escuela Santa Báez (antigua Nueva), en la que jugó un rol sencillamente estelar a favor de la educación.

Ángel Emilio Casado Castillo

> *"En el fondo, son las relaciones con las personas lo que dan valor a la vida".*
>
> ***Guillermo de Humboldt***
> (***Erudito y político alemán***)

Ángel Emilio Casado Castillo

El sábado veintiuno (21) de septiembre del año mil novecientos cuarenta (1940) nació en la comunidad de San José de Ocoa el niño Ángel Emilio, fruto del matrimonio formado por los señores Rafael Casado y Adelina Castillo (fallecidos), siendo el segundo de un total de nueve hijos procreados por la unión matrimonial Casado-Castillo.

Realizó sus estudios primarios en la escuela primaria de San José de Ocoa, pasando luego al Liceo José Núñez de Cáceres en la misma ciudad, donde se gradúa de bachiller en Ciencias Físicas y Naturales, estudios que llevó a cabo con gran esfuerzo, puesto que de humilde estrato social tuvo que trabajar duro para proveerse por sí mismo los útiles escolares indispensables para asistir a clases, por lo que se vio en la necesidad de solicitar trabajo en la entonces panadería del señor Pepe Castillo, laborando allí arduamente, devengando la suma de cinco (05) centavos, dinerito que aumentaba vendiendo dulces y pastelitos que le preparaba su querida madre, con lo que ayudaba a su progenitora a paliar la difícil situación económica por la que atravesaba su familia.

Sin embargo, a pesar de estas vicisitudes jamás dejó de estudiar, demostrando con creces que cuando se define un ideal, una meta y se lucha por ella se puede alcanzar, y aquel niño que a duras penas realizó sus estudios pasaría tiempo después a ser uno de nuestros más distinguidos maestros y un abanderado de la educación del pueblo de San José de Ocoa.

De esta manera discurrían sus años juveniles, entre las obligaciones propias de un estudiante y las labores productivas; labores productivas que inició desde temprana edad y sin las cuales no habría podido estudiar, lo que quiere decir que en Ángel Emilio Casado tuvimos los ocoeños un vivo ejemplo de perseverancia, lo mismo que a un desvelado por el proceso educativo del pueblo de San José de Ocoa y de la República Dominicana en sentido general.

En el aspecto familiar, el sábado dieciséis (16) de diciembre del año mil novecientos sesenta y siete (1967) se unió a través del vínculo del matrimonio con la joven Deyanira María Báez, dama poseedora de un exquisito sentido del humor y a la que conocemos los ocoeños bajo el apodo de Nanía, con la que va a procrear a sus hijos Emil, Rafael (Hachi), Fedor Odonell y Luz Adelina Casado Báez. Su hijo Emil ha seguido sus pasos en el campo de la educación, fundando un importante centro de educación técnica en el área de la informática (Infocoa) de suma importancia para nuestra gente.

Cinco años antes de aquel especial acontecimiento familiar, esto es en el año 1962, el señor Ángel Emilio Casado consigue lo que sería su primer empleo en el tren de la administración pública al ser nombrado Auxiliar de Secretario de la Junta Municipal Electoral de San José de Ocoa, cargo que desempeñó con elevado grado de responsabilidad y honestidad, sin defraudar jamás al licenciado Juan Bautista Castillo (Blanco), a la sazón director del Liceo José Núñez de Cáceres, quien lo había recomendado y ayudado para llegar allí adonde permaneció hasta el año mil novecientos setenta (1970).

Un año antes, es decir, en 1969, se inició formalmente en el magisterio como profesor titular de la Escuela Luisa Ozema Pellerano, en la que impartió el cuarto (4to.) y el sexto (6to.) grados de la educación primaria, desempeñándose como docente de dicho centro educativo hasta el año mil novecientos setenta y ocho (1978), adonde había llegado gracias a la recomendación del licenciado Juan Ramón Báez Pimentel, pariente de su esposa que al ver las condiciones que poseía y las prendas morales que le adornaban no vaciló en recomendarlo para tales fines, ocupando Ángel Emilio el cargo de director de la Escuela de Cultura Popular para Adultos "La Altagracia" hasta el año mil novecientos ochenta y uno (1981), posición que desempeñó con éxito y elevado espíritu de responsabilidad y entrega.

Luego pasó a laborar al Liceo José Núñez de Cáceres de su ciudad natal como secretario de dicho centro; centro educativo del que luego va a ser director en la tanda nocturna, desarrollando igualmente una encomiable labor, la que le mereció el reconocimiento de todos los maestros y estudiantes, así como del pueblo de San José de Ocoa en sentido general.

Tan ardua fue la labor de Ángel Emilio Casado en el citado centro educativo que no sólo se circunscribió a sus funciones de director, cumpliendo fielmente las labores a su cargo, sino que libró una lucha titánica en procura de que sus estudiantes no perdieran clases y como el problema eléctrico amenazaba el desarrollo de la docencia se dispuso a hacer todo cuanto fue necesario para superar esa situación, al punto de apersonarse, conjuntamente con una amplia delegación estudiantil donde el Padre Luis Quinn, adonde fueron con el objetivo de solicitarle un panel para el centro, diligencia que prosperó, dejando zanjado aquel serio inconveniente.

Este exitoso director tuvo incluso la gentileza de despojarse de su condición de director y tomar la tiza y el borrador para impartir docencia cuando faltaba un profesor, lo que deja sentado claramente y de forma contundente lo que ya hemos afirmado, que en la figura de Ángel Emilio Casado los ocoeños tuvimos a un desvelado por el sistema educativo, demostrando como el que más durante toda su vida su amor por la educación, emergiendo consiguientemente como un maestro abnegado y un destacado director.

Pero si importante fue la labor desarrollada en el Liceo José Núñez de Cáceres por este símbolo del magisterio, grande sería la tarea que le esperaba en la laboriosa comunidad de Sabana Larga, adonde llegó en el año mil novecientos ochenta y uno (1981), específicamente en el mes de octubre, nombrado por el entonces presidente Silvestre Antonio Guzmán Fernández (ya fallecido), que es cuando se crea el liceo de esa pujante localidad hoy convertida en municipio, emergiendo Ángel Emilio, en vías de consecuencias como el primer director de ese centro educativo.

Cuando llega a la comunidad de Sabana Larga se encuentra con un liceo funcionando en una casa alquilada a orillas de la carretera y sin las más mínimas condiciones para impartir docencia, lo que se dispuso resolver emprendiendo una lucha tenaz que no terminaría hasta ver hecho realidad el sueño de dotar a esa comunidad de un liceo adecuado con planta física propia y donde existieran las condiciones elementales e indispensables para llevar a cabo la noble tarea de educar.

Su capacidad de gestión se puso a prueba en aquellos esfuerzos y lo primero que se dispuso conseguir, de la mano de los maestros, estudiantes, la Sociedad de Padres y la propia comunidad de Sabana Larga fue un solar donde habría de funcionar el liceo, lo que se pudo lograr gracias a una inmensa cantidad de diligencias desplegadas en ese sentido.

Una vez logrado este primer paso, o sea, la consecución del solar, se inicia entonces una lucha resuelta para que el gobierno dominicano construyera una nueva planta física para dar alojamiento al liceo creado, lo que necesitó de una serie de actividades, diligencias, llamadas, comunicaciones; en fin, de un gran esfuerzo, pues fueron muchas las ocasiones en las que el director Casado tuvo que dirigirse a través de misivas al Senado y a la Cámara de Diputados y a diferentes instancias del gobierno central de la República Dominicana solicitando la construcción de la planta física de dicho liceo, haciendo de ese noble ideal su más acariciado sueño, el que gracias a ese esfuerzo se logró convertir en una espléndida realidad.

Su participación para la consecución del liceo de Sabana Larga, o más bien, para la consecución de la planta física de ese centro fue fundamental y sus aportes en ese sentido son recordados por los maestros, los estudiantes, la Sociedad de Padres y por la comunidad sabanalarguense en sentido general, la que siempre le dispensó un gran afecto y que valoró en su justa dimensión los esfuerzos realizados por el licenciado Ángel Emilio Casado, al punto que nadie sensato le regatea ni regateará jamás con fundamento su papel de primer orden para que esa digna comunidad cuente hoy con un plantel educativo apropiado para el funcionamiento de su liceo; esto así porque siempre lo observaron trabajar sin descanso a beneficio del hoy Municipio de Sabana Larga, como lo hizo también por San José de Ocoa, pueblo que siempre tuvo en él a uno de sus buenos hijos y a uno de sus más dignos representantes en lo que respecta al sistema educativo, de lo que fue testigo nuestra comunidad.

Su vida desde su niñez fue un vivo ejemplo a seguir, emprendedor, con gran deseo de superación y es precisamente por lo que va a inscribirse en la Universidad Nacional Pedro Henríquez Ureña (UNPHU), centro de estudios superiores en el que se gradúa de licenciado en Ciencias de la Educación (Mención Pedagogía), destacándose como excelente estudiante, lo que quedó evidenciado al investirse con honores (Cum Laude) pese a todos los obstáculos e inconvenientes que tuvo que superar para obtener la codiciada licenciatura, sobre todo si se toma en consideración que cada viaje se tornaba en una odisea, pues para la época, como hemos apuntado en otra parte de este trabajo, no existían las condiciones y facilidades de transporte de hoy día, lo que explica que en múltiples ocasiones tuviera que transportarse en la cama de un camión, muchas veces cargado de carbón, viajando en condiciones sumamente difíciles pero con mucha dignidad hasta conquistar el título universitario, en busca del cual se inscribió en dicha casa de altos estudios, haciendo honor a la expresión que dice que: *"cuando el camino se pone duro, los duros se ponen a caminar"*.

Durante su fecunda existencia terrenal recibió varios reconocimientos a su labor, como fue el que le hiciera en 1978 la Escuela Luisa Ozema Pellerano por su buena labor y compañerismo, escuela ésta en la que se inició formalmente en el año 1969, como ya hemos señalado en líneas precedentes.

Pero también la Asociación Dominicana de Profesores (ADP) le reconoció por su trayectoria docente en acto celebrado en 1980 y la Asociación de Estudiantes y el Comité pro-Investidura del Liceo de Sabana Larga le reconoció en el año 1988 por su meritoria labor a favor de la educación de dicho centro educativo y de igual modo recibió los mayores de los reconocimientos que fueron el aprecio, el respeto y el eterno agradecimiento de todo un pueblo por el que siempre luchó, sobre todo desde el ámbito de la educación.

Pero como consecuencia lógica de la vida la muerte le sorprendió el miércoles 17 de febrero del año mil novecientos noventa y tres (1993) cuando apenas contaba con cincuenta y tres (53) años de edad, llenado de llanto y de dolor a su familia, a toda la comunidad educativa y a todo el pueblo, el que triste y enlutado se dispuso a desfilar junto al féretro para darle cristiana sepultura a este hijo distinguido de San José de Ocoa en el Cementerio La Altagracia del sector Pueblo Abajo, esposo y padre ejemplar y sin duda paradigma del magisterio y ejemplo de munícipe y ciudadano eminente de nuestro pueblo, del que siempre recibió una alta y merecida distinción.

Después de su triste fallecimiento, el Municipio de Sabana Larga, en un merecidísimo reconocimiento designó con su nombre el liceo de esa comunidad, lo que no pudo haber sido de otro modo, pues quién más que él luchó por este liceo del que se convirtió en defensor a ultranza, sembrando allí la sabia fecunda de la educación, dejando en éste sus mejores años y sus más decididos esfuerzos, desarrollando una inconmensurable labor, dejando su nombre sellado de forma imborrable en el centro del que fuera el primer director.

Planta física del Liceo Ángel Emilio Casado, ubicado en el Municipio de Sabana Larga; uno de los principales centros educativos de la Provincia de San José de Ocoa.

**Viriato Arturo Sención Rodríguez
(Viriato Sención)**

"El futuro tiene muchos nombres. Para los débiles es lo inalcanzable. Para los temerosos lo desconocido. Para los valientes es la oportunidad".

Víctor Hugo
(Escritor francés)

Viriato Arturo Sención Rodríguez
(Viriato Sención)

El lunes treinta y uno (31) de marzo del año mil novecientos cuarenta y uno (1941), la unión matrimonial formada por los señores Fernando Sención (fallecido) y Ercira Rodríguez, nació en la Ciudad de San José de Ocoa el niño Viriato Arturo; niño que con el discurrir inexorable del tiempo se habría de convertir en uno de nuestros más distinguidos hijos y de igual modo en uno de nuestros más reputados escritores.

La unión matrimonial Sención-Rodríguez procreó seis (6) hijos, siendo éstos, además de don Viriato, el cual era el tercero en edad, Haroldo (fallecido), Niovis, Juan, Tirso y Rafaela, los que honran el legado moral heredado de sus padres.

Cabe destacar que la niñez de este destacado munícipe de San José de Ocoa discurrió en un ambiente bañado por la naturaleza, en el que los ríos y las caminatas por las verdes montañas de El Maniel era la nota común, siendo desde muy temprana edad un lector apasionado, un amante de los libros, lo que explica su posterior condición de literato y de persona culta, evidenciadas claramente en su fina pluma de escritor.

Los primeros tres lustros de su vida transcurrieron en su patria chica y ya cumplidos los quince años de edad se traslada a la Ciudad de Santo Domingo, donde se va a inscribir en el Seminario Santo Tomás de Aquino en el que permaneció por alrededor de cuatro años, cursando allí sus estudios secundarios; ya anteriormente había realizado sus estudios básicos en su comunidad de origen.

Viriato Sención sintió un profundo cariño por su pueblo, lo que puso de manifiesto en todas las actividades y escenarios dentro de los cuales se desenvolvió, poniendo en alto el nombre de su querido terruño, su adorado Maniel. En él, el sentimiento puro de la ocoeñidad afloró de manera espontánea, lo que era fácil apreciar tan pronto se entablaba una conversación con este laureado escritor dominicano y para orgullo y satisfacción nuestra nacido en San José de Ocoa.

Antes de partir a la Ciudad de Santo Domingo y durante algunos años don Viriato Sención se desempeñó como monaguillo de la Iglesia Católica, en la Parroquia San José, lo que explica el hecho de que tan pronto concluyera sus estudios básicos se inscribiera en el Seminario ya mencionado. En esta condición de monaguillo conoció al Padre Luis Quinn cuando éste arribó de manera definitiva a Ocoa en el año mil novecientos sesenta y cinco (1965), como hemos señalado en líneas anteriores.

Precisamente en esos años en que fungía de monaguillo de la Iglesia Católica compartía lecciones de español con el Padre Quinn, interesado este último en el aprendizaje de dicho idioma, puesto que tenía la necesidad de manejar la lengua del país donde venía a ofrecer sus servicios religiosos. Este vínculo de Padre a monaguillo y de amigo a amigo posibilitó que allí naciera una hermosa y sincera relación que nada ni nadie, ni el tiempo ni la distancia pudo destruir.

Tiempo después don Viriato partió a los Estados Unidos de Norteamérica con la finalidad expresa de estudiar literatura española, lo que llevó a realización al inscribirse en el Lehman College contando con la edad de treinta y ocho (38) años y es justamente en ese lugar donde empezó a definirse su vocación de escritor, publicando en la revista norteamericana Punto 7 su primer trabajo, un cuento titulado "*La Marimanta*", dando nacimiento a la faceta que luego lo va a catapultar a la cima de la fama, como ocurrió con su novela "***Los que falsificaron la firma de Dios***", novela que le valió el Premio Nacional de Novela en el año mil novecientos noventa y tres (1993), pero que por razones "diversas", dada la alegada coincidencia del texto novelesco con el presidente de turno, no fue sino hasta el año dos mil cuatro (2004) cuando le fue reconocido oficialmente el premio que había ganado a unanimidad.

Cabe destacar que respecto al premio ganado y que le fuera momentáneamente negado, se tiene por sentado que "El jurado escogido para los premios nacionales que otorgaba la entonces Secretaría de Educación evaluó las propuestas de premios para el año 1993, y en el renglón de novela, sin entrar en consideraciones políticas, encontró que la novela de Viriato tenía las mejores credenciales como ficción y como novela. Le otorgó el premio nacional de novela de ese año. El conflicto aumentó porque la secretaria de Educación de entonces, Jacqueline Malagón, se negó a reconocer el premio decidido por el jurado, encabezado por el escritor Diógenes Céspedes e integrado por Juan Tomás Tavares y Roberto Marcallé Abreu. La señora Malagón encontró apoyo político y nunca le fue entregado el premio que en buena lid había ganado Viriato Sención", sino en el año 2004, como hemos señalado en párrafo anterior.

A propósito de la citada Revista Punto 7, preciso es destacar que de igual manera don Viriato residió varios años fuera del país, expresando éste en entrevista que le fuera realizada, lo siguiente: *"Yo tenía más de cuarenta años cuando di mis primeros pininos en literatura. Fue por allá por los años ochenta en el barrio de Washington Heights de Nueva York. Un joven de mucho entusiasmo y pasión por las letras, Juan Torres, dirigió un grupo que terminó llamándose Punto 7, fundó una revista con el mismo nombre y allí escribíamos todo lo que se nos ocurría. Así escribí mis primeros cuentos. Fue una época que yo denomino de "entusiasmos infantiles de la literatura". No importa la edad que tuviéramos, éramos unos niños. Los corazones vibraban de entusiasmos infantiles y utopías. José Carvajal, aunque no estaba en el grupo de Punto 7, era el más entusiasta de los niños de Washington Heights. Era loco con los libros, la escritura y las actividades literarias. Para mí, fue la época más brillante de las artes de la diáspora dominicana de Nueva York. Lo hacíamos todo de gratis, la literatura por el gozo mismo de la literatura. Y fue, además, la etapa fundacional de todas las instituciones importantes de esa comunidad. Yo, personalmente, se lo debo todo a esa generación de la década de los ochenta de Washington Heights".*

Volviendo a su más célebre obra, la novela **"Los que falsificaron la firma de Dios"**, la misma se convirtió en todo un fenómeno de popularidad y un éxito mercadológico tanto en el país como en el extranjero, siendo la única novela dominicana traducida y publicada por una Editora norteamericana con fines comerciales. Este Best Seller producido por don Viriato Sención fue escrito entre los años 1987 y 1992 cuando el autor contaba con medio siglo de existencia. La obra de marras "*es una novela que ha sido traducida y publicada en inglés por la Editora Estadounidense Curbstone Press. Además fue lanzada en el año dos mil cuatro (2004) al mercado internacional en CD y Cassette por la principal Editora del mundo en audio libros, Récord Books, de Estados Unidos*".

Los editores de la obra sostienen que "el libro es la historia en movimiento al tratar personajes vivos o contemporáneos entrecruzando la realidad con la ficción". Es que ciertamente tienen razón los que afirmaron que: "Sención presenta un texto en el cual la ficción y la investigación se cruzan en una novela que va desplegándose en medio de los aires literarios y los acontecimientos históricos y que por su naturaleza, constituye un documento irreverente ante el poder, y donde el autor ha tratado de romper mitos y descubrir hechos insospechados que llenarán de asombro al lector"; que fue precisamente lo que le impidió recibir en ese momento el premio que había ganado.

Además de su principal novela, ya mencionada, Viriato Sención publicó "La Enana Celania y otros cuentos" (cuentos), "Los Ojos de la Montaña" (novela), "Adrianita, qué oscura la noche" (novela) y El Pacto de los Rencores (novela), dicho sea de paso, esta última obra "*es una novela producto de reflexiones y vivencias de los últimos cincuenta años de historia dominicana*".

Dueño de una pluma privilegiada y poseedor de un gigantesco amor por su pueblo, por lo que es normal apreciar en el universo de su obra diferentes escenarios y hechos ocurridos en San José de Ocoa puesto que jamás abandonó sus raíces, recurriendo a su lar nativo para recrear episodios ya vividos por él, pero esta vez puestos en escena por un personaje cualquiera dentro de su obra.

En octubre del año mil novecientos sesenta y cinco (1965), mientras residía en la Isla de Borinquen contrajo matrimonio con la joven capitaleña Milagros Guerrero, compañera de toda su vida con la que va a procrear a su unigénita Aida Sención Guerrero, la que reside en los Estados Unidos, donde se graduó de licenciada en Ciencias Políticas.

En 1972 le correspondió fundar La Cruzada del Amor, una institución de fines altruistas destinada a combatir la pobreza en la República Dominicana, en la que trabajó junto a la señora Emma Balaguer (fallecida) y a través de la cual realizó una importante tarea a favor de los pobres del país contribuyendo significativamente con su pueblo de San José de Ocoa.

Al frente de La Cruzada del Amor a este destacado ocoeño le correspondió jugar una importante labor en procura de salvar la vida de dos jóvenes compueblanos, Nicolás Sánchez (Colá) y Alberto Estrella, y es que durante la guerrilla de febrero de 1973, encabezada por el coronel de abril Francisco Alberto Caamaño Deñó (11/06/1932-16/02/1973), tuvo que hacer un gran esfuerzo para auxiliar a estos dos jóvenes ocoeños, los que eran acusados de pertenecer a dicho foco guerrillero, razón por la cual fueron perseguidos y tuvieron la vida al borde de la muerte, la que lograron salvar milagrosamente gracias a las gestiones de don Viriato, el que dándole respuesta a la solicitud hecha por su amigo, el Padre Quinn, se abocó a llevar a cabo aquella noble tarea.

Para esa época de confrontación en nuestro país, a lo que no escapaba San José de Ocoa, el Padre era perseguido y asediado por elementos políticos de formación dictatorial, sabida la participación de El Guayacán (Quinn) en su lucha en aras de defender los mejores ideales y los más genuinos intereses de nuestra gente, llegando incluso, con todo el riesgo que aquello implicaba, a esconder en un plafón del hospicio (Hogar de Ancianos San Antonio) a aquellos jóvenes valiosos que buscaron y hallaron la protección de este hijo aventajado de Dios.

Preocupado el Padre Quinn por la suerte de sus protegidos le solicitó un lunes del año mil novecientos setenta y tres (1973) a don Viriato hacer todo cuanto estuviera a su alcance para preservar la vida de aquellos jóvenes valientes y cuatro días después (viernes) de la misma semana y año la solicitud fue acogida por el señor Sención, poniendo en movimiento un plan de rescate que posibilitó a la postre salvar la vida de Nicolás Sánchez y Alberto Estrella, precedentemente señalados.

Pero el plan de rescate llevado a ejecución por Sención no fue tarea fácil, sino todo lo contrario, era una misión sumamente difícil, lo mismo que riesgosa en virtud de las extremas medidas de seguridad implementadas por el gobierno de turno y para lograr el objetivo antes tuvo que burlar cinco puestos de chequeo que existían de Ocoa a Santo Domingo, por lo que tuvo que entrar a los jóvenes en el baúl de su carro, utilizando una placa oficial para de esta manera reducir el riesgo, logrando la misión encargada por el Padre Luis de salvar la vida de los dos principales dirigentes del Partido Revolucionario Dominicano (PRD) en Ocoa para ese entonces, vale decir, compañeros de partido de don Viriato Sención.

Otra hermosa obra que le correspondió realizar a don Viriato desde La Cruzada del Amor fue la de contribuir al adecentamiento y saneamiento de la clase política de San José de Ocoa, en esos momentos dirigida por *"personajes peligrosos que ponían en riesgo la vida del propio Padre Quinn"*, por lo que el autor de "Los que falsificaron la firma de Dios" se vio en la necesidad de venir a Ocoa posibilitando que dentro del PRSC fueran escogidos candidatos que de salir airosos garantizaran la tranquilidad de nuestra gente, y muy especialmente de nuestro querido Padre Luis José Quinn, logrando que dentro de la organización del gallo colorado Tony Isa aceptara ser candidato a diputado y el señor Rafael González fue como candidato a síndico, resultando ambos electos.

Para lograr su objetivo, Viriato Sención tuvo incluso que traer a San José de Ocoa a doña Emma Balaguer (hermana del presidente) para que ésta recomendara dichos candidatos al Dr. Joaquín Balaguer. La razón fundamental consistía exclusivamente en garantizar la vida al Padre Luis, al punto que Rafael González antes de encabezar la boleta municipal tuvo que comprometerse con don Viriato a que de salir ganador como síndico protegería la vida del Padre y como Tony era una persona estrechamente vinculada al Padre Luis con él no fue necesario hacer ningún tipo de acuerdo en ese sentido.

Otro cargo desempeñado por él fue el de Presidente de la Comisión Permanente de Efemérides Patrias (CPEP) durante el período 2000-2004, desde donde desarrolló una encomiable labor, elevando el respeto a los símbolos patrios y dando a conocer la vida y la obra de nuestros próceres. Sención fue columnista del periódico La Nación de la Ciudad de Nueva York.

En lo que respecta a la actividad política es oportuno destacar que don Viriato fue un militante del Partido Revolucionario Dominicano (PRD), participando en los primeros años de su fundación en San José de Ocoa, pueblo donde se fundó, como hemos dicho, el primer Comité Municipal de ese partido en el interior del país.

Sención no fue un improvisado en la política puesto que estudió Ciencias Políticas en Costa Rica junto al Dr. José Francisco Peña Gómez, líder con el que va a entablar una sincera relación, al punto que fue este dirigente político uno de los pocos que salió a defenderlo cuando sufría algunos ataques tras el auge de su novela, diciendo en esa ocasión el Dr. Peña Gómez lo siguiente: *"Yo soy amigo de Viriato Sención, y el Estado debe proteger a los escritores dominicanos"*, sirviendo aquella oportuna y atinada declaración pública de espaldarazo a quien tanto lo necesitaba en esa oportunidad.

Es que fue tanta la popularidad alcanzada por su obra que incluso en momentos en que al señor Viriato le correspondía tomar un carro público los chóferes lo exoneraban del pago y cuando visitaba un restaurant era invitado a escribir su nombre en la pared, lo que evidencia que como hemos dicho, Los que falsificaron la firma de Dios se convirtió en un Best Seller y lo catapultó al pináculo del parnaso nacional, emergiendo como uno de los escritores dominicanos más leídos de todos los tiempos, lo que fue para él una gran satisfacción.

No obstante su destacada participación en diferentes escenarios, hay necesariamente que concluir que es en el campo de la literatura en el que su nombre alcanzaría proyección nacional e internacional.

Cuando nos sentamos a conversar con este hijo meritísimo de nuestro pueblo resultó altamente emocionante, lo mismo que interesante recrear con él acontecimientos acaecidos en San José de Ocoa, como interesante nos resultó el relato que nos hiciera de un hecho curiosísimo ocurrido en Ocoa, siendo su tío, el Dr. Plutarco Sención, director de nuestra Biblioteca Municipal, cuando un joven leía con pasión la novela "*Ibis*", de Mario Vargas Llosa, que era el preferido del Dr. Mario Castaños, y se cuenta que cuando leyó en dicha novela que el hombre debía matar a la mujer o matarse a sí mismo cuando no era correspondido -*lo que es un completo absurdo*- el joven lector marcó la hoja y se marchó a suicidar.

A propósito de la referida obra *Ibis*, en su novela ya citada "Adrianita, qué oscura la noche", se destaca que este tipo de lectura llevó al Dr. Castaños a suicidarse por amor, en un hecho acaecido en San José de Ocoa en el año 1931. El Dr. Castaños pidió que sobre su tumba se colocara un epitafio que dijera "*murió por amor*", con lo que fue complacido y precisamente en el Cementerio La Altagracia del sector Pueblo Abajo descansan sus restos, en cuya tumba se lee dicha frase.

Lo que quiere decir que en don Viriato Sención tuvimos a un destacado escritor dominicano y que evidenció en todas las actuaciones de su vida ser un hijo meritísimo de El Maniel, siendo consiguientemente uno de los grandes hijos que hemos tenido a través de los años.

Aquejado de salud va a morir el domingo 8 de enero del año dos mil doce (2012), a las 9:00 de la noche, a la edad de 71 años, en Filadelfia, Pensilvania, Estados Unidos, constituyendo un duro golpe para su familia, amigos y relacionados, lo mismo que para su adorado pueblo de San José de Ocoa y del mismo modo una pérdida sensible para las letras dominicanas.

Lamentablemente antes de su muerte sufrió en carne viva los achaques de la salud, y como escribiera el periodista y escritor José Carvajal: "Perdió la batalla después de largos meses sometido a un riguroso régimen de diálisis tres o cuatro veces por semana en un hospital de cuyo personal estuvo siempre agradecido. Las enfermeras lo mimaban y él, empequeñecido por los males que lo aquejaban, se dejaba "añoñar"; era su licencia perfecta para que aquellas "mujeres tan hermosas" —como decía— hicieran de él lo que quisieran y no provocaran con tantos mimos los celos de su amada Milagros, que lo acompañó por cuarenta y cinco años sin imaginarse que algún día lo vería morir poco a poco en otro país".

Sus restos mortales descansan en la Ciudad de Filadelfia, Pensilvania, Estados Unidos de Norteamérica, donde su cuerpo fue incinerado como se estila en dicha ciudad, donde residía junto a su esposa a la hora de su triste y sentido fallecimiento.

Santa Bárbara Báez Tejeda
(Santa Báez)

"La muerte no es verdad cuando se ha cumplido bien la obra de la vida, porque aunque truéquese en polvo el cráneo pensador aún perviven las ideas que se elaboraron".

José Martí
(Escritor y patriota cubano)

Santa Bárbara Báez Tejeda
(Santa Báez)

El miércoles diecisiete (17) de septiembre del año mil novecientos cuarenta y uno (1941) nació en la comunidad de El Rosalito, San José de Ocoa, la niña Santa Bárbara, hija de los señores Meraldo Báez (Sijo) y Josefa Emilia Tejeda (fallecidos), siendo la segunda de una descendencia de 14 hijos (7 hembras y 7 varones) procreados por la unión matrimonial Báez-Tejeda.

Santa Báez, como se le llama en San José de Ocoa, realizó sus estudios primarios en la Escuela Julia Molina (hoy Luisa Ozema Pellerano), los que realizó de 1950 a 1958, ingresando luego a la Escuela Normal Secundaria donde se graduó de bachiller en Filosofía y Letras, estudios realizados durante el período comprendido entre mil novecientos cincuenta y nueve (1959) y mil novecientos sesenta y tres (1963).

Una vez concluidos sus estudios secundarios, sedienta de conocimientos en el año mil novecientos setenta (1970) se inscribe en la Universidad Nacional Pedro Henríquez Ureña (UNPHU), casa de estudios superiores en la que se recibe de licenciada en Educación, Mención Letras. Además, realizó estudios de post grado en la Universidad Latinoamericana New México en Currículo de la Educación, combinando estos estudios con otros cursos no menos importantes, como Desarrollo Rural, Computación, Marco Lógico, curso de Liderazgo, entre otros.

En el año 1971 y hasta 1972 realizó cursos de entrenamiento para trabajar en el Plan de Reforma de la Educación Media en las áreas de Lengua Española y Formación Humana que pondría en práctica luego en el Liceo José Núñez de Cáceres de nuestro municipio. En 1980 realizó un curso sobre Educación Ambiental, curso éste patrocinado por su Alma Máter.

El sábado 28 de octubre del año mil novecientos setenta y dos (1972) se unió a través del vínculo del matrimonio con el señor Manuel Soto Melo (Dominguito), oriundo de San José de Ocoa junto al cual procreó a sus hijos Kelvin Manuel, Saralina y Alejandro Soto Báez, hoy día tres profesionales y los que aprendieron de su madre que la educación es la base del desarrollo, pues Santa Báez levantó como bandera la consigna de que *"el que estudia tiene derecho a la palabra"*, que el pueblo lo usa en la forma de que el que no lee no tiene derecho a la palabra.

Durante los años 1981-1983 participó en seminarios talleres sobre programas integrales de viviendas a bajo costo con participantes nacionales e internacionales, pero también participó en varios cursos sobre Organización, Programación y Relaciones Humanas, auspiciado por la entonces Secretaría de Estado de Agricultura (SEA), la Cooperativa Agropecuaria Santa Cruz y el Comité Mujeres de la UASD.

En 1982 participó en el seminario sobre La Realidad Socioeconómica de San José de Ocoa, auspiciado por la otrora Secretaría de Estado de Agricultura y la Asociación de Estudiantes Universitarios Ocoeños.

En ese mismo año realizó el curso sobre Desarrollo del Currículo, en la Universidad de Nuevo México, USA, adonde concurre becada por la entonces Secretaría de Estado de Educación, Bellas Artes y Cultos (SEEBAC), conjuntamente con la Agencia Internacional para el Desarrollo (AID).

Pero también realizó dos cursos sobre Análisis Transaccional durante los años de 1983 a 1984 y en ese último año participó en el seminario taller "Perfil del educador popular", auspiciado por la Asociación para el Desarrollo de San José de Ocoa (ADESJO). Al año siguiente realizó un seminario sobre Problemática en la Erosión, Conservación de Suelos y Medida de Conservación, organizado por el Servicio Alemán de Cooperación Técnico Social.

También participó en el taller seminario internacional sobre Integración de Programas en el Manejo de los Recursos Naturales para el Desarrollo Humano, en 1985, auspiciado por la institución internacional Coordinación para el Desarrollo y la ADESJO. En ese mismo año participó en el seminario sobre Cibernética Social "Educación popular para el desarrollo integral", patrocinado por la Asociación para el Desarrollo de San José de Ocoa.

En 1985 participó en el seminario taller sobre Desarrollo Rural, auspiciado por la UNPHU y en el taller seminario internacional sobre Integración de Programas en el

Manejo de los Recursos Renovables, auspiciado por la ADESJO y la institución internacional Coordinación para el Desarrollo (CODEI).

En el año mil novecientos ochenta y siete (1987) realizó el curso básico de horticultura, auspiciado por la citada Secretaría de Estado de Agricultura a través de la Subsecretaría de Recursos Naturales; un año después seminario sobre Desarrollo Personal y Liderazgo en el Trabajo, patrocinado por la misma institución a través del Departamento de Relaciones Humanas y también participó en dicho año de 1988 en el taller seminario sobre Importancia de los Audiovisuales, realizado en la Ciudad de Jarabacoa.

Del mismo modo se destacó en una amalgama de charlas en las cuales fungió como expositora, citándose entre sus últimos temas, los siguientes: "Rol del Maestro en la Sociedad", dentro de la celebración de la Semana del Maestro, en San José de Ocoa; "Motivación para el trabajo comunitario", encuentro de líderes celebrado en el Centro Educativo Padre Arturo; "La escuela y la comunidad", dentro de la celebración de las Fiestas Patronales de Nizao; "El maestro como orientador de la comunidad", en las fiestas patronales de Arroyo Caña; "Importancia de la biblioteca en la zona rural", con motivo de la inauguración de la biblioteca en la propia comunidad de Arroyo Caña (Rancho Arriba, San José de Ocoa), entre otros importantes temas tratados por nuestra querida e inolvidable Santa Báez.

Su vida como maestra se inició formalmente en el año 1960 cuando impartió docencia como maestra de educación primaria en la escuela donde realizara sus estudios primarios, pasando luego al Liceo José Núñez de Cáceres como maestra de octavo grado, impartiendo Lengua Española y Formación Humana, alcanzando notoriedad en cada una de ellas.

Con el discurrir del tiempo Santa seguiría una carrera de ascenso en el campo de la educación, alcanzando incluso el cargo de directora del Colegio La Altagracia y del Centro Educativo Padre Arturo, dos prestigiosas instituciones educativas de la Provincia de San José de Ocoa de significativa importancia.

Asimismo, se desempeñó como docente en la O&M, extensión Ocoa, y es que su vocación la consagró como una verdadera educadora; vocación que se fortaleció con múltiples e importantes cursos extracurriculares, siendo incluso enviada por la O&M a Winnipeg, Manitoba, en la que recibió la capacitación necesaria y adecuada para ponerla luego al servicio de la propia universidad, de la Parroquia San José y del pueblo de San José de Ocoa en sentido general. (*Winnipeg es la capital y la ciudad más poblada de la provincia canadiense de Manitoba, localizada en las praderas del Oeste de Canadá*).

La Licda. Santa Bárbara Báez Tejeda fue una desvelada por la educación a la que hizo importantes aportes dentro y fuera de las aulas, dedicándose también al área de la organización promocional de desarrollo integral; área en la que desarrolló una encomiable labor, específicamente durante los años de 1977 a 1983, trabajo que se hizo sentir tanto en el campo como en la ciudad, manteniendo siempre el interés por estudiar, deseosa de adquirir cada vez más conocimientos, interés que se evidenció desde los primeros años de su niñez.

Mujer cargada de nobles ideales, de férreas convicciones, con criterio definido y luchadora incansable, dándole la cara a los problemas sociales de su pueblo, mostrándose siempre solícita y solidaria, emprendedora y firme defensora de la igualdad de género, valores estos que la convierten en ejemplo para su familia como para San José de Ocoa, la que siempre vio y tuvo en esta ilustre ocoeña a un símbolo de la disciplina, la capacidad, la sencillez y la humildad, así como del trabajo y la entrega, de lo que dan fe todos los que la conocieron y apreciaron su accionar.

Durante algunos años trabajó en el proyecto Manejo de Recursos Naturales (MARENA), proyecto éste financiado por la Agencia Internacional para el Desarrollo (AID) y la SEA, adonde llega producto de una vacante que se presentó en el área de Educación Ambiental, siendo recomendada para ocupar la misma, procedente del Fondo de Inversiones para los Recursos Naturales (FIRENA), donde trabajaba y donde se distinguió por su manera dulce y delicada, pero sobre todo por su eficiencia y su capacidad para resolver los conflictos que se presentaban.

En cuanto a la actividad social podemos decir que Santa Báez llevó una vida muy activa, perteneciendo al Club Compenetración, también fue secretaria del Taller Literario Manuel del Cabral, taller éste en el que cultivó la poesía.

Del mismo modo, en el aspecto religioso llevó una vida igualmente activa, siendo miembro del Consejo Parroquial de San José de Ocoa, participando en diversas actividades religiosas, en campañas de reforestación, en la organización de las fiestas patronales, luchando durante toda su vida por los más necesitados, pues de elevada sensibilidad social no desmayó en su lucha por los más pobres, que fueron los que dieron razón de ser a su fructífera existencia.

Persona de verbo fluido, buen manejo de la pluma, productora de algunos artículos en importantes medios de circulación nacional, como es el caso del periódico El Nacional.

Durante su vida ocupó importantes posiciones, realizando una magnífica labor, siendo designada por sus condiciones profesionales y humanas como representante de la Cámara de Comercio en San José de Ocoa, realizando una interesante labor al frente de la misma.

En el año 1966 ingresó a la Asociación para el Desarrollo de San José de Ocoa (ADESJO), institución ésta en la que se iniciara trabajando al lado del Padre Arturo.

En La Junta Santa va a realizar una encomiable labor a beneficio de nuestras comunidades, trabajo tan encomiable que le llevó a ocupar y repetir como presidente de la ADESJO en cuatro ocasiones, institución ésta en la que se había desempeñado como tesorera, luego dirigió el Departamento de Educación (originalmente denominado Comité de Educación), alcanzando por primera vez la presidencia de la misma en el año 1978, permaneciendo en dicho cargo hasta 1983 y en la que se dedicó principalmente a trabajos de organización, promoción y desarrollo comunitario.

A esta mujer de trato afable, convincente, educada y bien formada siempre se le vio trabajar arduamente, día y noche y sin descanso a favor de los ocoeños y su espíritu de colaboración y de entrega se puso de manifiesto cuando nuestro pueblo fue azotado por el Huracán David (31/08/1979) y la Tormenta Federico (04/09/1979), que dejaron en los escombros a San José de Ocoa y ella supo responder con hidalguía al llamado de su comunidad que necesitaba de sus mejores hijos para superar aquella preocupante y amarga situación.

En la gráfica se muestra parte de los estragos causados en nuestro municipio tras el paso del Ciclón David el 31/08/1979, provocando grandes daños en todos los órdenes en nuestra provincia en sentido general.

Nadie niega que fue una ocoeña destacada que dedicó su vida al servicio de los demás, sobre todo de los pobres. Fue precisamente ese accionar constante el que la hizo un vivo símbolo de mujer abnegada y luchadora y de ocoeña auténtica, siendo por esa y por tantas otras razones más merecedora del cariño y el respeto de su pueblo al que siempre tendió su mano amiga en cuanto se le necesitó.

Era costumbre verla compartir con nuestros campesinos y es que ella fue una verdadera amiga del hombre y la mujer del campo, a los que daba orientación y por los que sintió siempre un gran amor y a los que brindó su cariño de ocoeña comprometida con las mejores causas de su pueblo.

Su vida terrenal terminó en un fatal accidente automovilístico mientras viajaba junto a su padre a su natal comunidad de El Rosalito, quedando truncada su existencia física el sábado 8 de agosto de 1992, pero que su impronta quedó sellada en cada hijo de este pueblo, los que le dicen que su obra no ha sido en vano, que los ocoeños caminaremos sobre sus huellas y que jamás lograremos borrar los esfuerzos realizados a favor de nuestra gente, que siempre tuvo y tiene en Santa a un digno ejemplo y a un vivo paradigma. Su padre también murió en el trágico accidente.

Vista parcial de la Escuela Santa Báez, ubicada en la carretera Francisco Alberto Caamaño Deñó, esquina Canadá, Municipio de San José de Ocoa, fundada en 1976 y donde se encuentra desde el 1988.

Tras su triste fallecimiento y a propuesta del señor Manuel Confesor Casado (Pantaleón), en ese entonces Diputado de la República en representación de San José de Ocoa por el Partido Revolucionario Dominicano (PRD) sometió el proyecto de ley que buscaba designar con el nombre de ella la Escuela Nueva, logrando prosperar el proyecto del referido legislador, y desde entonces el citado centro lleva su nombre; dicho sea de paso, uno de los principales centros educativos de San José de Ocoa.

Sus restos mortales fueron velados en la Funeraria Mamá Rita, en su antiguo local ubicado en la calle 27 de Febrero, siendo llevada al templo de la Iglesia Católica para la misa de cuerpo presente oficiada por su gran amigo, el inolvidable Padre Quinn, siendo sepultada en el Cementerio La Altagracia del sector Pueblo Abajo del Municipio de San José de Ocoa.

Tras su desaparición física ha sido objeto de varios reconocimientos lo que constituye una evidencia de que su obra no ha sido olvidada y es de suponerse que los mismos seguirán aflorando en la medida en que pasen los años, pues su vida fue sencillamente un ejemplo de abnegación y de entrega, de sacrificio y trabajo, poniendo de manifiesto su vocación de servicio durante toda su vida.

**Fredy Ramón Andújar Ortiz
(Andújar)**

"Un hermano puede no ser un amigo, pero un amigo será siempre un hermano".

Demóstenes
(***Orador y político griego***)

Fredy Ramón Andújar Ortiz
(Andújar)

El domingo veintiuno (21) de marzo del año mil novecientos cuarenta y tres (1943), fruto de la unión matrimonial de los señores Alejandro Andújar Batista y Ana Caridad Ortiz Báez (fallecidos) nació en la comunidad de Estebanía, Provincia de Azua, el niño al que sus progenitores bautizarían con el nombre de Fredy Ramón, siendo el segundo de 11 hermanos en total.

Su niñez transcurrió en un ambiente sano en el que se desarrollaba su natal Estebanía, viendo discurrir los regios días de su niñez en visitas al campo, cuidar los animales, asistir a la escuela en la que con el paso del tiempo alcanzaría notoriedad por la calidad mostrada en el cumplimiento de sus tareas y en la obtención de sobresalientes calificaciones.

En el año mil novecientos sesenta y dos (1962) con apenas 19 años de edad se inició en las labores del comercio, regresando a su natal Estebanía procedente de Azua hacia donde se había trasladado, asumiendo desde ese momento la autonomía de su vida.

Una vez independizado de su familia se trasladó a la comunidad de Quita Coraza, perteneciente a la Provincia de Barahona, para dedicarse de igual manera al comercio, permaneciendo en esta provincia por tres años, retornando entonces a su tierra de origen (Azua) donde terminó el bachillerato en el horario de la noche, siendo el único estudiante en liberar todas las asignaturas, lo que explica el porqué tan pronto se presenta una vacante de profesor, aunque de forma interina, el señor Néstor Julio Noboa Oviedo, a la sazón director del liceo de Azua, llegó hasta las puertas de su casa para ofrecerle dicho puesto, a lo que aceptó, iniciando así una destacada trayectoria en las aulas dedicado a la noble tarea de la enseñanza, por lo que queda claramente establecido que el profesor Andújar se inició en el magisterio dando sus primeros pasos como profesor interino en su natal Azua de Compostela.

Para gloria y honor de nuestro pueblo llegó el domingo 2 de noviembre de 1969 para asumir al día siguiente el cargo de profesor titular del Liceo José Núñez de Cáceres, en el que va a realizar una importantísima labor docente, la que le mereció el aprecio y el cariño de nuestro pueblo, de nuestra gente.

Cuando el profesor Andújar llegó a San José de Ocoa se hospedó en el entonces Hotel Maribel, ubicado en la calle 27 de Febrero, No. 13 y que era propiedad de la señora Isbelia Piña, permaneciendo en dicho hotel hasta el especial domingo 5 de septiembre de 1971 cuando cae rendido entre los brazos de Rosa América Soto, y es que tan pronto como vio a su Dulcinea quedó cual Quijote flechado por Cupido, produciéndose una hermosísima relación que se fortaleció cada vez más.

Con Rosa América Soto, oriunda de San José de Ocoa y a quien vio por vez primera en casa de sus padres, procreó sus tres hijos Freddy Alejandro, Rosanna Dolores y César

Emmanuel Andújar Soto, los cuales, conjuntamente con sus nietos Anthony, Freyla, Gregorio, Liliana y Carla constituyeron su más preciado tesoro en la vida. El profesor Andújar fue un hombre de profundas y sólidas raíces morales, las que sirvieron de modelo a la juventud y a la sociedad en su conjunto.

Una de las notas sobresalientes que explicó y definió su arribo a San José de Ocoa fue el hecho de que en 1969 se produjo la imperiosa necesidad para el Liceo José Núñez de Cáceres de nombrar un profesor, específicamente en el área de Matemática, fue por esa razón que la profesora Roselia Concepción (QEPD) en su condición de directora del centro educativo, solicitó dicho maestro a la Regional de Azua y puesto que Andújar se desempeñaba como profesor interino del liceo de dicha provincia cuando se le planteó la solicitud al director éste no vaciló un segundo en hacerle la propuesta de venir a San José de Ocoa, aceptando el cargo de profesor en el que se iniciaría de manera oficial el lunes 3 de noviembre de 1969, ganando para entonces la suma de RD$150.00 mensuales.

Resulta que para la época el Sistema Educativo Nacional contaba con tres bachilleratos, a saber: Bachillerato en Ciencias Físicas y Naturales, Ciencias Físicas y Matemáticas y en Filosofía y Letras, pero en Ocoa sólo existían los bachilleratos en Ciencias Físicas y Naturales y Filosofía y Letras, es decir, no contábamos con el bachillerato en Ciencias Físicas y Matemáticas, por lo que al profesor Andújar le cupo el honor de convertirse en uno de los pioneros en la enseñanza de las matemáticas en San José de Ocoa, por lo que podemos afirmar que Andújar fue uno de los responsables de iniciar las matemáticas como asignatura en nuestro pueblo.

Tiempo después se estableció en el país lo que se denominó "Bachillerato Común", esto es, un solo bachillerato en el que se incluían todas las materias de las tres ramas impartidas en las tres modalidades y como Ocoa no impartía el bachillerato en Ciencias Físicas y Matemáticas tuvo necesariamente que crearlo para poder entrar consiguientemente al Bachillerato Común propiamente dicho, resultando el profesor Andújar el salvador de aquella situación y aunque tiempo después esta modalidad fue descontinuada, este abanderado y desvelado por la educación se mantuvo impartiendo docencia, específicamente las asignaturas de Dibujo Lineal, Literatura, Física, Geometría y claro está, Matemática.

Cuando se descontinúa la modalidad del Bachillerato Común se intenta enviar de regreso a Azua al profesor Andújar, pero éste, cariñoso como siempre y respaldado por su formación académica, lo mismo que por el apoyo decidido y militante de los estudiantes que apenas empezaban a conocerlo, por lo que no tuvo otra alternativa la directora que solicitar a las autoridades educativas la creación de manera oficial del bachillerato en Ciencias Físicas y Matemáticas, lo que autorizó la entonces Secretaría de Educación, eliminando el bachillerato en Filosofía y Letras, que tiempo después sería repuesto.

Con el alma henchida de emoción y con una mezcla de alegría y de nostalgia el profesor Andújar nos contó los pormenores de todo aquello y no ocultaba su satisfacción en haber graduado a los primeros alumnos, un grupo de 26 estudiantes ocoeños bajo la modalidad del nuevo bachillerato en Ciencias Físicas y Matemáticas; estudiantes dentro de los cuales se encontraban, entre otros, Enriquillo Lavigne hijo, Carlito Pimentel, Gloria Read, Marino Aguasvivas y Ramón Antonio Valois.

Dentro de los pasatiempos favoritos del profesor Andújar se encontraban el beisbol y en su época de niño disfrutaba al montar bicicletas, aunque nunca tuvo la dicha de tener una propia; le agradaba el tenis de mesa y en los últimos años se divertía con una partida de dominó o de ajedrez y su emoción alcanzaba el clímax cuando se disponía a escuchar música del ayer, como lo hacía junto a su amigo Manuel Melo, el que siempre vestido de negro le acompañaba permanentemente en su sano compartir.

El profesor Andújar se declaraba admirador de Javier Solís (Gabriel Siria Levario), cantante mexicano del que poseía una considerable cantidad de canciones, igualmente admiraba al actor del mismo país Mario Moreno "Cantinflas", al ex lanzador dominicano Juan Marichal y sobre todo decía sentir profunda admiración por la juventud, a la que exhortaba a estudiar, a prepararse bien para enfrentar con éxito los retos del porvenir y para que puedan servir a la patria que tanto los necesita.

Para nadie es un secreto que el profesor **Fredy** Ramón Andújar Ortiz (**no Freddy**) dedicó toda su vida a la educación y es que éste se divertía enseñando, pues fue dueño de un depurado concepto pedagógico. En los últimos años, ya retirado de las aulas, su vida discurría de manera tranquila, entre el compartir ameno y la sana y edificante conversación.

Pero no todo fue satisfacción en su vida y a pesar de que disfrutó de una vida cargada de felicidad y de alegría, también vivió momentos de dolor y de nostalgia, y precisamente cuando le solicitamos enumerar algunos de esos momentos amargos, citó entre otros, la muerte de su madre de crianza Aida María Matos, ocurrida el 5 de abril del año 2000 (su madre Ana Caridad Ortiz murió siendo apenas un niño); el fallecimiento de su padre Alejandro Andújar, acaecida el 9 de noviembre de 2005; también sintió gran tristeza y dolor cuando a su nieto Gregorio le detectaron Dengue Hemorrágico y el vil asesinato de su hermano Juan Andújar, periodista asesinado el 14 de septiembre de 2004 en la Provincia de Azua, definiendo este trágico asesinato como algo inolvidable de lo que jamás lograría despojarse.

Dentro de los momentos alegres y especiales situaba su matrimonio el día 5 de septiembre de 1971; el nacimiento de su primer hijo Freddy el 14 de enero de 1973, así como el nacimiento de su primer nieto Anthony en el mes de junio de 1991 y su ingreso formal al magisterio el 3 de noviembre de 1969, entre otros momentos no menos alegres, no menos especiales.

De manera que al hablar del profesor Fredy Ramón Andújar estamos hablando de una inexpugnable fortaleza moral de nuestro pueblo, de un auténtico ocoeño pese a haber nacido en Estebanía de Azua, de uno de los maestros más queridos, admirados y respetados de San José de Ocoa en toda su historia. De esto no existe la menor duda.

Fredy Ramón Andújar Ortiz fue una persona organizada en grado sumo, conversador, formado, inteligente y bien educado, nacido y criado aferrado a los principios sacrosantos de la honestidad, la honorabilidad y el decoro, poseedor indiscutible de una gracia incuestionable y de una humildad a toda prueba, emergiendo consiguientemente como un digno paradigma de la juventud y de la sociedad dominicana y muy especialmente de la sociedad ocoeña.

Aparentemente en buen estado de salud de repente se sintió mal y fue llevado al médico, muriendo de forma repentina y hasta sorprendente, el lunes 4 del mes de abril del año 2016, a la edad de 73 años.

Sus restos mortales fueron velados en la Funeraria Mamá Rita de la calle Manuel de Regla Pujols de San José de Ocoa y tras una misa de cuerpo presente en el templo católico fue trasladado al Cementerio Cristo Salvador del Barrio San Antonio del mismo municipio, donde le acompañó una gran multitud, no sólo de profesores y alumnos, sino de todos los estratos de la sociedad ocoeña, que compungida le daba el último adiós a su gran maestro y munícipe ejemplar.

Con la muerte física de este verdadero maestro en el sentido más amplio del término, Ocoa vio perder a un gran ser humano y a un educador a toda prueba, a una persona que durante toda su vida se comportó adecuadamente, sirviendo su vida de ejemplo para los demás.

Es que sin duda alguna, su deceso llenó de luto y de dolor, no sólo a su viuda, a sus hijos y a su familia en sentido general, sino a todo un pueblo que supo aquilatar la gran valía de este ser humano excepcional.

Este dueño indiscutible de una gracia natural y de un don de gente depurado en cada expresión dejaba una enseñanza y cuando se trataba de pasarla bien, repentista como fue, convertía cualquier expresión en una ocurrencia cómica, de ahí que su muerte física signifique tan sensible pérdida para quienes le conocieron y trataron.

Como curiosidad recuerdo que el 20 de mayo del año dos mil diez (2010), día en que se celebraban elecciones congresuales y municipales en el país, fuimos a casa de mis suegros en el sector La Barra donde tenía 2 conejos que había comprado para mi esposa y mis niñas, pero que pasados los días sin que los mismos se reprodujeran pensaba que al comprarlos los había adquirido del mismo sexo y ante la duda le hablé al compadre Andújar sobre el tema a lo que me dijo que era muy sencillo saber si eran hembras o machos, con lo que me alegré ya que no estaba seguro en realidad.

Para aclarar mi inquietud me preguntó que qué le gustaba comer a los conejos a lo que le respondí que hojas de repollo, diciéndome que le echara y que si veía que se ponían contentos entonces eran machos, pero que si en cambio se ponían contentas eran hembras, con lo que la creencia de haber hallado la respuesta desaparecía momentáneamente, apareciendo en contrapartida un buen chiste.

La muerte física del profesor Fredy Ramón Andújar Ortiz significó un duro golpe para los ocoeños, los que lamentaron profundamente su triste fallecimiento, lo que no puede ser de otra manera cuando muere físicamente una persona de las características de este insigne educador, recordado por sus sabias orientaciones no sólo en las aulas donde logró que "el miedo" que muchos sentían por las ciencias exactas, especialmente por el álgebra desapareciera tras su explicación, asignatura que explicaba al dedillo por el gran manejo de la misma y su concepto pedagógico, sino que también es recordado por sus enseñanzas fuera de estas, pues ciertamente compartir un momento con él constituía una enseñanza incalculable.

**José Candelario Aguasvivas Olaverría
(Cayayo)**

> *"Cuando un pueblo trabaja Dios lo respeta. Pero cuando un pueblo canta Dios lo ama".*
>
> ***Facundo Cabral***
> *(**Cantautor argentino**)*

José Candelario Aguasvivas Olaverría (Cayayo)

El martes veinte (20) de julio del año mil novecientos cuarenta y tres (1943) nació en la Ciudad de San José de Ocoa el niño José Candelario, hijo de los señores Miguel Ángel Aguasvivas y Josefa Antonia Olaverría (QEPD), siendo el sexto (6to) de una descendencia de ocho (8) hijos procreados por la unión Aguasvivas-Olaverría.

Realizó sus estudios primarios en la entonces Escuela Julia Molina, ingresando luego a la educación media en la Escuela de Varones José Trujillo Valdez de nuestro municipio, concluyendo sus estudios intermedios en el Liceo José Núñez de Cáceres de San José de Ocoa cuando el año 1969 arribaba a sus postrimerías.

Antes de terminar dichos estudios y contando con catorce (14) años de edad ingresó a la escuela de música de nuestro pueblo, en la que adquiere sus primeros conocimientos de la mano de su maestro Rodolfo del Pilar Vásquez. De manera que Cayayo, como cariñosamente se le conocía, cuando concluyó sus estudios de bachillerato ya poseía importantes nociones de este mundo fascinante de la música. Rodolfo del Pilar Vásquez fue un destacado músico que llegó a Ocoa en la década del 1930 procedente de su natal Santiago, impartiendo clases en una escuela informal debido a que aquí no existía una Escuela de Bellas Artes, al menos con carácter oficial.

En el año 1970 José Candelario partió a la Ciudad de Santo Domingo cargado de sueños y aspiraciones y con la idea de graduarse de licenciado en letras, carrera en la que sólo alcanzó a concluir el Colegio Universitario debido a que enfermó teniendo que renunciar a aquel sueño de las letras, regresando a San José de Ocoa.

En la Universidad Autónoma de Santo Domingo (UASD) José Candelario Aguasvivas incursionaría en la música, destacándose como trompeta de la prestigiosa Rondalla Universitaria, donde se le diagnosticó una enfermedad luego de que expulsara sangre de un vaso capilar en momentos en que dicho grupo realizaba ensayos rutinarios.

Pero no obstante ser estudiante de dicha universidad y pertenecer a la Rondalla Universitaria, también y de manera concomitante realizaba estudios de música en el Palacio de Bellas Artes de la Ciudad de Santo Domingo, alcanzando el título de Técnico de Dirección Coral, bajo la orientación y dirección de la profesora Leila Pérez y de José Manuel Joa Castillo, quien a la sazón se desempeñaba como director del Coro Nacional. Recibió además clases de don Manuel Rueda, entre otros, este último Premio Nacional de Literatura de la República Dominicana (1994) y el que había ingresado como docente al Conservatorio Nacional de Música y del que fue director por veinte años.

De regreso a Ocoa y sin descuidar su pasión Cayayo inició sus labores productivas al ser nombrado Cajero Recibidor y Pagador de La Manicera. Luego fue nombrado profesor del Liceo José Núñez de Cáceres, impartiendo clases de educación musical y lengua francesa, devengando para ese entonces la suma de 125 pesos mensuales. Mientras se desempeñaba como profesor de dicho liceo realizaba algunos cursos en Santo Domingo, en uno de los cuales se encontró con su amigo y maestro Manuel Rueda, el que enterado de lo que había pasado con su alumno se dirige a doña Roselia Concepción, en esa ocasión directora de nuestro liceo, solicitándole que le sean asignadas una mayor cantidad de horas de clases a este del que había sido profesor.

En el Liceo José Núñez de Cáceres realizó una importante labor educativa en el área de educación musical, siendo en consecuencia ascendido a Supervisor Técnico de la Regional de Educación de la hermana Provincia de Azua, cargo que desempeñó de 1978 a 1992, regresando en este último año a su tierra natal para emerger como el primer director de la Escuela de Bellas Artes Dr. Ramón Guerrero, en la que permaneció hasta ser jubilado en el año 2004.

En cuanto a su vida familiar, preciso es destacar que el sábado 31 de diciembre del año mil novecientos setenta y siete (1977) se unió en matrimonio a su compueblana Josefa Antonia Encarnación Pujols (tocaya de su madre), con la que va a procrear a sus hijos José Miguel y Yacaira Josefina. Precisamente en honor a esta hija compuso un vals que luego montaría nuestra legendaria Banda Municipal de Música.

Del mismo modo nuestra banda montó el merengue titulado *"Campesino de mi tierra"*, con letra y música del maestro Cayayo; merengue que por considerarlo un himno a favor de la reforestación y un canto en defensa de los recursos naturales nos permitimos transcribir íntegramente a continuación:

"Campesino de mi tierra
Laborioso agricultor
Sabes tú que sin la flora
Se destruye la nación

Las praderas de los ríos
Lloran lloran sin cesar
Por las manos criminales
Que le roban su verdor

Siembra el árbol campesino
Y de él frutos tendrás
Y en el verde de sus ramas
Las palomas cantarán

Qué lindo arroyuelo
Qué lindo tú estás
Por la mañanita
Me voy a lavar

Si canta la rana
Canta el ruiseñor
Cantemos cantemos
Reforestación".

Inició su carrera artística como miembro de la Banda Municipal de Música en mil novecientos cincuenta y nueve (1959), a la que ingresó como tromba, pasando luego a tocar la trompeta.

Recordaba con nostalgia aquellos años maravillosos en los que junto a otros compañeros, entre ellos, Ángel Emilio Pimentel (Mamilo) y el banilejo Rolando Castillo formó parte de nuestra histórica banda de música, devengando para la ocasión la suma de 4 pesos y 50 centavos quincenalmente.

Recordaba también su participación en esos días en lo que fue el *"Desfile del Millón"*, organizado por el tirano y que como su nombre lo indica, tenía la intención de poner un millón de dominicanos a desfilar por las calles de Santo Domingo. *"En octubre de 1960, y para celebrar su cumpleaños, Trujillo organizó un "desfile del millón" con asistencia obligatoria de empleados públicos que por horas marchó en la avenida George Washington. La mayoría de dominicanos resintió no sólo tener que firmar los manifiestos de adhesión elaborados sino la incomodidad de desfilar, muchos de saco y corbata, bajo el sol inclemente de la vía a orillas del Mar Caribe. En realidad, el desfile pretendía demostrar a la opinión internacional el "apoyo incondicional" del pueblo al tirano"*. (Publicado el 05 de abril del 2011 por Juan José Ayuso en el Periódico El Nacional).

En mil novecientos sesenta y cuatro (1964) Cayayo se integró al grupo musical "Los Montañeses" en el que participó en una cantidad de amenizaciones y presentaciones diversas, desempeñándose como trompeta junto a don Nidio Pimentel (fallecido), siendo los demás integrantes del grupo, entre otros, Guelito y Chico (saxofonistas), Liberato Tejeda tocaba la batería mientras que la tambora la tocaba Chucho Tejeda; Luis Emilio Ciprián se desempeñaba como contrabajo y los cantantes eran, en el área de los boleros, Rafael Pimentel y David

Santa María Maggiolo y en los merengues, el señor Pepe Saint-Hilaire (Pepe Santiler).

En el año mil novecientos setenta y cinco (1975) al profesor José Candelario Aguasvivas Olaverría (Cayayo) le cupo el honor de idear y fundar el coro del Liceo José Núñez de Cáceres y tiempo después el coro de la Escuela de Bellas Artes Dr. Ramón Guerrero, en el mismo año en que llega a esta en su condición de director en 1992, como ya hemos señalado anteriormente.

Sentía el profesor Cayayo un profundo agradecimiento y recordaba de manera especial a la persona que lo condujo por los senderos de la música, su maestro Rodolfo del Pilar Vásquez (ya mencionado), el que murió en los años finales del 60 en la comunidad de Villa Altagracia momentos en que se encontraba en casa de un pariente. Mientras nos hablaba sobre su maestro se dibujaba en su rostro un velo de inconformidad por la forma en que, al decir de él, fuera desconsiderado este distinguido profesor y músico santiagués.

Cuando le preguntamos sobre una de sus mayores satisfacciones en el campo de la música y sus aportes a San José de Ocoa, con orgullo nos dijo: *"Haber tenido la oportunidad de hacer la Escuela Ramón Guerrero, creando el coro y lograr aportes importantes para la misma"*.

Pero su obra no pasó de forma inadvertida en San José de Ocoa, pues fueron varias las organizaciones e instituciones de la República Dominicana y de nuestro pueblo las que reconocieron su fecunda trayectoria y sus importantes contribuciones, como fue el caso del Distrito Educativo 03-03, el que le distinguió con un merecido reconocimiento *"por su apoyo a la iniciativa del área ambiental"*, en fecha 5 de junio de 1997; la entonces Secretaría de Estado de Educación le hizo del mismo modo un bello y justo reconocimiento el 31 de octubre del año 2000, *"por su labor de más de 25 años como maestro de canto coral del sector oficial y por su participación en múltiples y diversas actividades, realizadas en el transcurso de los 25 años del mes de la Canción Escolar, contribuyendo al gran movimiento coral que vive el país"*.

Pero además, el Patronato de la Escuela de Bellas Artes Dr. Ramón Guerrero le reconoció *"por sus méritos logrados como director a lo largo de 12 grandes años"*, en acto celebrado el 30 de mayo del año dos mil cuatro (2004), así como lo hizo el personal de dicha escuela en junio de ese año con motivo de su despedida tras ser jubilado.

Del mismo modo fue reconocido por la Presidencia de la República a través de la entonces Dirección General de Promoción de la Juventud (posteriormente Secretaría de Estado de la Juventud y hoy Ministerio de la Juventud). También el Liceo José Núñez de Cáceres le reconoció a través de la primera y segunda promociones del ya desaparecido Plan de Reforma, en acto celebrado el 13 de diciembre de 1997, *"por su ardua labor a favor de la educación ocoeña"* y las Premiaciones Lo Mejor de Ocoa lo homenajeó *"por su encomiable labor a favor de la educación musical de nuestra comunidad"*, en acto celebrado el 29 de septiembre del año mil novecientos noventa y seis (1996), entre otras distinciones.

Sin embargo, entendemos que el mayor reconocimiento es el que le tributó su pueblo, el que supo tenía en el profesor

José Candelario Aguasvivas a un coloso de la educación musical y a un abnegado hijo de nuestra comunidad.

Una vez jubilado en su condición de director de la Escuela de Bellas Artes Dr. Ramón Guerrero, escuela en la que realizó una hermosa y digna labor, forjando los primeros músicos egresados de esa escuela y realizando importantes aportes a la educación musical de la República Dominicana y muy especialmente de San José de Ocoa, el profesor Cayayo vio concluida una larga carrera en el sector oficial, lo que no mermó en absoluto su amor por su gran pasión.. la música.

Contando con 68 años de edad, luchando por su salud, la muerte le va a sorprender el miércoles 11 de abril del año 2012. Con dicho lúgubre acontecimiento perdía su familia a un miembro importante y perdía el país y Ocoa de manera especial a un destacado munícipe. Sus restos mortales descansan en el Cementerio Cristo Salvador del Barrio San Antonio del Municipio de San José de Ocoa.

Rosa Erminda Martínez Pimentel
(Rosita)

"Educad a los niños y no será necesario castigar a los hombres".

Pitágoras de Samos
(*Filósofo y matemático griego*)

Rosa Erminda Martínez Pimentel
(Rosita)

El viernes veintiuno (21) de abril del año mil novecientos cuarenta y cuatro (1944) nace en el Municipio de San José de Ocoa, específicamente en la calle Luperón, número 37, la niña Rosa Erminda, hija de los señores Pedro María Martínez y Grecia Pimentel (fallecidos).

Rosa, es miembro de una distinguida familia integrada por seis hijos procreados por la unión matrimonial Martínez-Pimentel, siendo sus hermanos Sócrates Darío, Martha Friné, Víctor Daniel, Pedro Milton y Luis Ramón Martínez Pimentel.

Realizó sus estudios en la otrora Escuela Julia Molina (hoy Luisa Ozema Pellerano) en la que culminó sus estudios primarios, pasando luego al Liceo José Núñez de Cáceres de San José de Ocoa, específicamente en el año mil novecientos cincuenta y ocho (1958); año en que se oficializa dicho centro educativo, el que con La Reforma tiempo después pasaría a funcionar en el edifico que hoy ocupa.

En mil novecientos sesenta (1960) contando con apenas 16 años de edad se inicia informalmente en las labores docentes con el Padre José Antonio Curcio, fundador éste de la Asociación para el Desarrollo de San José de Ocoa

(ADESJO) el 12 de julio de 1962, como se lee en otra parte de este libro. Rosa impartía docencia en cursos de verano organizados por dicho sacerdote dirigidos a estudiantes de primero y segundo de primaria, devengando a la sazón la suma de RD$15.00 mensuales y no será sino hasta el año 1962 cuando se inicia de manera oficial como maestra en el Liceo José Núñez de Cáceres, donde imparte las asignaturas Geometría y Religión.

El jueves 7 de noviembre de 1966 contrae matrimonio con Héctor Amable Alcántara, con el que procrea a Héctor Pedro, Héctor Ulises, Héctor Amable y Rosa Alexandra Alcántara Martínez (fallecida) y a quien conoce cuando éste trabajaba en el Seguro Social, cuyo local estaba ubicado al lado de la casa de su abuela con la que se hubo de criar, ubicada en la casa número 7 de la calle Manuel de Regla Pujols, San José de Ocoa.

Su carácter, su espíritu de entrega y su responsabilidad pronto la llevarían a alcanzar importantes posiciones dentro del magisterio, por lo que en el año mil novecientos setenta (1970) es nombrada subdirectora del Liceo José Núñez de Cáceres, teniendo como directora en esa oportunidad a la profesora Roselia Concepción.

Tiempo después será promovida a directora del liceo propiamente dicho, específicamente en 1980, en donde realiza una excelente labor por alrededor de 15 años y donde permaneció hasta ser jubilada a finales del año 1996. También fungió como directora de la escuela nocturna La Altagracia, la cual funciona en el edificio de la Escuela Luisa Ozema Pellerano, dirigiendo luego el Colegio Federico Froebel, destacándose en cada uno de los centros dirigidos por ella.

Como directora siempre gozó del aprecio, el cariño y el respecto de los maestros y de los estudiantes, los cuales veían en ella más que a una directora, a una madre, al punto que cuando las autoridades intentaron apartarla de la Dirección del Liceo José Núñez de Cáceres los estudiantes se movilizaron en protesta y no fue sino después de un largo período de dialogo cuando estos aceptaron que fuera retirada de la Dirección, después de haber desarrollado una destacada labor en el magisterio, al que le dedicara toda su vida.

Persona de conducta intachable, trabajadora incansable y prestigiosa maestra del Sistema Educativo Nacional y una de las grandes directoras que ha tenido el Liceo José Núñez de Cáceres en toda su historia, lo que le ha merecido ser reconocida por la entonces Secretaría de Estado de Educación (hoy Ministerio), así como por la Asociación Dominicana de Profesores (ADP), por la Asociación de Estudiantes Universitarios Ocoeños (ASEUNO), por la Sociedad La Filantrópica, siendo reconocida además por Los Reformadores de una Realidad y por el Equipo de Promoción Humana (EPH), institución creada por el profesor ***José Francisco Mateo*** (QEPD).

También fue reconocida por el Colegio Federico Froebel, el 25/10/1997 *"por su labor y apoyo desinteresado a esta institución"* y el Senado de la República la homenajeó, reconociéndola por su ardua y significativa labor y por sus grandes aportes a la educación dominicana; reconocimiento este en el que jugó un rol de primer orden el Lic. Pedro Alegría, Senador de la República por nuestra provincia en esa oportunidad. Fue reconocida en la Semana de Regocijo Magisterial *"por su encomiable y eficiente labor en beneficio de la comunidad educativa ocoeña"*, en fecha 24/6/2006. Del mismo modo fue reconocida por el Ayuntamiento Municipal con la entrega del Primer Premio al Mérito Municipal Padre Luis Quinn, en fecha 25/7/2009. Igualmente fue reconocida por el Club Ocoa Avanzando en la Tecnología (Ocantec), acto celebrado el 6/3/2012; de igual manera fue reconocida por la Oficina de la Diputada Esther Minyety, en fecha 26/5/2013.

En los últimos años su vida transcurría en los quehaceres propios de su hogar, visitar a su Iglesia Evangélica Pentecostal y a los enfermos para llevarles consuelo y esperanza. Sin embargo, el día 14 de diciembre del año dos mil catorce (2014) se produciría un aciago acontecimiento en la vida de doña Rosa que la marcaría para siempre; es el caso del triste y sentido fallecimiento de su hija Rosa Alexandra Alcántara Martínez, pérdida irreparable de la que en honor a la verdad jamás ha podido recuperarse esta madre abnegada y generosa, educadora sin par, amiga sincera y ocoeña auténtica.

Aquejada de salud, sobre todo a raíz del fallecimiento de su hija, doña Rosa ve discurrir los días en su hogar ubicado en el sector El Rastrillo de este Municipio de San José de Ocoa, donde es visitada por familiares y amigos, los que al igual que nosotros, están convencidos de que en ella estamos ante un verdadero orgullo de nuestro pueblo, modelo de la juventud dominicana, dama de trato sutil, altamente respetuosa e indudablemente paradigma de la sociedad dominicana y faro de luz de la comunidad de San José de Ocoa.

Luis Arcadio Báez Tejeda
(Luis Báez)

"De todos los derechos, el primero es el de existir. Por tanto, la primera ley social es aquella que garantiza a todos los miembros de la sociedad los medios para existir; todas las demás leyes están subordinadas a esta ley social".

Maximilien Robespierre
(***Político francés***)

Luis Arcadio Báez Tejeda
(Luis Báez)

El miércoles tres (3) de mayo del año mil novecientos cuarenta y cuatro (1944), fruto de la unión matrimonial formada por los señores Luis Arcadio Báez (Chichí) y Luz María Tejeda (fallecidos) nace en la comunidad de El Ojo de Agua, San José de Ocoa, el niño Luis Arcadio; niño al que le aguardaban grandes hazañas y significativos aportes a través del deporte, muy especialmente del béisbol que ha sido siempre su gran pasión.

La unión matrimonial Báez-Tejeda procreó cinco hijos, siendo nuestro querido Luis Báez el tercero en orden de nacimiento y son sus hermanos Denia Margarita, Constantino (Tino), Deyanira María (Nanía) y Edgar Rafael Báez Tejeda. Otros hermanos paternos de Luis Báez son Juan Dilón, Ramón de la Cruz (fallecido), Altagracia Mireya, Gisela María y María Altagracia (fallecida).

Realizó sus estudios en la Escuela Julia Molina (hoy Luisa Ozema Pellerano), cursando allí hasta el octavo grado, esto es, hasta la culminación de la educación básica y evoca aquellos años maravillosos de su infancia con verdadero frenesí al rememorar episodios vividos en las aulas, recordando entre sus maestras a las distinguidas profesoras Patria Rojas y doña Jeña, esta última, directora a la sazón de dicha escuela.

Del mismo modo recuerda a algunos de sus compañeros de clases, resaltando entre éstos al señor Vinicio Soto y al Dr. Jorge A. Subero Isa, este último, un prominente jurista de la República Dominicana, presidente de la Suprema Corte de Justicia desde el 1997 hasta el 2011.

Desde muy temprana edad Luis se inclina por los deportes, siendo corredor de campo y pista, lo mismo que jugador de baloncesto y de voleibol y ni hablar del beisbol, pues como ya hemos anotado este ha sido siempre su gran pasión en la vida y a través del cual ha dado tantos momentos felices a nuestra gente.

Es precisamente en la escuela Luisa Ozema Pellerano en donde va a conocer a la joven Juana María Santos Alcántara (Juanita), una persona de trato agradabilísimo y poseedora de toda la ternura con la que contrae nupcias el sábado dieciocho (18) de febrero de mil novecientos sesenta y siete (1967) y con la que va a procrear a sus hijos Luis Atenágoras, Bradesky Oxiodes y Juana Ahísa, todos dignos hijos de sus padres que han seguido sus pasos, siendo al igual que sus progenitores hombres y mujer de bien que han exhibido una conducta intachable a través de los años, siendo por esta y por otras tantas razones más orgullo de sus padres.

A pesar de que el señor Luis Báez sólo alcanzó el octavo grado de la educación básica, su formación denuncia mayor grado de preparación, ya que con este destacado hijo de nuestro pueblo se puede hablar de los más importantes temas y a la hora de sentarse a dialogar con él entonces sí que hay que estar bien preparado para poder dar respuesta a sus diferentes y curiosas preguntas, las que siempre dejan una enseñanza exquisita, por lo que comentaríamos un gravísimo error si lo circunscribiéramos a la actividad deportiva, puesto que Luis posee importantes nociones de cultura general, las que se aprecian tan pronto se entabla una conversación con él.

Luis Arcadio Báez Tejeda es un eterno preocupado por nuestros males sociales y contempla con asombro el auge de los anti valores, mostrándose inconforme por las grandes desigualdades sociales existentes en el mundo actual, condenando la injusta distribución de las riquezas; en ese sentido ha dejado su pensamiento grabado de manera certera -por lo menos ante nosotros- en la siguiente frase: "***tanto para tan pocos y tan poco para tantos***", pensamiento que retrata de manera patética el gran drama de nuestro planeta y como bien se desprende de la expresión de nuestro admirado Luis Báez, mientras unos pocos gozan de grandes e interminables fortunas, las grandes mayorías viven en la más extrema pobreza.

Su vida ha estado ligada a las más sanas iniciativas de su pueblo, pero hay que concluir necesariamente que en lo que respecta a los deportes, sobre todo al beisbol (nuestro deporte rey) Luis Báez es sencillamente un símbolo. En ésta su gran pasión ha vivido momentos inolvidables, y es que su trayectoria en el terreno de juego ha estado acompañada de grandes hazañas y de momentos emocionantes.

Dentro de esos momentos especiales en el beisbol, podemos mencionar, a modo de ejemplo, entre otros, los siguientes: la primera vez que jugó pequeñas ligas de manera organizada, lo que hizo enfrentándose al combinado banilejo en representación de Ocoa, bateando en aquella ocasión de seis seis (6-6), mostrando sus credenciales desde el primer momento y avizorando lo que sería el gran jugador del que tiempo después y durante tantos años disfrutaríamos al llenar de gloria a nuestra comunidad.

Otro momento especial en su brillante carrera lo vivió cuando se aprestaba a participar en el equipo doble A (AA), resultando que antes de ingresar al equipo grande le dieron dos turnos para apreciar si realmente tenía las condiciones para integrar dicho combinado y sencillamente bateó de dos dos (2-2) al conectar dos dobletes, los que le dieron licencia para formar parte del representativo AA de San José de Ocoa, dirigido en esa oportunidad por el joven Aride Sánchez.

En el año mil novecientos sesenta y tres (1963) se fue a jugar con el combinado de Baní como refuerzo y estando en la banca, mientras su equipo perdía por una carrera frente al equipo sancristobalense fue traído de emergente en el noveno episodio con la carrera del empate en posición anotadora, respondiendo de inmediato con doble empatando las acciones, pasando luego por robo de base a la tercera y finalmente anotando la carrera de la victoria. Del mismo modo jugó con el equipo representativo de la Provincia de Barahona y logró contribuir de manera importante para que dicho representativo de La Perla del Sur lograra su objetivo de alzarse con la corona del torneo de beisbol amateur.

El legendario deportista Luis Báez, compartiendo en el play de beisbol de San José de Ocoa.

Luis Báez ha vivido momentos de indescriptible satisfacción a través del beisbol, pero al decir de él, el momento más emocionante de su carrera se produjo en el año mil novecientos setenta y seis (1976) cuando el combinado AA de San José de Ocoa logró su primer campeonato, en el que fungió como dirigente y jugador.

Sucedió que enfrentándose al equipo de Baní en el último juego de la serie final pactada al mejor siete (7/4) Ocoa perdía en la novena entrada cinco carreras por una (5/1) y era tan evidente la derrota de nuestro equipo que los fanáticos empezaron a marcharse convencidos de que habíamos perdido el partido que definía el campeonato.

Pero resulta que como el Ave Fénix surgiendo de las cenizas, nuestro equipo se envalentonó y en una hazaña extraordinaria empatamos el partido y finalmente lo ganamos en extra inning con hit de oro de nuestro jardinero central, dejando en el terreno a La Famosa y aquella victoria se convirtió en todo un acontecimiento debido a que lo que decían los fanáticos que habían llegado al municipio era que el equipo había perdido porque creían imposible que pudiéramos regresar y al saber que nuestro glorioso equipo lo había logrado el pueblo se lanzó a las calles a celebrar y al toque de latas y tambores y con el camión de los bomberos civiles animando la celebración con su sirena toda una muchedumbre se apersonó a la entrada del municipio para recibir al equipo campeón.

Al decir de algunos contemporáneos de la época y de los propios jugadores, aquel momento ha sido el de mayor gloria y alegría vivido por nuestra gente en toda su historia. Como es de suponer, no podía faltar la figura de Luis Báez, que como hemos dicho anteriormente, más que como jugador se desempeñaba como dirigente del equipo.

Preciso es destacar que el referido partido de beisbol había sido aperturado por el lanzador zurdo Winston Read, y estaba conformado por los siguientes jugadores: 1) Juan Placencia en la receptoría; 2) Luis Báez en la primera base; 3) Julián Sánchez (Golán, ya fallecido) estaba en la segunda base; 4) Billy Wilson Encarnación se desempeñaba en la esquina caliente, la tercera base; 5) Luis María Pimentel era el campocorto; 6) Héctor Soto (Niño, banilejo) era nuestro jardinero central; 7) César Mateo jugaba en el jardín izquierdo; 8) Benjamín Urbáez estaba cubriendo el jardín derecho, mientras que el bateador designado lo era Radhamés Sánchez, para muchos, incluyendo al propio dirigente y compañero de equipo, Luis Báez, el bateador más fino que ha parido San José de Ocoa en toda su historia.

En otro escenario deportivo donde Luis Báez vivió momentos inolvidables, aportando significativa y protagónicamente en su organización y montaje fue en la Liga Campesina de San José de Ocoa, siendo dirigente y jugador de varios equipos, dentro de los cuales merece especial mención el equipo de *Los Bucaneros*, donde del mismo modo se coronó campeón. En nuestro caso lo vimos caer de rodillas mientras ocupaba la posición de primera base al momento en que se produjo el último out para ganarle al combinado de *Los Chaparrones* y entre lágrimas y sonrisas celebró el triunfo obtenido por su equipo.

Durante muchos años se desempeñó como Monitor de Deportes (Instructor) de San José de Ocoa, posición desde la que realizó un importante trabajo. Pero también ha sido parte estelar para la organización de diferentes torneos, siendo durante su vida un fiel colaborador del deporte, muy especialmente del beisbol.

Su vida ha sido consagrada a este nuestro deporte rey y nadie podrá regatearle jamás sus importantes y trascendentes aportes. Su trayectoria como hombre de beisbol quedó patentizada cuando el honorable Ayuntamiento Municipal de San José de Ocoa, en un justo y más que merecido reconocimiento, lo declaró Atleta del Siglo XX y es que no podía ser de otro modo, pues Luis Báez ha visto una carrera coronada de logros y satisfacciones.

Fuera del apasionante mundo del deporte otro acontecimiento especial que lo llenó de júbilo fue el nacimiento de su primer hijo, Luis Atenágoras, acaecido el 26 de mayo de mil novecientos sesenta y nueve (1969).

Pero como es natural, no todo ha sido alegría en su vida, también ha vivido momentos aciagos y tristes, como el que vivió el uno (1) de julio de 1973 cuando veía morir a su adorado padre.

Ha recibido múltiples reconocimientos, placas, medallas y trofeos que eternizan su gloria en los deportes y el más importe de todos estos reconocimientos lo constituye el hecho de contar con el aprecio y la admiración de mucha gente que le aprecia de manera sincera.

Permanece unido con la profesora Juana María Santos Alcántara con la que se casara en 1967 como ya hemos señalado, demostrando con hechos, no con palabras, su creencia en la institución del matrimonio.

En la actualidad el señor Luis Báez se dedica a sus labores agrícolas en las que se inicia en el año del fallecimiento de su progenitor (1973), precisamente en las tierras que les dejara éste en su comunidad de origen, El Ojo de Agua.

De manera que analizando su vida, la que como la de todo ser humano tiene sus altas y bajas, creemos que en el señor Luis Arcadio Báez Tejeda San José de Ocoa tiene a uno de sus dignos representantes, a un consagrado símbolo del deporte y a un buen ciudadano, siendo desde siempre, y en especial en el deporte, un vivo paradigma para las generaciones de ahora y las que vendrán.

**Pedro Pascual Estrella Ovalles
(Pascual Estrella)**

"Quien sabe de dolor, todo lo sabe".

Dante Alighieri
(Pensador italiano)

Pedro Pascual Estrella Ovalles
(Pascual Estrella)

El jueves doce (12) de diciembre del año mil novecientos cuarenta y seis (1946), fruto de la unión matrimonial de los señores Victoriano Estrella (fallecido) y Laureana Anita Ovalles, nació en la comunidad de Juan López, jurisdicción de la Provincia Espaillat (Moca) el niño Pedro Pascual.

El matrimonio Estrella-Ovalles formó una larga, laboriosa y distinguida familia integrada por once (11) hijos, siendo los demás hermanos de Pascual, Flérida, Alberto, Nelson (fallecido), Antonio, Víctor, Rosario, Fausto, Félix, Bernarda (fallecida) y Doraliza, todos dignos hijos de sus padres.

Sus estudios primarios los realizó en la Escuela Juan López de su natal Moca, pasando luego a realizar sus estudios de bachillerato en el Seminario Jarabacoa. Una vez concluida su educación media se inscribió en la Universidad Dominicana Organización y Métodos (O&M), graduándose de licenciado en Relaciones Públicas y Comunicación, mostrando una ferviente inclinación por esta rama del saber, por lo que no es de extrañar el que se haya investido con honores (Magna Cum Laude) y es que quien lo conoció de seguro que admitirá que fue un ser humano altamente inteligente.

Pero además de eso, Pascual fue un verdadero trabajador social y poseedor de un agradable sentido del humor, el que siempre llevaba una sonrisa dibujada en su rostro, integrándose a todas las actividades que procuraban servir a San José de Ocoa, lo mismo que a su pueblo de origen, pues allí su obra se hizo sentir, razón por la cual la O&M designó con su nombre la biblioteca de dicha universidad en esa comunidad.

Realizó estudios de locución, especializándose en la Maestría de Ceremonias, la que ejerció con verdadera vocación y calidad, siendo reconocido por su propia Alma Mater, la que con frecuencia utilizaba los servicios de este distinguido profesional en importantes actos, como por ejemplo el acto en el que esa casa de altos estudios otorgó el Doctorado Honoris Causa al profesor Juan Emilio Bosch Gaviño, maestro y líder de nuestro querido Pascual.

Su arribo a San José de Ocoa se produjo en 1968, aunque había venido de visita por primera vez en el año de 1966; aquí se unió a los trabajos sociales y a las actividades comunitarias realizando una encomiable labor cultural conjuntamente con su hermano Alberto Estrella, junto al cual emprende una hermosa carrera al servicio de Ocoa, pueblo que le abrió sus puertas y que tanto él como sus demás hermanos hicieron su pueblo y Ocoa hizo de ellos a su vez sus hijos.

Junto a su querido hermano Alberto Estrella, quien había venido a Ocoa tiempo antes que él, se integra a las labores comunitarias de la mano del Padre Quinn, formando grupos culturales de eterna recordación para nuestro pueblo, como es el caso de *"Estrellas para un mundo mejor"*, grupo musical que se presentó tanto a nivel local como a nivel nacional teniendo como objetivo conseguir recursos para invertirlos en diversas obras sociales, como fue la construcción del canal de riego de la comunidad de El Rincón del Pino que benefició a una cantidad considerable de humildes familias campesinas.

Ciertamente, desde el fecundo arribo de Pascual Estrella a nuestra comunidad éste no tuvo vacaciones en el trabajo social, siendo parte de toda iniciativa tendente al desarrollo de Ocoa y al bienestar de nuestra gente, por eso nadie podrá negar jamás que en él Ocoa siempre tuvo a un hijo dispuesto, que nunca rehusó sus responsabilidades y que nunca se colocó de espalda a San José de Ocoa cuando se le necesitó, sino todo lo contrario.

Este destacado trabajador social y personaje altamente polifacético contrajo matrimonio con la joven Guillermina Troncoso (Guilla) el sábado once (11) de febrero del año mil novecientos setenta y ocho (1978), con la que procreó a sus hijos Luis Omar e Iván Estrella Troncoso. Del mismo modo es padre de Julie Estrella Minyettis, procreada con la señora Carmen Danilsa Minyettis.

Siempre estuvo presente y totalmente dispuesto para servirle a su pueblo y era normal observarlo trabajar en cuanta actividad se realizaba, como fue su participación entusiasta en los preparativos de la cena de navidad que para las familias más menesterosas preparaba la ADESJO con el Padre Quinn a la cabeza, así como también en las actividades pro recaudación de fondos para dicha cena, siendo parte estelar en la organización y montaje de la fiesta que con un grupo de artistas nacionales y locales se presentaba en los terrenos del estadio de beisbol de nuestro municipio.

Durante toda su vida estuvo involucrado con las instituciones y clubes de servicio de nuestro pueblo, formando parte del Cuerpo de Bomberos Civiles, de la Cruz Roja y la Defensa Civil, de diversos grupos culturales; a los grupos ligados a la defensa ecológica y ni hablar de la destacada labor realizada en el Centro Padre Arturo y en la Asociación para el Desarrollo de San José de Ocoa, donde también se destacó nuestro admirado Pascual.

Su vocación de servicio y su preparación académica lo llevaron a dirigir el Departamento de Educación de La Junta; posteriormente va a ocupar la Vicepresidencia de dicha institución de servicio, realizando en ésta una hermosa labor que le mereció la admiración y el reconocimiento de la sociedad ocoeña.

Pascual Estrella tuvo una marcada inclinación por el magisterio, vocación que adquiere forma en el Centro Educativo Padre Arturo donde se inició como maestro y no por casualidad la extensión de la O&M en nuestra comunidad lo designó como su Coordinador Académico, realizando una hermosa y significativa; labor llevaba a cabo junto a su amigo Juan Ramón Báez Pimentel, siendo además Encargado de Relaciones Públicas e Internacionales de la misma universidad en la que obtuviera su título de licenciado en Relaciones Publicas y Comunicación. Pero también se desempeñó como director del Programa de Alfabetización, interesante programa educativo patrocinado por la ADESJO conjuntamente con la Parroquia San José.

Otra importante posición que ocupó nuestro querido Pascual Estrella fue la de director de promoción del

Proyecto y Capacitación Manejo de Cuencas del Río Nizao, proyecto ejecutado por La Junta y auspiciado por el Banco Mundial; además se desempeñó como enlace entre el Centro Padre Arturo y el Instituto de Formación Técnico Profesional (Infotep), dirigiendo igualmente y de la mano de su amigo Mon Báez el Plan Social de la entonces Secretaría de Estado de Salud Pública y Asistencia Social (SESPAS).

Del mismo modo el licenciado Pedro Pascual Estrella Ovalles se desempeñó como vicepresidente de la Asociación Dominicana de Rehabilitación, Filial San José de Ocoa, además ocupó la Presidencia de la hoy desaparecida Cooperativa de Ahorros y Créditos Paraíso Recobrado, la que brindó importantes servicios a la comunidad de San José de Ocoa, ayudando a nuestra gente humilde y necesitada.

En el aspecto político, Pascual se desempeñó como un importante dirigente del Partido de la Liberación Dominicana (PLD), cuya organización le reconoció de manera póstuma designando con su nombre el Comité Intermedio de esa agrupación política en el Barrio San Antonio, ubicado en la parte suroeste de nuestro Municipio de San José de Ocoa.

Dueño indiscutible de un verbo fluido y depurado que se puso de manifiesto en cada acto que condujo en su condición de maestro de ceremonias, así como a través de la radio desde su espacio "Hablando al Agricultor", programa radial que se transmitía a través de Radio Ocoa dirigido a orientar y a educar a nuestros hombres y mujeres del campo, haciendo hincapié en las técnicas y manejos para una óptima utilización de la tierra.

Poseía un adecuado manejo de fotografía, pintura, canto y de la música en general, promoviendo siempre el rescate de las raíces culturales de nuestra música, realizando importantes aportes a la misma, al punto que se le reconoció como el descubridor de la maraca y del merengue ocoeño.

Persona de trato amable, buen sentido del humor, galanteador, expresivo y conversador de primera clase, dueño de un apretado currículum y de una encomiable labor social que lo consagraron como a uno de nuestros destacados hijos; fue y es además poseedor de una obra comunitaria que jamás podremos olvidar los hijos de esta tierra en la que cayera tras ser atropellado por un motorista en los alrededores del parque central, contiguo al Restaurant Marién, el día 2 de enero de 2001, siendo trasladado a la Ciudad de Santo Domingo y perdiendo finalmente la vida el miércoles 3 del mismo mes y año.

Este lamentable hecho en el que resultó mortalmente atropellado nuestro querido Pascual le causó un terrible golpe en la cabeza que terminó arrancándole la vida, con lo que vimos perder a un destacado munícipe, quien con apenas 55 años de edad abandonó este mundo terrenal, llenando de luto y de dolor a toda su familia y a toda una comunidad que lamentó tan triste pérdida.

Su cuerpo exangüe fue velado en la Funeraria Sánchez de San José de Ocoa y tras una misa de cuerpo presente en el templo de la Iglesia Católica fue sepultado en el Cementerio Cristo Salvador del Barrio San Antonio de la misma ciudad.

**William Darío Mejía Castillo
(William Mejía)**

"La literatura es siempre un expedición de la verdad".

Franz Kafka
(Escritor checo)

**William Darío Mejía Castillo
(William Mejía)**

El martes diez (10) de octubre del año mil novecientos cincuenta (1950) nace en la comunidad de Cañada Grande, San José de Ocoa, el niño William Darío, hijo de los señores Andrés Mejía e Isabel Castillo (QEPD); niño que con el paso del tiempo habría de emerger como uno de los más destacados literatos de nuestro pueblo y de la República Dominicana.

Es el séptimo de una prole de siete hermanos, siendo estos María Belén y Cristiana Castillo, Rafael (Fellito), Freddy, Donald (fallecido). Las dos primeras, hermanas maternas, pues su padre sólo procreó cinco hijos, siendo William el benjamín.

Inició sus estudios en la Escuela Primaria de Cañada Grande en la que cursa hasta el tercer grado debido a que en dicha escuela este era el grado más alto que se impartía, por lo que emigra al Municipio de San José de Ocoa inscribiéndose en la Escuela Luisa Ozema Pellerano, cursando hasta el octavo (8vo.) grado, pasando luego al liceo, ubicado para la época en la intersección Mella con Sánchez, terminando el cuarto curso del bachillerato en el lugar donde funciona el Liceo José Núñez de Cáceres, concluyendo la educación media en mil novecientos setenta (1970).

Sus condiciones de estudiante excelente se pusieron de manifiesto durante su trayectoria, por lo que al año de obtener el título de bachiller, esto es, en 1971, es nombrado profesor del liceo en la rama de las matemáticas.

Nombrado como profesor del Liceo José Núñez de Cáceres se inscribe en la Universidad Nacional Pedro Henríquez Ureña (UNPHU) en la licenciatura en Matemáticas. A pesar de ser profesor de matemáticas, pronto sus dotes de literato lo harían abandonar aquella rama de las ciencias exactas para pasar a impartir clases de literatura, donde dejaría su impronta como maestro ejemplar, produciéndose aquel cambio en 1973, cuando le es entregada la asignatura de Literatura.

En mil novecientos setenta y cuatro (1974), a tres años de matricularse en la UNPHU, abandona dicha universidad tras un incidente producido con el profesor peruano Roberto Atensio, quien se dirige a él con palabras insultantes, insultos que por ser falsos, a decir de él, no toleró este gran ocoeño, respondiéndole con igual vehemencia y abandonando dicho centro universitario.

Su carácter y su definición ideológica de corte revolucionario lo llevan a organizar la primera huelga en dicha universidad, lo que no es común que se produzca tratándose de una universidad privada. Aquel movimiento huelgario removió los cimientos de aquella casa de estudios en protesta por la muerte de Sagrario E. Díaz, joven dominicana que muriera en el campus de la Universidad Autónomo de Santo Domingo (UASD) como consecuencia de la intolerancia política y de la persecución de las ideas, escenario en el que se desenvolvía nuestro país en aquellos años aciagos de funesta recordación para la sociedad dominicana.

Desde entonces se dedica a su verdadera vocación... la literatura, preparándose de manera autodidacta en el amplio mundo de las letras y en el que su estrella brilla con fúlgido brillo en el firmamento del cielo dominicano y con mayor fulgor en el firmamento ocoeño.

En el año mil novecientos setenta y cuatro (1974) se une en matrimonio a la joven ocoeña Ana Josefa Matos con la que va a procrear a sus hijos Edison Arístides y Elba Isabel Mejía Matos.

En el año mil novecientos ochenta y tres (1983) se une en segundas nupcias a la joven ocoeña Mary Francis Cabral, con la que procrea a sus hijos Cristal Diamante, Ricardo Montenegro y Shoemaker Levy Mejía Cabral, nombre este último que pone a su hija en honor al cometa del mismo nombre que en 1984 hiciera explosión en Saturno, coincidiendo con el nacimiento de su hija.

Concomitantemente con su labor de educador se va desarrollando en William la vocación y la depuración del escritor, al punto que desde el año 1975 cuando escribe su primera obra de teatro a la que puso por nombre "El Vacá de Don Abundio", que luego sería rebautizada con el nombre de "La Superstición" hasta llegar a llamarse "Cosas de tierra adentro". Este laureado escritor produce todos los años una obra y en Ocoa cumplió al pie de la letra esta hermosa pero igualmente exigente tradición de escribir una obra por año, tradición que inicia en 1975 produciendo nueve (9) obras en San José de Ocoa hasta el 1983, año este en el que emigra de nuestro pueblo, siendo parte de aquellas obras producidas en su ciudad natal, entre otras: No puedo callarme; Las cosas de Martín; Cuatro puntos a sus zapatos; Calmina (tragedia de amor) y Los tres que cayeron en el pozo.

En San José de Ocoa William Mejía realiza importantes y significativos aportes, sobre todo en el aspecto cultural, siendo fundador en 1974 del Club Nuevo Sendero, siendo además fundador del Bloque de Clubes Ocoeños en 1979, confederación que agrupaba un total de 31 clubes, tanto de la zona urbana como rural.

En el año mil novecientos ochenta y cuatro (1984) tuvo la visión de crear y fundar Teatro Sur, organización que es fundada también en Azua, donde hoy día continúa con su labor originaria de llevar cultura y diversión a través del teatro, lo que desafortunadamente no ha ocurrido en nuestro pueblo. En San José de Ocoa, junto a William, estuvieron como fundadores de Teatro Sur: Ramón Mordán, Franklin Mejía, Radhamés Lara (Memeco), Raymond Martínez, Argentina Brea, Luis Bolívar Ortiz Encarnación (Bolo), Rafael Minyettis (Negrito) y Manuel Melo, entre otros.

A través de esta trascendente iniciativa se despliega una amplia actividad cultural en nuestro pueblo de indescriptible importancia, llenando los distintos escenarios en los que se presentaban las diferentes obras de teatro, recordándose "Pirámides 179", de Máximo Avilés Blonda; "La superstición" (El vaca de Don Abundio); "Proceso a un hombre Loco", entre otras, tanto de la autoría de William Mejía como de otros destacados escritores.

Al día de hoy, William, con su digna trayectoria y su fructífera carrera en el campo de las letras ratifica lo que hemos dicho en un primer párrafo, que es uno de los más destacados literatos de San José de Ocoa y del país, quedando esto evidenciado en su fecunda carrera de escritor, viendo coronarse con el éxito varias obras a nivel nacional, como es el caso de "El Taladro del Tiempo" escrita en 1984 y que es escogida en ese mismo año como Premio Nacional de Cuento. Su obra "Anónimos y Realengos" escrita en 1995 fue igualmente ganadora del Premio Nacional de Teatro y como si todo esto fuera poco, en el 2001 se consolida como novelista al conquistar con su obra "Una Rosa en el Quinto Infierno" el premio Nacional de Novela.

Como se puede apreciar William ha sido Premio Nacional en tres géneros distintos, (Teatro, Cuento y Novela) lo que no es tarea fácil y que en el caso particular nuestro sólo conocemos el caso del montecristeño Manuel Rueda (27/8/1921-20/12/1999) como escritor galardonado con premios nacionales en diversos géneros literarios, como es el caso de teatro en 1957; poesía en 1976; poesía en 1979; teatro en ese mismo año en dos ocasiones; cuento en 1985 y novela en 1995; claro está, en este caso se trata de premios nacionales recibidos por dicho autor, no que haya sido Premio Nacional, como lo fue el nuestro, aunque Rueda fue Premio Nacional de Literatura propiamente en el año de 1994.

Todo esto deja claramente establecido que en el caso de William Mejía se trata de un distinguido escritor dominicano, como hemos señalado, Premio Nacional en tres géneros distintos en la República Dominicana. Sus obras lo consolidan como un fecundo escritor, las que del mismo modo lo sitúan en un círculo exclusivo dentro de los escritores dominicanos.

Otras de sus obras importantes, como todas las demás, son Batallando (teatro) y su novela publicada en el año 2005 la que tituló como "Naufragio", además de una amalgama de cuentos, obras de teatro, publicaciones en revistas y periódicos de circulación nacional.

William Mejía es maestro de vocación y se ha desempeñado además de profesor como asistente del Instituto de Desarrollo del Suroeste y es que sus frutos también han abarcado esta región del país.

Del mismo modo se ha desempeñado como Director Nacional de Talleres Literarios del Ministerio de Cultura, posición desde la cual ha desarrollado una hermosa y fructífera labor.

Su calidad como hombre de las letras ha sido reconocida de manera notoria, pues ciertamente se ha destacado como narrador, dramaturgo y ensayista y ha sido uno de los autores dominicanos más premiado en los últimos años.

Cabe resaltar el Premio Nacional de Cuentos (1981) con "Reflexiones" y el Premio Nacional de Novela UCE 2000, por "Una Rosa en el Quinto Infierno", entre otros, siendo parte de sus trabajos incluidos en la Coedición de Cuentos para Niños del CERLALC y la UNESCO, en 1984. Como dramaturgo ha recibido 10 premios nacionales de teatro y en el renglón ensayo ha obtenido dos importantes galardones.

Todos estos atributos, ligados a su condición indiscutible de hombre honesto y honorable hacen de él un digno ejemplo a seguir para las presentes y las futuras generaciones, sobre todo en el campo de la literatura.

Este libro se publica gracias a:

Pedro Alegría, Senador de la República Dominicana por la Provincia de San José de Ocoa, Presidente de la Lotería Electrónica Internacional Dominicana, S.A. (Leidsa) y de la Fundación Pedro Alegría.

Agradecemos la colaboración para los gastos de diagramación al:

Sr. Ambioris Rossis

Sr. José González

Dr. César E. Gómez Segura (Gory)

Lic. Franklin Pimentel (Pipito)

Gobernación Civil (San José de Ocoa)

Colofón

Esta segunda edición de *"Cómplices de una Historia"*,
de José Manuel Arias M., consta de 2,000 ejemplares y
se terminó de imprimir en Amigo del Hogar,
calle Manuel María Valencia, No. 4, Los Prados,
Santo Domingo, DN.
Tel. 809-548-7594
www.amigodelhogar.com

www.ingramcontent.com/pod-product-compliance
Lightning Source LLC
Chambersburg PA
CBHW071234160426
43196CB00009B/1057